大夏书系·名师课堂

钱梦龙 小楫轻舟，梦入芙蓉浦

窦桂梅 从精美到朴素

于永正 他山之石，如何攻玉？

薛法根 "导"的艺术：浅出、趣出、巧出

李镇西 "平的才是大的"

孙双金 情感和智慧相得益彰

周益民 什么是真正的"对话"教学

薛瑞萍 教学要回到课堂和课文本身

听名师讲课 语文卷

（第二版）

雷 玲 ◎ 主编

华东师范大学出版社
·上海·

图书在版编目（CIP）数据

听名师讲课·语文卷/雷玲主编.—2版.—上海：华东师范大学出版社，2016.1
ISBN 978-7-5675-4651-6

Ⅰ.①听… Ⅱ.①雷… Ⅲ.①语文课—课堂教学—教学法—中小学 Ⅳ.① G633

中国版本图书馆 CIP 数据核字（2016）第 021832 号

大夏书系·名师课堂

听名师讲课（语文卷）（第二版）

主　　编	雷　玲
策划编辑	李永梅
审读编辑	王　悦
封面设计	淡晓库

出版发行	华东师范大学出版社
社　　址	上海市中山北路 3663 号　邮编　200062
网　　址	www.ecnupress.com.cn
电　　话	021－60821666　行政传真　021－62572105
客服电话	021－62865537
邮购电话	021－62869887　地址　上海市中山北路3663号华东师范大学校内先锋路口
网　　店	http://hdsdcbs.tmall.com

印 刷 者	北京密兴印刷有限公司
开　　本	700×1000　16开
插　　页	1
印　　张	16.5
字　　数	278千字
版　　次	2016年6月第二版
印　　次	2023年7月第六次
印　　数	15 101-16 100
书　　号	ISBN 978－7－5675－4651－6/G·9029
定　　价	32.00元

出 版 人	王　焰

（如发现本版图书有印订质量问题，请寄回本社市场部调换或电话021-62865537联系）

目录
CONTENTS

第一篇　精彩片段教学韵味 / 1

什么是真正的"对话"教学
　　——特级教师周益民《半截蜡烛》教学片段评析 / 3

如此铺陈　有何深意？
　　——特级教师窦桂梅《落叶》五分钟片段赏析 / 7

教学要回到课堂和课文本身
　　——特级教师薛瑞萍《詹天佑》教学艺术评析 / 10

"导"的艺术：浅出、趣出、巧出
　　——特级教师薛法根《"你必须把这条鱼放掉！"》
　　教学评析 / 15

每句话都说在点子上
　　——特级教师于永正《荷花》教学片段赏析 / 19

阅读在"三原色"中升华
　　——特级教师王崧舟《只有一个地球》教学入课片段赏析 / 21

学会倒掉学生鞋里的沙子
　　——特级教师于永正《小稻秧脱险记》教学片段赏析 / 23

反差，深入阅读的切入点
　　——特级教师陈世锦《狼和鹿》的导入艺术赏析 / 25

在细节中体现教育理念
　　——特级教师李镇西《世间最美的坟墓》教学片段赏析 / 28

无痕，教学的最高境界！
　　——特级教师赵景瑞作文课《发短消息》教学片段赏析 / 32

精彩从识字开始
　　——特级教师薛法根《我应该感到自豪才对》教学片段赏析 / 36

让学生在读中领悟
　　——特级教师支玉恒《天游峰的扫路人》教学艺术赏析 / 38

一个句式，学"文"悟"道"
　　——特级教师孙双金《天游峰的扫路人》教学片段赏析 / 41

语文课堂点评"四味"
　　——特级教师薛法根《雪儿》教学片段赏析 / 43

"应用"是最有效的学习
　　——特级教师于永正《梅兰芳学艺》教学片段赏析 / 46

充满智慧的"文字游戏"
　　——特级教师赵景瑞作文课《发短消息》教学片段点评 / 49

语文课要用知识和情感"两条腿"走路
　　——品味特级教师支玉恒的《只有一个地球》教学片段 / 53

关键的是老师的姿态
　　——由特级教师薛法根的两则教例想到的 / 55

在讨论中打开学生"心门"
　　——特级教师孙建锋《放弃射门》教学片段赏析 / 59

"晕"着孩子"玩"
　　——特级教师于永正执教《梅兰芳学艺》片段赏析 / 61

把课文读在你的脸上
　　——特级教师孙永民《阿里山的云雾》朗读教学鉴赏 / 64
作文应在"实"字上下功夫
　　——特级教师贾志敏作文课《一件事情》教学片段赏析 / 68
张力：阅读教学的个性化追求
　　——特级教师韩军《大堰河——我的保姆》教学片段赏析 / 71
情感，提升课堂的力量
　　——特级教师窦桂梅《再见了，亲人》教学片段赏析 / 74
以人为本　以读为本　以创为本
　　——特级教师靳家彦《有这样一个小村庄》教学赏析 / 76

第二篇　经典课堂教学智慧 / 81

"平的才是大的"
　　——特级教师李镇西人教版《提醒幸福》教学艺术点评 / 83
小课堂中的大课堂
　　——特级教师窦桂梅研究型阅读课《喜鹊》教学评析 / 89
尊重学生的阅读体验
　　——听特级教师孙双金《天游峰的扫路人》一课有感 / 95
小楫轻舟，梦入芙蓉浦
　　——钱梦龙《死海不死》一课问题设计赏析 / 100
如此造句，精彩！
　　——观特级教师于永正《水上飞机》造句训练有感 / 104
习作，在圆的联想中生成
　　——听特级教师支玉恒《六年级联想作文》一课有感 / 111

进入文本角色，体验深层情感

　　——特级教师窦桂梅《落叶》一课赏析 / 114

什么是"语文"味

　　——特级教师薛法根《卧薪尝胆》一课赏析 / 119

在"读"中静听生命的拔节

　　——听特级教师窦桂梅《朋友》一课有感 / 124

你的课堂是学生的课堂吗？

　　——评特级教师孙双金的《天游峰的扫路人》一课 / 128

语言与精神共生

　　——特级教师薛法根《雪儿》一课赏析 / 133

真实的课堂教我求真

　　——听特级教师赵景瑞《发短消息》一课有感 / 137

把学生的经验作为写作起点

　　——听特级教师赵景瑞一堂作文课有感 / 141

细品名师一招一式

　　——特级教师赵谦翔《早发白帝城》一课赏析 / 145

在吟诵中咬文嚼字

　　——特级教师韩军《大堰河，我的保姆》一课赏析 / 150

平等对话　情理交融

　　——听特级教师赵志祥《地震中的父与子》一课有感 / 159

网络信息平台让思辨更精彩

　　——特级教师钱梦龙《谈骨气》一课评析 / 162

语文教学的"实"字落脚点

　　——听特级教师薛法根《我们家的猫》一课有感 / 166

"自主、合作、探究"的好课

　　——品味钱梦龙《死海不死》一课 / 171

从生活中获取写作的灵感

　　——优秀教师刘桦《话题作文的个性立意》课堂教学评析 / 182

平等、创新、实践

　　——听特级教师靳家彦《有这样一个小村庄》一课有感 / 187

完美和完美中的遗憾

　　——优秀教师周晔《狼》课堂实录及评点 / 190

第三篇　名师教学艺术 / 197

从精美到朴素

　　——解读窦桂梅的教学艺术 / 199

名师"对话"教学的魅力

　　——赏析薛法根等四位名师的交流艺术 / 207

情感和智慧相得益彰

　　——特级教师孙双金教学特色反思 / 213

他山之石，如何攻玉？

　　——对特级教师于永正教学艺术的反思 / 218

记忆每一个精彩的细节

　　——在日记中感悟特级教师王崧舟的教学艺术 / 221

给学生一个飞跃的跳板

　　——学习特级教师于永正的教学艺术 / 228

来自现场的幽默

　　——贾志敏等四位特级教师的教学艺术赏析 / 237

"花儿为什么这样红"
　　——对名师魅力的感悟 / 241

课堂教学语言"十式"
　　——特级教师薛法根语言教学艺术赏析 / 244

充分利用资源　准确把握"生成"
　　——特级教师支玉恒"生成"教学艺术赏析 / 248

语言孕蓄思想，对话提升灵魂
　　——特级教师靳家彦教学语言艺术赏析 / 251

第一篇 精彩片段教学韵味

韵味是一种艺术的追求，也是一种教育的品位。我们经常讲，语文课要有"语文味"，数学课要有"数学味"，教学之韵味，就是课堂教学之美，在细节中让学生感受到一种好的意境，使干巴巴的知识在教师的讲解中洋溢出独有的迷人的氛围和魅力，使学生对知识产生强烈的兴趣，进而使师生双方共同发展。一堂出色的有韵味的课，让人细品，回味无穷，能激发学生的学习兴趣，启迪学生的智慧，陶冶学生的情操，使之获得认知的乐趣、探索的乐趣，从而提高教学的效益。

课堂有法，但无定法，教学韵味是在教学过程中产生的，不是矫揉造作，而是一种神的芬芳，犹如散文，形散而神不散。

什么是真正的"对话"教学

——特级教师周益民《半截蜡烛》教学片段评析

片段一

师：请同学们各自轻声读读伯诺德夫人的话（"瞧，先生们，这盏灯亮些。"），想想应该强调什么字眼。

（学生各自试读）

生：（将"亮"字重读）我觉得应该突出"亮"字，因为只有强调油灯比蜡烛亮，才有可能巧妙地把蜡烛换下来。

生：（将"灯"字重读）我觉得应该强调"灯"，因为只有突出了"灯"，才能吹熄蜡烛。

生：（将"瞧"字重读）强调"瞧"字是为了吸引德国军官的注意。

生：（将"先生"重读）我觉得也可以强调"先生"，这样做可以不使德国军官起疑心，似乎有礼貌的样子。

师：同学们的朗读处理都很有意思，都有各自的理由。不过，尽管咱们的处理方式不同，但有一点其实是相同的，想想是什么？

生：目的是相同的，都是为了保住那半截蜡烛。

生：都是为了避免敌人的怀疑，巧妙地熄灭蜡烛。

师：说得对。只要我们的朗读都是围绕这一点处理的，那么就都是允许的。下面，请你们想着这个目标，按照各自的处理方式再次朗读这句话。

片段二

师：绝密情报终于没有暴露，情报站没有遭到破坏，他们一家也得救了。同学们，是谁保住了秘密，保住了情报站，挽救了一家人？

生：（脱口而出）是小女儿杰奎琳。

师：有不同的观点吗？

（学生开始沉思）

生：我认为杰克也有功劳。

生：还有母亲呢。

师：现在出现了两种意见，一种意见认为是杰奎琳，还有一种意见认为杰克、母亲也功不可没。同学们，要说服对方，就必须有充分的根据。想想，根据在哪里？

生：在课文中。

师：还是逐字逐句读吗？（生摇头）学习得讲究方法。请大家快速阅读相关的部分，找到需要的内容后，再仔细琢磨。同学间也可以商量商量。

（学生读书、思考、讨论）

生：我认为最后的成功应该是全家人的贡献。你想，儿子杰克在当时的情形下，如果不是那样"从容"，不就会引起敌人的怀疑吗？

生：还有妈妈呢。她也是表现得那样镇定，一开始是"轻轻"把蜡烛吹灭。

生：还有，一开始妈妈从厨房取出了一盏油灯，这样，后面小女儿杰奎琳才有可能取走蜡烛。

生：我觉得还有一点不可忽视。课文最后说小女儿正当"踏上最后一级台阶时，蜡烛熄灭了"，多危险呀！那么是谁为她赢得了这一点时间呢？是妈妈。她在一开始就试图用油灯替换蜡烛，轻轻吹熄了蜡烛。

师：大家前后联系起来思考，非常好。我觉得我们还可以想得更远一点。

生：两个孩子都还小，在敌人面前为什么能这样镇静呢？我想，那是在母亲长期的影响下形成的品质。

生：再说，把情报藏在蜡烛里这个绝妙的主意本来就是母亲想出来的。

师：同学们都说得非常有道理。但是，如果没有最后杰奎琳的灵活应变，后果不还是不堪设想吗？能不能有一个恰当的说法，既提到全家人，又突出杰奎琳？

生：全家人都为保住情报站作出了贡献，小女儿杰奎琳起了关键作用。

生：情报站能保住是全家人齐心协力的结果，小女儿起了至关重要的作用。

片段三

师：同学们，如果我们把这个故事改编成一部电影，你觉得出现最多的镜头该是什么？闭起眼睛想想。

生：是那半截蜡烛。蜡烛是贯穿整个故事的，蜡烛牵动着大家的心。

生：我觉得是墙上的一面钟，"滴答滴答"的声音一直在耳边回响，伯诺德夫人和两个孩子的心越来越紧张。

生：我眼前总是闪过德国军官的阴险的眼睛。伯诺德夫人总觉得他们似乎发现了蜡烛的秘密。

师：你们都是出色的导演。虽然镜头不一，风格有别，但我感觉你们的意图都是一样的，能说说吗？

生：我们都是为了渲染一种紧张的气氛。

生：我们都是为了突出当时的危险，表现人物的紧张。

阅读教学是教师、学生、文本之间对话的过程，是"物我回响交流的过程"。由于各人经验、体验、思维方式等方面的差异，"对话"的结果必然也不会完全相同。那么这一过程中如何提升"对话"的品质？其间是否还需要教师的控制？尊重学生的主体体验是否就意味着可以任意解读文本？这些都是我们需要思考的命题。

综观本课的三个片段，会察觉教者"对话"教学理念在行为操作中的有力跳动与良好把握。

片段一和片段三其实透视了多元解读的辩证性。"应该强调什么字眼""觉得出现最多的镜头该是什么"，这样的问题意味着学生个体理解的丰富的非预期性与创造性，这正展示了他们各具风格的思维特征与阅读视野。然而，"哈姆雷特"再多样也绝不会变成"林黛玉"。因此，这种多元解读又并非没有任何制约的纯个体主观心理的反映，而是主观心理与文本隐蔽信号等的一种契合，带有一定的客观性。周老师显然注意到了这一点，两个片段中，在学生交流各自的理解后，教师分别作了这样的引导："尽管咱们的处理方式不同，但有一点其实是相同的，想想是什么？""虽然镜头不一，风格有别，但我感觉你们的意图都是一样的，能说说吗？"显然，这是教者有意之为，旨在通过一种价值的引领让学生领悟文本中对话的辩证规律。

片段二中，教者选取了学生关注的一段对话为切入点：到底是谁保住了情报站？潜隐的两种观点被有效激活，引发了认知冲突，这就促使了"对话"的产生，并展示了学生丰富的情感体验。这种"对话"表现出鲜明的"多维度""多层次"。学生在"说服对方"的过程中，不断跟文本"亲密接触"，寻求根据。与此同时,生生之间的碰撞、师生之间的交流,也有力地推动着"对话"的不断深入。

通过对上述片段的分析可以看出,我们必须把握的一个关键问题是:"对话"中教师的角色如何定位?可以看出,周老师的实践着力于学生思维的不断拓展、学习策略的适宜点拨以及学习状态的真诚激励,相当可贵的是,这些都伴随着"对话"的始终,而不是孤立于"对话"之外。

就在这种立体、丰富、多元、辩证的自主"对话"中,师生的经验得以共享,学生的认识获得了提升,语言获得了发展,智慧获得了开发,情感获得了陶冶。

(清华大学附属小学特级教师　窦桂梅)

如此铺陈　有何深意？
——特级教师窦桂梅《落叶》五分钟片段赏析

作家写作铺陈渲染，是为了让主旨在所营造的氛围中揭示得更深刻。而特级教师窦桂梅在教学人教版二年级课文《落叶》一课时，对其中小动物的动作教学的处理也作了大段的铺陈，其用意何在呢？且看窦老师教六个动词的实录：

师：（指着黑板上的小虫、蚂蚁、小鱼、燕子）你们就是这些可爱的小动物，（指一生）你是？

生：我是小虫。

师：（指另一生）你是？

生：我是小鱼。

师：你是？

生：我是燕子。

师：你是？

生：我是蚂蚁。

师：好可爱的小动物，我好喜欢你们。你们有的游来，有的爬来，有的飞来……快爬来呀，来呀……

（生开始有点犹豫，继而个个做起爬的动作）

师：都爬来啦！小朋友们有的爬得好优美，有的爬得真难看啊！（顺势学起了有些学生爬的动作）

（生一下子劲头陡涨，"爬"得更起劲了）

师：刚才是做慢动作，现在做快动作。

师：爬！游！飞！坐！

（生随师的口令迅速地做着各种动作，课堂活跃万分）

师：（突然指着讲台前的空地）这儿一片落叶，小蚂蚁们快坐上来！

（生霎时将空地坐满）

师：（指下面学生的座位）看！那边也有好多树叶，快坐那边去！

（生纷纷上位）

师：听好了！藏！

（生纷纷躲到桌子下面）

师：哎呀，我看不见了！还有一个词：躲藏！

（有些学生稍稍动了一下，仍然躲在桌下）

师：藏和躲藏动作一样，看来有的词是一个意思。（渗透近义词意识）

师：躲开！

（大部分学生先是一愣，继而马上直起身子，纷纷向一边躲开去）

师：两个词都有"躲"字，但也有不一样的地方。还想再玩吗？

生：想！

师：躲藏的"躲"，"躲开"的"躲"。（学生正确地做着这两个动作）

师：最后一个动作：坐！

针对六个动词，窦老师足足用了五分钟让孩子们去做、去感受。从不同角度看，我认为有三个层面的用意：

第一，把浅层表象变成深层积淀。六个动词传神地绘出了小动物们的动作神态，活灵活现，十分形象和富有生命力。学生如何把这样的语言学进去，变成自己的语言呢？也就是如何把浅层的语言表象变成深层的语言积累呢？

五分钟的做一做，就是一个逐步深化的过程。孩子们在将六个动词转化为自己形体语言的同时，对书面语言进行了一次充分的感受，也对课文语言进行了一次再创造。孩子们积极地以自己特有的形体语言做着动作，这样生成的语言就是经过个性化处理的，因而最易成为学生的深层语言积淀。

第二，在语言积淀的过程中体验情感。一次次地做小动物们的动作，孩子们是在用动作积累语言，更是在尽情放飞自己的创造力。用动作去体会、积累语言，对于好动的孩子来说，简直就是在快乐中吮吸知识的乳浆。此时的课堂不是限制的代名词，而是快乐的诞生地。相信孩子们在对课堂的情感判断中会深深地烙上这样一个印记：上课是快乐的。

一次次地做小动物的动作，让孩子们与课文语言亲密接触，让孩子们对课文产生情感的同时，初步奠定了对语言文字的情感。虽然孩子们还不能准确表达这种感受，但他们全身心投入学习的劲头让我们看到了这样铺陈的巨大效应。

第三，为教学内容向纵深处延展作铺垫。将这个教学片段与之后的教学过程联系起来看，这五分钟的语言积淀、情感体验已成功地将孩子们"物化"了。自此之后，孩子们不再对"燕子、小鱼、蚂蚁、小虫"以"它"相称，而是口口声声说着"我是燕子，我是小鱼，我是蚂蚁，我是小虫"，并且真的在这些动物的情感世界里走了一遭。

学生利用前面所习得的语言和激发出的情感对课文语言进行了个性化的加工，若不是亲临现场，真不敢相信孩子们有这么多的奇思妙语。说到底，前面五分钟的铺陈功不可没。这五分钟就是一个"读得进"的过程，窦老师正是从这个"读得进"引导出了孩子们的"用得出"。"用得出"是在"读得进"基础上的深化，从"学教材"提升到了"用教材"的高度。

课堂是个包罗万象的空间，只窥其中一隅，就能令人叹为观止。试想如果将探究进行到底，那将是怎样的无限精彩呢？

（江苏省兴化市沈伦中心小学　王以璟　唐兆勤）

教学要回到课堂和课文本身

——特级教师薛瑞萍《詹天佑》教学艺术评析

片段一：素面朝天，质朴无华

师：听说课前你们已经将课文初读了一两遍。这篇课文的主人公是（指板书的课题：詹天佑）——

生：詹天佑。

师：关于詹天佑，我想知道同学们对他是否有所了解，有知道的吗？请告诉我们。

生：他是我国第一位工程师。

师：我国第一位铁路工程师。很好，很勇敢。还有知道的吗？

生：我知道他叔叔就是搞技术工作的，经常给他讲科技方面的事情，使他从小就对科学感兴趣。

师：是吗？记得我读过，他从小就喜欢把闹钟什么的拆开了进行研究。

生：他主持修筑了我们第一条铁路。

师：这正是这篇课文的内容啊——主持修筑中国第一条铁路：京张铁路。

（在给定的40分钟里，在1300多位听课教师的注视之下，平平淡淡，开门见山，学习就这样开始了）

笔者认为，教学当以文本为本，课件乃不得已而用之。教师应当珍惜课堂上的分分秒秒，节外生枝地乱踩点是对学生最大的不尊重。关于这一点，薛老师正是这样做的。现在的大多数公开课，教者总是极尽鼓动之能，将教学热热闹闹地推进。然而，这一课是多么的不同。薛老师在没有任何渲染的情况下就质朴、平淡地入课，最大限度地节约了时间，提高了效率。这种无视"调动之必须"的胆色，乃源于教师自身深厚的功底和对教学过程高超的驾驭能力。所以，笔者认为，同行有必要思考一个问题：如何在"课之外"下功夫？如何提升"课本身"?

片段二：理直气壮地交流

师：这位同学，告诉我，你今年多大了？
生：12岁。
师：虚岁实岁？
生：嗯……实的。
师：知道詹天佑出国留学的时候多大吗？
生：不知道。
师：11岁！和你们相仿的年纪。现在的你们，正承受着父母怎样的呵护。我教《詹天佑》，这是第四回了，这次的感觉，和从前都不相同，因为我儿子15岁了。我家住在郊区，离市区20公里，当他11岁的时候，一个人乘车进市区我都不放心。而11岁的詹天佑，孤身一人，漂洋过海，寄居在一户美国家庭，异国求学，一去八年。当时与他同一批经考试出洋的孩子也都差不多大。为什么这么小就出去留学呢？

鸦片战争之后，列强瓜分中国，九州大地，狼烟四起，清政府也意识到科技落后、人才缺乏是中国积贫积弱的重要原因，于是他们招募选拔才俊之士外出求学，可是他们又担心这些人学成之后，就在当地娶妻生子，生根发芽，不再回来。应当说这种担心绝不是多余的，因为当时西方无论是物质生活待遇、科研工作条件还是精神自由方面，都比中国强得多。而对科学家而言，最有诱惑力的，是可以自由地从事科学工作啊。于是，"慈禧们"就想出这么一个比较孩子气的策略：派小孩子留学，八年之后，20岁不到，在中国早婚早育，20岁可能已经结婚；可是在西方，20岁离婚龄、离成家立业还远着呢！到时候，我切断你的经济来源，你必须回来。于是就有了这么一批娃娃留学生。

我们常说，国家兴亡，匹夫有责。其实，国家的兴衰，何止是匹夫，就是小孩子，也同其枯荣啊！当一个国家极端衰弱的时候，连儿童也要分担落后的剧痛。你们现在的学习负担很重，为什么？这是由于就业压力自上而下的延伸。

詹天佑就这样经历了八年的刻苦学习，从美国耶鲁大学土木工程和铁路工程系毕业，学成回国，将自己的所学回报灾难深重的祖国。下面我们再念一遍标题……

用新课标理念来看薛老师"讲"的内容，一定会引起大家的争论。有人也许会认为薛老师说得太多了，压抑了学生的表达能力。但应该看到，由于薛老师详细的介绍和阐述，使学生对詹天佑的认识得以加深，对文本的体会得以升华。可以说，薛老师用她真诚的感悟，点燃了学生感悟的火花。相对于时下课堂教学中低效耗时的热闹场面，这种理直气壮的交流，无疑是很可贵的。当很多同行面对新课标的冲击不知所措的时候，"理直气壮地交流"体现了教师难能可贵的独立意识和实践勇气。像这样的离时代较远的老课文，在这样没有事先准备的情况下，或者学生不知道的情况下，教师为什么不能把自己阅读的感受说给学生听？动不动就竭尽全力让学生谈出他们的感受，作为学习的组织者和参与人，老师真的只是去做一个善于调动的节目主持人吗？在学生没有可能谈出自己的感受的情况下，老师的有感可说，是否对孩子更有教育、启发意义？

片段三：关于文以载道

师：刚才我们读到一个词："回击"。它有那些近义词？

生：反击、打击。

师：这里为什么要用"回击"？

生：因为帝国主义者认为，这是一个笑话。

师：一个笑话！告诉我们，你说的是哪一段文字？

生：第三自然段。

师：好，我们跟着你，我们来学第三段。

生：（读）有一家外国报纸轻蔑地说："能在南口以北修筑铁路的中国工程师还没有出世呢。"

生：（读）原来，从南口往北过居庸关到八达岭，一路上都是高山深涧，悬崖峭壁。他们认为，这样艰巨的工程，外国著名的工程师也不敢轻易尝试，至于中国人，是无论如何也完成不了的。

生：这让我们想到了，高山深涧和悬崖峭壁间的勘测线路；想到了两端凿进和中部凿井；想到了"人"字形线路的设计。这些困难，发达国家的工程技术人员早就预见到了，他们也不敢轻易尝试。所以他们认为我们不可能成功，他们嘲笑我们。

师：你们认为外国人的嘲笑有理由吗？

生：有理由，因为当时的清政府腐败无能。

生：没有理由。因为帝国主义者对中国的情况还不了解，我们已经有自己的铁路工程师了。

生：有理由，因为当时中国的技术太落后！

生：有理由，虽然有一个詹天佑，但那么多困难不是他一个人能克服的。

生：没有理由，中国人是有志气的！詹天佑是有志气的！

生：有理由，中国不仅仅是科技落后，主要是政府腐败。如果政府是腐败的，光有几个科学家有什么用呢？

生：有理由。因为在这之前，中国的铁路都是外国人设计修筑的。这是第一条完全由中国人自己修筑的铁路，而且还那么难，外国人认为很多困难他们都不能克服，中国人当然更不行了。

本课的"道"当然是爱国。但有一个更高的"道"贯穿于教学的全过程，那就是激励学生站在和教材、教师平等的位置，发出不同的声音，鼓励他们独立地思考。薛老师在本课中的设问和学生的反应，令很多中学教师叹为观止。说到语文教学的思想性和"道在立人"，我认为这节课让我们开了眼界。有道是：立人先立己。作为一个老师，我们是否常常这样扪心自问："我拥有了思想之独立和精神之自由吗？""我当如何去拥有思想之独立和精神之自由呢？"这里无"招"可学，这是学不来的"招数"——除非你勤奋地读，除非你深入地思，除非你对学生有着对"人"的尊重和爱。

片段四：鱼游大海的教学流程

师：沧海横流，方显英雄本色。如刚才那位女同学所说"提起詹天佑，就必须提起一条铁路——京张铁路。"这不是一条寻常的铁路，200多公里的路程中，遇到了太多的困难，然而，作者只从中选取了最艰难的三件事情来写。请快速地浏览课文，说说是哪三件事？

生：第一个是到处都是悬崖峭壁，修路十分危险和困难；第二个是岩层厚，山顶的泉水往下渗，詹天佑就和工人一起挑着水桶排水；第三个是通往八达岭的那条路，坡度特别陡，火车很难爬上去。

师：詹天佑是怎么应对的？

生：詹天佑就设计了一条"人"字形的线路。

师：修筑铁路首先要做的就是勘测线路，在这一过程中，遇到并克服了很多困难；第二是开凿居庸关、八达岭隧道；第三是设计"人"字形线路，使火车爬上陡坡。

师：现在，我们的学习有两条路可以走……我想问一下，你们愿意走第一条路，还是第二条路？

生：先修铁路。

师：是走第二条路吗？

生：是的。

师：大多数都同意这样吗？

生：是的。

师：好，我们就这么学。

只有具备了广博的知识、独到的见解和快速的应变能力的老师才能为学生撑起一片自由的学习天空。薛老师带领的学生就有这样一个自由学习的机会。薛老师以学生的学习兴趣为主导，先学习了"修筑铁路"，然后"回击"，自然过渡到第三段的学习，了解并讨论了外国报纸对中国人的轻蔑，并通过朗读让学生抓住"耳熟"的"高山深涧""悬崖峭壁"等词语，体会开凿隧道及修建"人"字形线路的不易，之后——又回归到对"轻蔑"的理解。这节课给人的感觉整个如鱼儿在海中嬉戏。此种境界，实在令人向往！在这里，我们已经看不见明显的"技术"，因为技术已经融入到鱼游大海般潇洒自由的教学流程之中。

"教师把学习的主动权交给——不，是还给学生。我做得还远远不够。我的感觉是：被尊重的感觉，令学生的学习积极性充分调动。如果意见发生分歧怎么办？那就更好了！让他们各人谈，为什么你愿意从这里学起？你对这一部分有什么特殊感受？他们总能谈出教师想不到的意见，教师也参加。有时候，谈完了——课也结束了。"这是薛老师教后记里的一段话。

（清华大学附属小学特级教师　窦桂梅）

"导"的艺术：浅出、趣出、巧出

——特级教师薛法根《"你必须把这条鱼放掉！"》教学评析

有人说："高明的人把复杂的道理往简单说，无能的人把简单的道理往复杂讲。"这个说法很适合用到教学上。教师的备课要"深入"——力求全面、深刻地把握教材，了解学生；教师上课则要"浅出"——把深刻的道理清楚明白地说明，让学生在不知不觉中收获。日前听了薛法根老师执教的《"你必须把这条鱼放掉！"》一课，深有感触，薛老师就是前者。

浅出：化整为零

师：看老师写课题。（板书："你　　把这条鱼放掉"！）齐读课题。
生：老师，您漏写了"必须"两个字。
师：（作奇怪而后无所谓状）啊？是吗？不就是两个字吗，意思不是一样的吗？都是把鱼放掉嘛！
生：（迫不及待状）不一样的！
师：哦？什么地方不一样啊？
生：有了"必须"是说一定要把鱼放掉，和没有"必须"是不同的！
师：哦，对了。那我们把"必须"补上去一起读。
（学生自然而然地把"自己争取来"的"必须"读得特别响亮，语气也自然随之坚决坚定起来）
师：这下对了吧？还有问题吗？
生：您把感叹号写在引号的后面了，应该把它搬到引号里面。
师：为什么啊？
生：因为这是人物说的一句话，完整的话要有标点符号。
师：那引号表示什么呢？
生：用人物说的话来作为题目。

师：对，我们就应该这样仔细地读，对关键的词和标点符号要特别留心。我们一起把课题再读一下。

至此，学生对于课题的理解可谓深刻而全面。薛老师摒弃了传统的读题审题的套路，看似随意却是精心地设计了这一教学环节，避免了枯燥单一的问答式，导在教材的关键处、学生思维的碰撞点，将教学内容的难点降低到尽可能小，有效激活了学生的求异、逆向思维，真正启动了学生的自主系统，落实了新课标"引导学生自主学习"的理念，从而达到"化整为零"之效。

在初读感知环节设计上，同样体现了薛老师"浅出"的艺术。薛老师将词语（词组）以"词串"的形式出示：

套上鱼钩　甩起鱼竿　抛向远处
划破水面　沉入水中　泛起涟漪
恢复平静　觉察动静　一阵惊喜
小心翼翼　拖出鲈鱼

首先让学生一组一组认读，一边读一边想想它们之间的联系，再让学生试着不看词语读。不知不觉中，学生对钓鱼的大致过程已初步了解。

这一设计一改以前"就词语而词语"的教学，将词语（词组）置于一定的语境中，不仅自然地解决了词义的问题，更让学生能从词串所组成的整体上去把握内容，还为下文让学生从"读钓鱼"变换角色到"说钓鱼"作了自然铺垫，潜移默化，不露痕迹，这是好课所追求的境界。

趣出：有效内化

（在请三名学生读钓鱼的经过这部分内容后，老师分别给学生打了99分——该生一处读错，101分——该生读错主动纠正，150分——该生是被推荐。然后老师提出"听老师读，看老师可以得几分？"的请求）

师：（很认真地读完了这部分内容）大家看看老师可以得几分？
生：老师我给您打149.5分。
师：为什么？
生：因为您读书有时慢有时快。

师：怎么有时快有时慢就不好呢？你凭什么给我打149.5分？我不服！（这时的老师顽皮得像个孩子，但又具有巨大的亲和力）

（有些学生的点评老不在点上，老师就故作生气状并大声说："我不服！"引导他们继续寻找让老师心服口服的分数和理由）

生：我觉得您可以得150分！

师：为什么？

生：因为您读一阵惊喜的时候说"哇！"，您真的很惊喜！

师：谢谢！你是了解我的！惊喜的地方就应该读出惊喜来。

生：老师，我给您打200分，因为您读书像讲故事！

师：谢谢你，还是你最知道我！读书就该像讲故事一样！

……

师：请同学们自己再练习读一读，老师待会儿再请大家来读。

没有指导朗读的痕迹，但不知不觉中，学生不断地接受着老师用不同的方式传递给他们的信息：读书要抑扬顿挫，像讲故事一样，读书要读出字里行间蕴含的语气和感情。老师不像老师，倒像个顽皮的孩子，为了一次不公平的得分斤斤计较，直至得到一个满意的答复，真正实践着"教师作为平等中的首席"的角色。学生在这种平等、有趣的对话甚至争论中真切地感受着课文所包含的情感，实实在在地内化着读书的要求和方法。

巧出：水到渠成

师：如果我是汤姆，我肯定会软硬兼施，要让爸爸同意我不放掉鱼，你们信不信？

生：我信。

师：谁愿意来做爸爸，我做汤姆。

（学生积极性很高，老师选了一位）

师：你要请一个你的帮手吗？他要在你最关键的时候助你一臂之力。

生：好吧。

师：爸爸，好大的一条鲈鱼！

生：（迟疑片刻，马上反应过来）你必须把这条鱼放掉！

师：凭什么放掉！这可是我从未见过的大鲈鱼呀！

生：因为离钓鱼的时间还差两个小时。

师：不就是两个小时吗！又没人看到！这就是天知地知，你知我知。

生：没人看到也不行！我们一定要遵守规定！

师：规定规定，"规定"是死的，人是活的！

生：你怎么能这样！如果大家都像你一样，那我们的社会不就乱套了吗？照这样发展下去，你将会受到法律的惩罚！

……………

师：真的一定要放？

生：必须要放！

师：那我放了啊？（放鱼状）

生：你真是爸爸的乖孩子！

创设父子对话的情境，让学生设身处地地站在爸爸的立场上，在对课文内容有了一定的理解之后一定会更投入、更积极主动地寻找理由，努力说服汤姆把鲈鱼放掉。事实证明，这样巧妙的角色转化，轻而易举地化解了本课的教学难点，而使之成为本课的一大亮点、一个高潮。

在本课结束之前，指导学生读写结合时，薛老师又自然而然地延伸刚才的话题，"如果汤姆要把对爸爸的感激、敬佩之情写出来的话，他会写些什么呢？"此时，学生又成了"汤姆"，丰富的体验使他们似乎有说不完的话，欣然提笔，一挥而就。这样的读写结合可谓水到渠成。

薛老师"浅出、趣出、巧出"的"导"的艺术，给了我们莫大的启示：教师不仅要"备课进得去"，更要"上课导得出"，学习"导"的艺术是关键。

（江苏省常熟市实验小学　顾丽芳）

每句话都说在点子上

——特级教师于永正《荷花》教学片段赏析

片段一

师：今天，我们来学习一篇课文——（板书：荷花，同时讲解书写要领）

师：（转过脸，笑眯眯地）喜欢我写的字吗？

生：（齐）喜欢！

师：真喜欢假喜欢？

生：真喜欢！

师：为什么？

生：您写的字有特点，很秀气，所以我喜欢。

生：您写的字很漂亮，所以我喜欢。

师：漂亮不敢当。你夸奖我了。

生：您的字写得很认真，所以我喜欢。

师：看出认真了？因为我写的字是给小朋友看的。（郑重地）凡是写给人看的字都要认真。

（学生一下子都全神贯注起来）

后来，一位到黑板上板书"冒"字的学生的认真劲儿，和他"我是写给同学们看的，所以我写得很认真"的话，说明了于老师灌输的"认真"已经在孩子的脑海里扎了根。看似无心，其实是匠心独运，可谓细雨润物却无痕。

片段二

师：给"挨挨挤挤"加批注的同学，谁来读读批注？

生：荷叶很多，写得很真实。

生：荷叶很多，像亲密无间的朋友。

师：你的见解令老师佩服！这就叫会读书、会思考！请你朗读一下课文。

（生读，全体学生齐读）

师：词的意思谁懂？举手的都过来。服装多好啊！多像荷叶！怎么站叫"挨挨挤挤"？

（生表演挤成一排）

师：（笑）荷叶排队了？

（生立即无顺序地挤在一起）

师：这才叫"挨挨挤挤"啊！不留一点间隙。画"冒"的同学读读批注。

（语文也可以"做"出来！）

生：争奇斗艳地向外冒。

师：看谁漂亮，是吗？给掌声！

生：千艳竞秀。

师：这是你造的词呀，好！这么多的花儿一块来比美。有创意，给掌声！

师：想听听我的理解么？把"冒"和荷叶"挨挨挤挤"连起来。正因为"冒"才体现了荷叶的多，正因为荷叶的多，才用"冒"呀！同意吗？

生：（恍然大悟）同意！

师：（笑眯眯地）读课文要注意前后联系。这是一种很好的读书方法啊！

教师的话不多，但每一句都说在了"点子"上。一是点在了文章的关键处。一节课全无我们印象里的"教育"痕迹，其实每一种"教育"都像在水面轻轻地滑过，看似没有沾着水面，但波纹却荡漾开去了。二是点在了教师注重学生的体验和探究上。对于学生理解"不太准确"的地方，于老师非但不否定，相反还加以鼓励，报以热烈的掌声！在交流的过程中，学生思想的火花在碰撞、激荡；在碰撞与激荡的过程中，学生学会了思考、比较和反思；在思考、比较和反思中，学生学会了超越。

（江苏省邳州市实验小学　史长青）

阅读在"三原色"中升华

——特级教师王崧舟《只有一个地球》教学入课片段赏析

《只有一个地球》是一篇科学小品文,旨在唤起学生节约资源、保护生态、保护地球的意识。这类课文说理性较浓,课堂上常常充斥着分析与"口号"。特级教师王崧舟在执教时独辟蹊径,紧扣"人类的母亲"一词,给地球这个宇宙中的"客观存在"赋予了情感化因素,给我们以完全不同的课堂感受。

(上课伊始,王崧舟老师就引导学生带着"地球何以成为《时代周刊》年度人物"的疑问去自读课文)

(生自读课文。过了一会儿,学生相继读完课文,声音也越来越小)

师:我看见,读完以后,你们的脸色变得凝重了。王老师知道大家的心情在发生着变化。来,和大家交流一下,读完课文以后,你的心情怎样?

生:我很惭愧。

师:继续往下说,你为什么惭愧?

生:我为人们这样滥用资源而感到惭愧。因为他们非常贪婪。

师:(**充满激情地**)你为那些贪婪的滥用资源的人们感到惭愧,因为你感到你也是他们中的一员!还有哪位同学说说?

生:我感到吃惊。

师:为什么吃惊?

生:因为全世界这么多人,如果人人都像课文中描写的那些人一样随便破坏地球环境,我们的地球将无法生存了。

师:(**激情赞叹**)是啊,如果地球上的人都像文中那些贪婪无耻的人的话,那么我们的地球将毁于一旦。你的心情如何呢?

生:我感到憎恨。

师:对那些愚蠢的无知的人们感到憎恨。

生:我感到很伤心,地球是人类的母亲,那样无私地为人类提供资源,人们为什么这样对待她呢？并且地球上的各种资源并不是永远都用不完的，人们却不知道节俭。比如说吧，生活中很多人捕杀一些可爱的动物，使很多动物濒临灭绝，他们不觉得这样做太残忍了吗？

师：（充满激情地肯定）问得多好啊。他为这些人感到伤心。母亲是这样的无私，这样的可爱，而她养育的儿女却是这样对待自己的母亲。伤心啊！伤心啊！（停顿，缓慢叙述）每一个同学都有自己的心情，王老师知道读完这篇课文以后，没有一个同学高兴得起来，快乐得起来。你们的心情是复杂的、沉重的。下面请再到文章的字里行间去找一找，究竟是哪些文字、哪些叙述使你们产生这样的心情。

（学生再读课文，感悟重点，教师巡视）

王老师一开始就让学生在读课文中感知和体会课文中表达的人类的贪婪、地球的伤痛。尽管只是初读课文，但学生在王老师的引导下，已经触摸到地球母亲受伤的胸怀，感受到母亲的丝丝痛楚与悲哀。

"情动于中而形于言"，真切的情、真挚的言在读课文的过程中从学生心中缓缓流出。课文把辽阔的空间和漫长的时间浇灌给学生，把无数的智慧和美好对比着愚昧和丑陋一起呈现给学生。学生置身教学情境，进行"聆听"和"吸纳"。当学生全身心地投入阅读，投进地球母亲的怀抱，他们自由的天性舒展了，他们尽情地诉说着自己的独特心声——那是用心在说，用情在说，没有做作，没有矫情，天真烂漫，浑然天成。"水尝无华，相荡乃成涟漪；石本无火，相击而生灵光。"整个教学营造了一种和谐的情境，洋溢着感性气息，教师、学生、文本进行着深刻的对话，师生的生命感悟在课堂上尽情表达，于阅读中实现了精神的升华！

王老师在教学中一直追求着阅读"三原色"——人性、感性、个性，在这一教学片段中，"三原色"更是得到了淋漓尽致的展示，给了我们更多的启发与收获。

（江苏省兴化市安丰小学　冷玉斌）

学会倒掉学生鞋里的沙子

——特级教师于永正《小稻秧脱险记》教学片段赏析

师：谁知道"团团围住""气势汹汹"的意思？（老师喊了几位举手的学生到前面）

师：这几位同学都懂了，没有懂的同学请看我们的表演。你们看了就懂了。现在我当小稻秧，你们几个当杂草，杂草把小稻秧团团围住，你们怎么演？（学生笑着从四面把老师团团围住）

师：你们要干什么？

生：快把营养交出来。

师："气势汹汹"这个词你们没有懂。你们应该怎么说？做什么动作？想一想，要凶。

生：（叉腰，大声，凶恶地）快把营养交出来！

师：我们搬到大田来不久，正需要营养，怎么能交给你们呢？（学生不知所措）

师：（面向全体学生）他们应该干什么？

生：他们应该去抢营养。

师：对！要抢。营养在地里。快！（杂草们一拥而上抢起了"营养"，"稻秧"无精打采地垂下了头。下面的学生哈哈大笑）

于老师教学词语的过程不禁使我想到这样一个故事：有一位参加长跑比赛的选手在经过一片沙滩时，鞋子里灌满了沙子，他匆匆把鞋子脱下，胡乱地把沙子倒出，便又急忙地穿上鞋继续往前跑。可是，仍有一粒沙子磨着他的脚，使他走一步，痛一步。但他并没有停下来把鞋子脱掉，倒出那粒磨他脚的沙子，而是继续匆匆前行。在离终点不远的地方，因脚痛难忍，他不得不止步，最后放弃比赛。当他忍着揪心的痛把鞋子脱掉时，他发现让自己放弃比赛的竟仅仅是一粒沙子。

其实，在我们平时的教学中何尝不是这样，我们许多老师——教练，在指导学生时，忽视了"当学生'赛跑'时会遇到哪些问题，或遇到突发性问题该如何解决"的指导，从而导致许多学生对学习没有问题预见性及问题解决能力，只能在老师一步一步的指导下学习。

于永正老师的高明之处就在于他解决了这一点，当学生在课堂中情绪高涨时，于老师并没有因此而停止，而是让学生意识到阻碍他们前进的东西就是看似很小的一粒粒沙子——词语。因为对于二年级学生来说，他们对许多词语都没有直接感性的经验，当然谈不上理解，更谈不上去感悟文本所带来的魅力。如果这些词语按照平时的解释法，学生肯定是知其然而不知其所以然，就像那运动员鞋里的沙子，暂时倒掉了一些，却没有倒干净，终究会阻碍他前进。于老师就此而提供了一个"情景展示"，将词语与文本巧妙结合，通过表演展示出来。学生终于明白了，不仅明白意思，更重要的是知道了下次再遇到不理解的词语时该如何解决。在这堂课上，于老师将词语与文本结合，将文本与生活结合，使学生真正参与进了课堂，在敢说、敢演、敢笑、敢于张扬自我个性的动态教学与文本的静态结合中和谐发展。于老师让学生自己倒掉了阻碍他们前进的沙子，跑到了"终点"。

其实，我们在教学中不要因为这样那样的问题而发愁。我们应该像于永正老师那样，探寻问题的源头，也许阻碍我们前进的就是一粒小小的沙子，只要脱下鞋子倒出它，问题会很容易解决。

（江苏省丹阳市皇塘中心小学　钱明辉　汤春燕）

反差，深入阅读的切入点

——特级教师陈世锦《狼和鹿》的导入艺术赏析

《狼和鹿》是苏教版小学语文第六册中的一篇关于生态平衡的课文。课文讲的是一百多年前，凯巴伯森林的居民们为了保护森林里的鹿群，大量捕杀狼及鹿的其他天敌，结果事与愿违，鹿大量病死，森林也被严重破坏。这篇课文中所叙述的"狼""鹿"和学生认识情感中的"狼""鹿"是迥然不同的，这就会使学生在阅读之前的预测和阅读之后的结果产生较大的"落差"。特级教师陈世锦在本课的导入环节中，充分利用了这种"落差"，引导学生进行相关的阅读预测，让文题在教学伊始成为一块磁石，吸引学生的阅读视点，激发学生的阅读欲望。破题而入，预测在情理之中，阅读在情理之外。

师：请大家先看看大屏幕，一起来了解一下我这个陌生人。这上面有两行文字，上一行写明了我来自何方——南京气象学院附属实验小学，下一行写明了我姓甚名谁——陈世锦。敢大声读出我的名字吗？

（生大声齐读"陈世锦"）

师：怎么样，喊了我的名字，是不是和我就有了一种亲切感，咱们彼此之间的距离是不是缩短了些？请记住，在课堂上，我是你们的朋友！今天陈老师可不是一个人来上课的，我还给同学们带来了两位朋友，想不想一起来认识认识它们？

（大屏幕出示"狼"的图片）

师：认识这位朋友吗？说说你对它的了解。

生：这是一只狼。我知道狼是一种十分凶猛的动物，它的外形有点儿像狗，狼牙十分的锋利，眼睛在晚上会发出凶光，样子很可怕。

生：从小我就听爸爸妈妈说大灰狼的故事，我不喜欢狼！

生：看到狼，我有点儿害怕。狼会吃小兔子、小鹿，我听大人们说狼甚至还会吃小孩子呢！

生：我读过一个故事叫《会摇尾巴的狼》，我知道狼是会摇尾巴的，它很狡猾。

师：看起来，"狼"这位朋友好像不受同学们的欢迎啊！接下来，再让我们来认识另一位朋友吧。

（大屏幕出示"鹿"的图片，学生兴奋起来）

生：它是一只鹿。我知道鹿是一种非常可爱的动物，我在南京的红山森林动物园里见过，它很温顺，我还用树叶喂过它，它还用舌头舔过我的手呢！

生：鹿喜欢吃青草和树叶，喜欢群居，鹿的种类很多，雄鹿的头上有角，很漂亮！

生：我知道画面中的这只鹿是梅花鹿，它的毛是棕黄色的，身上有白色梅花斑点，所以叫"梅花鹿"。梅花鹿是国家的一级保护动物，很招人喜爱！

师：现在，老师把"狼"和"鹿"这两种动物放在一起，你觉得在它们之间可以加个什么字，来表示它们之间的关系呢？（板书：狼？鹿）

（学生小手如林）

生：我加个"吃"字，因为狼一见到鹿就会吃它，狼是鹿的天敌。

生：我想加个"咬"字，狼见到鹿，一定会扑上去咬住鹿的。

生：我觉得也可以加个"抓"字，狼见到鹿肯定会抓住鹿，把它作为自己的一顿美食。

师：是呀，鹿是温顺可怜的，把它和凶猛可怕的狼放在一起，结局就是大家刚刚所想象到的种种情景。

假如老师在它们之间加上个"和"字，这会引起你的哪些思考呢？（红笔板书：和）

（学生一片静思）

生：我在想，狼和鹿之间究竟会发生一件怎样的事情呢？是狼把鹿吃了，还是鹿智斗狼呢？

生：我在想，狼和鹿之间发生的一定是一幕悲剧，凶残的狼一定会把可怜的鹿吃了。

生：我在想，狼和鹿之间会出现一个童话故事吗？它们会不会和平友好相处呢？

生：我在想，狼和鹿之间一定发生了一件事。这件事中也许会出现一位猎人，在狼正要吃鹿的时候，猎人开枪打死了狼救了鹿。

师：咱们班的同学真是聪明，由"狼和鹿"这三个字引发了这么多的思考！那么在狼和鹿之间究竟发生了什么故事呢？今天这节语文课，陈老师就要带领同学们一同走进凯巴伯森林中，来阅读一篇有关"狼和鹿"的故事。

1. "名字"——拉近情感距离。这是一次借班上课，课前陈老师未曾与学生见过面。如何在最短的时间里减少师生之间的这种距离感呢？陈老师选择了让学生齐读他的名字，短短一秒钟，学生立刻就因这种平易近人、随和开明的做法消除了对他的戒备心理。陈老师用名字拉近了自己与学生间的情感距离，它产生的间接效应甚至可能延伸至整节课中。

2. "朋友"——产生巨大诱惑。"今天陈老师可不是一个人来上课的，我还给同学们带来了两位朋友，想不想一起来认识认识它们？"这句话仿佛是一块磁铁，它产生了巨大的诱惑力，学生的兴趣一下子被调动了起来。当第一位"朋友"出现的时候，学生们立刻想起了许多与"狼"相关的话题，在学生的认知与情感世界中，狼是永远不可能成为自己的朋友的。这种认知与情感恰好与课文中所叙述的故事产生一种冲突，为学生读文章作了很好的铺垫，先抑后扬。当第二位"朋友"鹿出现的时候，学生的情绪一下子活跃起来了，温顺可爱的鹿，人见人爱。"狼"和"鹿"在学生的情感世界中，反应是那样鲜明。这种强烈的情感反应，会促使学生在接下来的阅读中产生很大的阅读探究动力。

3. "和"字——引发阅读预测。在"狼"和"鹿"之间可以加许多字，表示它们间的关系，但这些关系所产生的都是一种单一的结局——鹿成为狼的猎物。就在学生的认识趋于一统的时候，教师不失时机地引出了一个"和"字，立刻引发了学生的预测欲望。在接下来的阅读预测中，学生间产生了种种阅读预测，都是在情理之中的，可课文中的故事却是出乎情理之外的。这种情理之中的预测与情理之外的故事，会产生一个巨大的落差，使学生在阅读之中产生强烈的认知冲突，从而为引导学生走进文中探究根源奠定基石。

（江苏省南京气象学院附属实验小学　林春曹）

在细节中体现教育理念
——特级教师李镇西《世间最美的坟墓》教学片段赏析

片段一：座位上的民主观

重庆市第十八中学的多功能演播大厅已座无虚席。

来上课的学生鱼贯而入，前面的学生先后上到厅台的位置坐定。走在后面的二十来个学生茫然地往台上台下张望，发现没有了可坐的位置。

（此时，见有人向嘉宾席走来）

来人到嘉宾席前说："对不起，请各位嘉宾到第二排就座，把第一排让给学生。这是李老师的意思！"

（等学生们一一坐定，李老师的观摩课开始了）

课后，李老师曾如是说："因为座位不够，组织者先前准备只选40个同学来上课。这怎么行？这不是剥夺了另一部分学生上课的权利了吗？当全体学生都来到现场后，组织者又准备让学生坐在嘉宾的两侧，那又怎么行？这能体现我们的教育是以学生为主体吗？我们的课堂谁是主人？是学生！所以，我提出了让学生坐在前排中间的要求。"从这一看似小小的细节上，可以更深刻地领悟李老师关于"民主教育"的主张，更加明白李老师为什么把"民主教育"的核心作了这样的诠释："如果说'民主政治'的核心是'尊重'——对公民权利的尊重的话，那么'民主教育'的核心，仍然是'尊重'——尊重学生的人格、尊重学生的情感、尊重学生的思想、尊重学生的个性、尊重学生的差异、尊重学生的人权、尊重学生的创造力……当然，与此同时，教会学生尊重他人。"李老师在这里正是用自己的行为实践着他的民主教育主张。

片段二：导语中的阅读观

师：这是一篇自读课文，没有重点要求，只要能在阅读中体验阅读的情趣就够了。不过，在阅读之前，我想问问同学们，怎样才算把一篇文章读懂了？

生：领会了作者的本义，把握文章的中心，感悟其中的哲理。

师：回答得非常好。但这还不算真正的懂了。真正的懂了，还应该从文章中"读出自己"。同学们看过电影《我的兄弟姐妹》吗？

生：（部分）看过！

师：你们哭了吗？

生：没有！

师：但是，李老师看的时候流泪了！为什么？因为影片所反映的那段生活，就是李老师的童年时代！你们看的时候，只是把它当电影看，而我却看得流泪，因为我从中"读"出了自己——这就是所谓"共鸣"！同学们，当你在文章中"读出自己"，就是在欣赏作品。

师：如果你在文章中读出问题了，这算不算读懂了呢？

生：（摇着头，齐）不算！

师：错！读懂了才能提出问题呢。假如现在拿一本关于基因的书给我看，或者拿一些最新的考古方面的书给我看，就一个问题都提不出来，这并不说明我读懂了，我提不出任何问题，恰恰证明我根本看不懂！但是，如果拿一本我教过很多遍的语文书给我，我可以提出很多问题，而且问题是越来越多，为啥？因为我读懂了。所以，问题越多，恰恰证明你读懂了。因为你已经是在以研究的眼光去读课文。"读出问题"，还包括质疑。面对课文，面对作者，当然也包括面对老师，没有什么是不可以质疑的！同学们对某一段话不理解，或者对某一句话甚至某一个词不理解，都可以提出来研究。我刚才说了，"读出问题"，就是"研究"。那么今天，我们就以这样的态度——读出自己，读出问题——来学习《世间最美的坟墓》。

"读出自己""读出问题"，读出自己所熟悉的生活或场景，读出和自己思想感情相通的某一个情节或人物形象，甚至读出触动自己心灵的一个时代或一段历史。在"读出自己"时生出与作者情感的共鸣，在与作者一起喜怒哀乐中品味、欣赏作品；在读出问题时充分调动自己的智慧才气，去发现问题、分析问题、解决问题，在这一系列的思维活动中感受探索研究的乐趣。为什么大多数的语文课堂枯燥乏味？为什么不少语文教师不能赢得学生的青睐？现在我们可以反省，我们的语文课上，学生体验到欣赏和研究的乐趣了吗？语文课重要的不是学生从文本中学到了什么，重要的是在阅读文本的过程中体验到了什么。李老师的阅读理念值得我们所有语文同仁借鉴。

片段三：授课中的主导观

（在让全体学生自由诵读一遍，又让一位同学独立朗诵一遍课文之后，李老师开始引导学生进入深层阅读状态）

师：粗读课文后，你们有没有想欣赏这篇散文的冲动？

生：有！

师：能说说自己的理由吗？

生：小的时候，托尔斯泰听保姆或村妇讲，亲手种树的地方会变成幸福的所在。后来托尔斯泰就真栽了一棵树，后来他死后就埋在了这个地方，很有浪漫色彩。

生：他的墓没有十字架，没有墓碑，没有墓志铭，连托尔斯泰这个名字也没有。这是一种朴素美。

……

生：托尔斯泰的墓很朴素，但也很丰富。

师：是不是托尔斯泰害怕别人盗墓才把坟墓修在一个僻静的地方，而且修得那么朴素？

生：不是，我说的丰富不是指物质方面的，而是指精神内含。

师：（微笑着做颔首领悟状）哦！

生：伟人都想不朽，所以不用华贵的墓来招人走近墓前。

师：同意！希望你以后为了事业不朽，不要修墓。（全场笑）

……

师：我也要发言，行吗？

生：（齐）行！

师：每当我读这篇文章时，每当我想象着托翁那朴素美丽的坟墓时，我就想起了诗人臧克家的诗句来：有的人活着／他已经死了；有的人死了／他还活着。……有的人／把名字刻入石头想"不朽"；有的人／情愿作野草，等着地下的火烧。……把名字刻入石头的／名字比尸首烂得更早；只要春风吹到的地方／到处是青春的野草。为什么托翁那只有一个土堆的朴素的坟墓，会引来成百上千的人参观,而且"没有一个有勇气,哪怕仅仅从这幽暗的土丘上摘下一朵花留作纪念"?我从臧克家的诗里就能寻找到答案了。

在新课程标准指导下的教师,应该是学习的引导者、学习的促进者、活动的参与者、群体的合作者。李老师能把学生阅读课文的兴趣很好地调动起来,这是他成功地发挥"主导"作用的结果。在李老师的课上,你能感受到那有条不紊、层层推进的教学进程,但你又感觉不到他在课堂中有任何越步"雷池"的表现。在学生纷纷发言后,他以与学生平等的身份和口气征得学生同意后,发表了对学生正讨论着的问题的看法,因为他是"导"而不"灌"的教学活动的参与者。当有学生说"伟人想不朽"时,他幽默地用"希望你以后为了事业不朽,不要修墓"巧妙地给予了纠正。而当发现学生用表达不太明确的词"丰富"来形容托翁的坟墓时,他又用"盗墓"进行归谬,让学生重新对自己的语言作了清楚的表达。在听李老师的课时,你看不到师道尊严者的形象,也听不到唯我是从的霸语,你所能看到的是一位慈爱的长者、学生亲和的朋友。这样的师生关系营造出的课堂氛围当然会是轻松而愉快的,而学生在这样的氛围中当然会更好地放开思想去思考、质疑、实践、探究。

李镇西老师曾说:"理念都是在细节中体现的。"从上面所述的一节课中的三个片段,我们不难看出李老师是一个重理念更重实践的教育专家。

(重庆市江津中学 李锡琴)

无痕，教学的最高境界！
——特级教师赵景瑞作文课《发短消息》教学片段赏析

"作文难，作文难，作文课上不开颜。"作文教学是语文教学中的老大难，而在赵景瑞老师的课上却是另一番景象。

片段一：随机点评，显示教师智慧的魅力

师：（板书：年龄）谁能告诉大家，你几岁了？
生：我今年 11 岁。
师：谁跟他不一样啊？
生：我今年 10 岁。
生：我今年 9 岁。
师：我知道了你们有三个年龄段，下面，不许直接用数字告诉大家你几岁，要用一句话来表述，使同学能根据你的表达猜出你的年龄。
生：我今年 8+2 岁。
师：还是数字啊，不用数字行吗？
生：我今年 1 旬。
师：1 旬是多少啊？
生：10 岁。
师：很好，真让我们大家长知识。
生：我按照国家规定年龄入学，今年小学四年级了。
师：棒极了！用上学的时间来表达。
生：我是小学生，而且是属狗的。
师：哦，用属相告诉大家，看来对我们祖国文化很了解啊！
生：我再过一年就可以到马路上骑自行车了。
师：你还懂得法律知识呢！了不起！

师：刚才同学们的表达都非常有意思。如果把这些丰富的语言都用到作文中会对你的写作很有帮助的。

现代教学论把学生看作是具有成长潜能的生命体。教师准确合理的评价语言能激发受教育者的潜能，唤醒受教育者的智慧。在课前导入这个小小的环节，赵老师充满魅力的评价语言虽产生于即兴，但却根植于他深厚的教学功底、良好的口语素养和正确的教育理念。他那形象生动、机敏睿智、充满亲和力的语言风格使学生如坐春风，如沐春雨，使整节课充满了勃勃生机。

片段二：巧设训练，体现教师指导的魅力

师：你们觉得"赵伟今天返回西安市赵景瑞"这则短信能写得再简明一些吗？

生：我觉得可以把"西安市"删掉。

师：都删掉吗？

生：对，因为我觉得他从哪来的，应该回到哪里去，就没必要写回到哪了。

生：我觉得不能删掉"西安"，万一他的家长不在西安呢？光说"返回"就显得不太清楚了。

师：意见不一样了，你们自己交流交流。

生：我觉得"返回"一定是回到原来的地方。即使他的家长不在西安，也一定知道他是回到自己的家。

师：那"回"到底是什么意思？拿出字典来查一查。

（生查字典）

生："回"就是"从别处回到原来的地方"。

师：由此看来，省掉"西安市"三个字，还是可以把意思说清楚的。

生：我还能省字，"返"可以去掉。因为"回"已经能表示"回到自己的家里了"。

师：又出现了对字的理解问题，怎么办？想想刚才我们是用什么办法解决的？

生：查字典。

师：好，就照你们说的查查看。

生：（查字典）"返"就是"回"的意思。

师：字典真是个好老师！可以帮助我们解决这么多疑难问题。看来"返"这个字也可以省掉了。

在课堂上，当孩子对一些字词的意思不理解时，老师们的解决办法是很多的：启发学生互相讨论、联系上下文理解、利用媒体创设情景等等，这些办法在一定环境下，会产生很好的教学效果。但是像赵老师这样，让孩子拿出字典来实际动手查一查，尤其是查了两次，还是不多见的。一堂课的设计，尤其是公开课，往往调动了老师们的全部神经，在追求新意、追求时尚、追求完美的过程中，渐渐地忽视了教学最为纯朴的东西。字典作为学生学习语文的终生伴侣，其使用能力的培养、使用习惯的养成难道不应该引起我们的足够关注吗？赵老师的这一做法发人深省、令人深思，使我真正懂得了"教学的最高技巧是无技巧"这一教学真谛。

片段三：质疑问难，蕴含教师启发的魅力

师：我想跟大家讨论讨论，怎样才能做到"简明"呢？大家看板书，思考思考，上面的一行字为什么能省？下面的一行字又为什么能省？这里有什么规律呢？先自己想一想，然后再讨论讨论。（板书）

短信息：赵 西 安　赵景瑞
　　　　　 伟 今 回（简明）
　　　　　　 天 返 市

师：每组派一个代表说说看。

生：我觉得上面那排是表示姓、地点和名称的，是收信息的人知道的事情，所以可以省略。

师：你意思是说写信息的人要想着收信息的人知道什么。你考虑得很深刻啊！

生：我同意他的看法，我觉得赵伟肯定会回自己的家，爸爸妈妈都知道，当然不用写上"西安"了。

师：我们来总结一下，写的人叫"作者"，收信息的人呢？

生：叫"读者"。

师：也就是说写作的时候"心中要有读者"。

生：我觉得"天、返、市"都是可有可无的。比如："今"就能代表"今天"。所以下一排的字都可以省掉。

师：实际上这则短信用"伟今回"这几个字就可以代表了，我们平时用水不能浪费，用纸不能浪费，用字也不能浪费啊。

（板书：用字要节约）

师：节约的品质是我们必备的。短信写得短有什么好处啊？

生：可以节省您的时间。

生：还可以替手机省电。

师：（笑）都是替"我"省了……

生：读者看的时间也短了。

生：收信息的人一看，就清楚明白了。

师：对啊，短信写得简明也是在替读者着想啊。

当今的课堂应该是学生知识发展的课堂，是学生能力提升的课堂。教学中，赵老师有意识地引导学生去分析、探讨、归纳本节课的教学要点：用字要节省。而在帮助学生梳理思绪的过程中，巧妙地渗透了人文关怀：作者要站在读者的立场去想问题。语文教学没有离开工具性的人文性，也没有离开人文性的工具性。这一环节设计的精彩就在于很好地把语文的工具性和人文性统一起来。

把"写短信"作为教学内容，透过简短的文字来创造妙趣横生的课堂，大师手笔一览无余地展现在大家面前。概括，是当前信息社会非常重要的一种语言表达能力。但这一教学要点，在作文教学中的被重视程度是相当弱的。即便是一篇要求学生描写具体的文章，也不是到处都要写得具体的。赵老师这看似简单的一笔，却揭示了语文教学的真谛：语文即生活，生活中学语文。

（北京第一师附小　单秀梅

北京市光明小学　徐颖

北京市育园小学　刘金辉　李涛）

精彩从识字开始

——特级教师薛法根《我应该感到自豪才对》教学片段赏析

师：(出示一组生词：茫茫的大沙漠　无边无际的大沙漠　松散的沙子　陷进沙子里　一阵风沙铺天盖地刮过来)同学们，我们先来预习性地读读这些词语，你可能会读，但不一定读得好。谁先来试一试？

(一生读，语调平淡)

师：想想这些词语的意思，再来读读。

生：(重读词语)茫茫的大沙漠，无边无际的大沙漠，一阵风沙铺天盖地刮过来。

(读出了沙漠的气势)

师：听了他的朗读，你们有什么感受？

生：我好像看到了无边无际的沙漠，狂风呼呼地刮着。

生：沙漠里弥漫着漫天的风沙，很可怕。

师：(高兴)读词语，或者读词组，就是要将词语或词组的意思表现出来。

师：谁发现这些词语有什么特点？

生：这些词语中都有一个"沙"字。

师：你看得真仔细！

生：这些词语都是描写沙漠的。

师：在你的印象中，沙漠是什么样的？有什么特点？

生：沙漠里满眼都是沙子，很难发现水源。

生：沙漠里白天的温度很高，有时会达到60多度。晚上温度又很低，有时会达到零下十几度。

师：你的知识很丰富！沙漠温差大，气候恶劣。

生：沙漠里只长仙人掌，不长其他植物。

师：所以，一般的动物不能生活在沙漠里。

生：沙漠里风沙很大，会迷住人的眼睛，而且沙堆也会移动。

师：所以人容易迷路，很危险。

生：沙漠里有奇妙的绿洲，有神秘的海市蜃楼。

师：是呀，沙漠也有美丽的一面！不过更多的时候，我们面对的是它险恶的一面。

……

师：沙漠环境恶劣，谁又能生活在沙漠里呢？让我们一起来读读课文。要读准字音，读通每一句话。

（此时，学生兴趣高涨，迫不及待地捧起课本细读起来）

在平时的识字教学中，我们的习惯性做法是先出示生字词，让学生读准字音后（约三分钟），就直接进行课文的教学，往往割裂了生字词与文本有机的内在联系。在这个过程中，学生显得很被动，缺乏主动热情的参与。

《语文课程标准》提倡在情境中识字，在生活中识字，利用儿童的已有经验，用自己喜欢的方式识字。所以薛老师在识字教学中并未仅仅停留在教会学生读准字音上，他更注重对学生识字的情感、态度、习惯的培养。

薛老师把文中的一组生词巧妙地进行归类，要求学生将它们的意思通过读表现出来。学生在读词时就自然要展开联想和想象，让书面符号化为具体的事物。这样他们对词语所要表现的事物外部形象，有了初步的感知，一下子拉近了与生词的距离。

接着，学生找出这类生词的特点，利用教科书外的学习资源，彼此交流学习的成果。此时，沙漠在他们眼里不再是一个平面单调的词汇，它有着奇妙的绿洲、神秘的海市蜃楼，但它更有着呼啸的狂风、凶险的沙丘。它像一块磁石，牢牢地吸引他们去思考，去讨论。大家情绪高涨，既锻炼了自主识字的能力，又对即将学习的课文产生了浓厚的兴趣：谁又能生活在可怕的沙漠里呢？从而为课文教学打下了情感的基础。

因此，识字不仅是识"字"，教学的精彩应该从识字开始！

（江苏省兴化市安丰中心小学　吴小健）

让学生在读中领悟

——特级教师支玉恒《天游峰的扫路人》教学艺术赏析

导入：立足真实生活

师：(板书：天游峰) 你们谁去过？（有一位学生举手）好多同学都没去过，老师就先介绍一下。天游峰是武夷山的第一险峰，位于武夷山景区中部的五曲隐屏峰后，海拔410米，它独出群峰，云雾弥漫，山巅四周有诸名峰拱卫，三面有九曲溪环绕。下面我们请那位去过天游峰的同学谈谈感受。

生：武夷山天游峰非常的高，也非常的险，那台阶好像直的一样。

师：他说得很好，下面看老师画天游峰及小道，你们从这幅画上看，觉得天游峰怎么样？（画简笔画）

生：天游峰很高。

生：天游峰非常险。

生：天游峰坡度都接近90度了。

师：(板书：扫路人) 什么意思？

生：扫路的人。

师：在"天游峰"和"扫路人"之间加上"的"(板书)，你觉得这个人怎么样？

生：这个人很勇敢，别人爬上天游峰都很困难，他却要扫天游峰。

生：这个人很辛苦，天游峰有900多级台阶，上下一趟很不容易。

生：这个人很勤劳，他天天坚持扫天游峰。

师：你现在觉得这篇文章好不好学？

生：好学，主要就是让我们体会天游峰扫路人的精神。

这一教学环节，主要是揭题、导入新课。支老师似在与学生闲聊，实已完成了对课题的提示、对学生兴趣的调动，一切都那么井井有条而不着痕迹。让学生通过自己的生活经验去感受"天游峰"与"扫路人"的含义，无意间在两个词的中间加上"的",不仅串起了"天游峰"与"扫路人"这两个无关的词,更使学生初步感悟到了扫路人精神之伟大。同时,通过"你现在觉得这篇文章好不好学?"这一问题来鼓舞学生的信心,调动他们学习的积极性。

初读:联系学生实际

师:下面请同学们自由读全文,注意思考文章讲了一个什么道理?
(生自由读课文,读完后进行思考)
师:读了文章以后,你想说什么?(有什么就说什么,说什么都可以)
生:天游峰很险,扫路人却不觉得苦,为什么?
生:900级台阶有多少层楼高?
师:一层楼就算20级台阶,大家算一算。
生:(自由说)有45层楼那么高。
师:天游峰的小路真长呀!继续说读文章以后想说的话。
生:本文写的是扫路人,为什么要介绍天游峰?
生:为什么老人对天游峰的景色这么留恋?
师:同学们说得很好,我们马上来一一解决这些问题。

支老师在初步感知课文时,就提出了"文章讲了一个什么道理?"这个在初读时根本无法回答的问题,其用意一是促使学生从整体上把握课文——这和新课标注重课文整体性的要求相一致。二是让学生在思考的过程中发现问题——学生在这一环节提出的多个问题就是最好的证明。这些问题都是学生初读课文以后,在自身语文修养的基础上所能提出的,真实地反映了学生的认知水平与学习能力。针对学生提出的对理解课文内容有帮助的问题,支老师加以肯定;同时,支老师较为简单、及时地解决了"900级台阶有多少层楼高"这个问题,为解决下面的问题"写的是扫路人,为什么要介绍天游峰"埋下了伏笔。

难点:实现情感共鸣

师:下面请同学们再读课文,读的过程中思考这样一个问题——你觉得老人是个怎样的人?有什么精神?
(生重读课文)
师:请大家反复读"三十年后我照样请您喝茶!"这句话,读中你们体会到了什么？

生：这个老人很自信。

师："不累，不累，我每天早晨扫上山，傍晚扫下山，扫一程，歇一程，再把好山好水看一程。"一句话说明老人是个什么样的人？

生：他不怕累。

生：他很乐观。

……

师：（再次问学生）你觉得老人是个怎样的人？有什么精神？

生：一个热爱生活的人。

生：一个伟大的人。

……

对于"你觉得老人是个怎样的人？有什么精神？"这一难点的突破，支老师更是作了精心的安排。由初读课文时问题的抛出，到帮助学生解决在理解此问题的过程中所遇到的困难；再到让学生谈对"三十年后我照样请您喝茶！"这一句的看法，并让学生反复地读，从读中体会老人的豁达与自信以及作者的情感变化；接着联系"不累，不累，我每天早晨扫上山，傍晚扫下山，扫一程，歇一程，再把好山好水看一程。"这一句领悟老人的开朗与乐观；最后再次直接抛出"你觉得老人是个怎样的人？有什么精神？"让学生把前面领悟到的情感加以归纳与升华，实现与教师以及文本的情感共鸣！这样突破难点，学生不仅弄得懂，记得牢，而且在学习的过程中不觉得有什么压力，轻松地解决了难题，增强了他们学习的信心，使人顿生"车到山前必有路，船到桥头自然直"之感！

（江苏省江都市双沟中心小学　朱勇）

一个句式，学"文"悟"道"

——特级教师孙双金《天游峰的扫路人》教学片段赏析

师：老人为什么离不开这里？

生：因为"喝的是雪花泉的水，吃的是自己种的大米和青菜，呼吸的是清爽的空气，而且还有鸟儿作伴"。

师：谁能用上文中的句式"喝的是……吃的是……呼吸的是……还有……作伴"来说说我们的生活？

生：我们喝的是自来水，吃的是美味佳肴，呼吸的是不太新鲜的空气，还有父母亲友作伴。

生：我们喝的是各种饮料，吃的是可口饭菜，呼吸的是被污染的空气，还有书本作伴。

生：我们喝的是牛奶，吃的是面包米饭，呼吸的是浑浊的空气，还有老师同学作伴。

师：是啊！我们享受的是现代文明、城市文明，它给我们带来了便捷，但也给我们带来了不少弊端。而老人享受的又是什么呢？

生：大自然！（脱口而出）

师：是啊，这大自然——

生：（情不自禁地赞叹）真美！真好！

师：怪不得老人退休了仍舍不得离开这里。老师想听大家读读这段话。

（生朗读，十分投入）

师：听着你们的朗读，我也对自然心驰神往了。（十分陶醉）

生：（由衷地）自然，真好！

教师引导学生用上文中的句式"喝的是……吃的是……呼吸的是……还有……作伴"来说说自己的生活，这一设计可谓独具匠心。一方面，可以使文中的句式在活用的过程中得以内化；另一方面，激活了学生的生活体验，让学生在自己生活与老人生活的对比中深切感受大自然之美好,从而对大自然产生由衷的热爱。这样,既进行了语言文字的训练,又激发了学生对大自然的热爱之情;既学到了"文",又悟到了"道",工具性和人文性有机地融为一体。这正是语文教学所追求的境界。

(江苏省常熟市谢桥中心小学　王志芳)

语文课堂点评"四味"

——特级教师薛法根《雪儿》教学片段赏析

听过许多小学语文特级教师的公开课,发现名家们的风格各不相同,但有一点却是相通的,那就是贯穿他们整个课堂的精彩的点评。薛法根老师执教《雪儿》一课时,精彩的点评让我受益匪浅。

味道一:充满启发性

师:读两遍课文,然后告诉老师雪儿是在怎样的情况下来到"我"身边的?
生:在"我"寂寞的时候,雪儿来到了"我"的身边。
师:你能读出作者的寂寞,这叫会读书。你们也能读出作者的心情吗?

这一点评充满了启发性。既肯定了一个学生的回答,让他获得了成就感,又激发了其余学生的求知欲,启迪了更多学生的思维,还教给了学生读书的方法。

味道二:注重多样性

(师点学生读句子)
生1读,师评:音色美,读得美。
生2读,师评:感情真挚,读得好。
生3读,师评:你的感情很丰富。
……

这一段点评注重评价语言的多样性。同样是表扬学生读得好,不是廉价而空洞的赞美,而是有针对性,使读者或听者知道自己或他人的朗读好在何处,让学生能产生认同,起到朗读指导的作用,也显示了教者语言的丰富、态度的真诚。

味道三：具有生成性

师：请说一段连贯的话，让别人听得懂课文讲了一个什么样的故事。

（生1说了一段话）

师：这个同学在表达的时候用了一种方法：在什么情况下发生了一个怎样的故事，结果又是怎样的。大家用她的方法练习说一说。

（指定生2说）

师：这样说就是概括课文。我们读一篇文章要学会概括，懂得写了什么。

这一段点评具有教学生成性。教者及时捕捉了教学契机，有效利用了学生的收获，生成新的教学资源，在点评中找到了教学的生长点。

味道四：蕴含情感性

师：我们所做的每一件事，都寄托了人的感情。（板书：一件事，一片情）

师：平时你看蓝天吗？

生：不看。

师：让你天天看，你有什么感觉？

生：没劲，傻的。（笑）

师：那么现在"我"和雪儿天天去看蓝天白云，你读读体会一下有什么感觉？

（生读句子）

生：一起看，就不那么闷了。

师：同病相怜。

生："我"向往外面，雪儿也向往蓝天白云。

生：我感到很温暖。

师：看蓝天看白云能觉得很温暖的小朋友，他的心一定是善良的。……

这样的点评蕴含了情感性。教师用富有感情、精练的语言去点评，会在学生的心中激起感情的涟漪，让他们得到心理上的满足。教师语言的情感、态度更会直接影响学生的学习情绪，甚至人生态度。一句充满情感的点评可能使学生如沐春风，也可能使学生的心田多了几分爱与善。这不正是《雪儿》这篇课文所要传达给学生的信息吗？

细细品味，上述看似平常的师生交流互动，正体现了名家教学的机智、思想的火花。在这样的课堂教学中,学生是学习的主体,教师是学习活动的组织者、引导者、参与者。教师进行点评,是对课堂资源的一种开发。点评注重了启发性、多样性、生成性、情感性这"四味",正体现了教者对学习主体的关注。

  常说名家的课堂教学难以模仿,难以模仿的正是他们各自的点评艺术。适时、适度的课堂点评,是师生心灵的对话,是思维火花的碰撞。这样的碰撞,融洽了情感,产生了自信,点燃了智慧,激发了创造。这不正是我们语文老师所追求的理想境界吗?

(江苏省张家港市万红小学 尹玉)

"应用"是最有效的学习

——特级教师于永正《梅兰芳学艺》教学片段赏析

听于老师的课，如赏一支名曲，如读一篇经典，那种自然、和谐、简朴的美令人陶醉，叫人深思，使人回味……请欣赏两个小小的片段。

片段一

师：你们听说过我吗？
生：听说您是著名的什么。（笑）
师：如果想认识我怎么问？
生：您贵姓啊？（笑）
师：我姓于。你很会问话。还想知道名字吗？怎么问才让人听着高兴？
生：请问您的名字是什么？
师：这种方式问长者，不太妥。能去请教别人吗？（生下位，请教同学）
生：老师，您叫什么名字？
生：爷爷，您叫什么名字？（众笑）
（以上发言老师一一引导）
生：老师，请问您尊姓大名？（全场一片掌声）
师：哇噻！你真会问话，让人一听就是一个知书达理的人。我叫于永正。敢叫我的名字吗？
生：于老师好。
师：这种叫法我不满意，叫名字。
生：于永正老师好。
师：还是不太满意，不很纯正。大胆叫试试，看会不会少什么？（笑）
生：（小声地、吞吞吐吐地）于永正。
师：（笑了）你很勇敢，但声音太小，能再大点声儿吗？

生：（大声）于永正！

师：到！（笑声）这节课由我来上，该怎么欢迎我？

生：老师，欢迎您。

师：除了语言还能用什么表示？想想。

生：用掌声。（学生一片掌声）

师：还有吗？

生：握手。

师：还可拥抱。可以吗？（笑声）

1. 于老师努力创设的这种宽松、和谐、轻松的课堂气氛，为后面的师生交流铺垫了浓浓的亲和力。使学生感到老师并不是高高在上的，而是一位可亲可爱的、可信赖可交流的朋友，因而其思维就不会受到约束，表达方式就不会受到限制。正因如此，课堂才能成为学生学习交流的场地，成为展示学生学习过程的空间，也才能真正做到突出学生的主体地位。

2. 充分表现了对学生情感、礼节、人格的教育。于老师注重引导学生在比较中学会怎样与初识的人交往，对不同年龄的人应怎样问话，怎样才算是有礼节、有礼貌的语言。一个相识的机会，使学生学到了课本外的，却又是生活中需要的知识。

3. 尊上而不唯上的教育。传统的教育思想：唯师而尊，唯权威而尊，唯书本而尊，即使有问题、有错误学生也不敢指出。但于老师让学生懂得：即使我是一名老师、一名专家、一个权威，即使我们的年龄不同，但我们的人格是平等的。这就是人格的教育，人性化的教育，其教育的长远性、重要性是不言而喻的。

课堂是提高学生素质、开发学生潜能、发展学生个性，使他们逐渐成为社会的、文化的、有个性的人的主要场所之一。于老师充分利用这个环境，在看似简单、平易、平淡、随意的对话中，注入了深深的教育内涵——传统"美德"的教育和渗透。这就是大家的风范，名师的不凡之处。

片段二

师：通过读课文，你们有什么不明白的地方吗？

生：什么叫"梅兰芳的眼睛会说话"呀？

师：(请一名学生上讲台)请你用眼睛告诉我，你很生气。

(生表示)

师：请你用眼睛再告诉我，你很快乐。

(生表示)

师：请同桌间互相用眼睛告诉对方，你在思考、在张望、在观察对方。

(生热烈地活动着)

师：明白什么叫"梅兰芳的眼睛会说话"了吗？你们的眼睛也会说话呀。

多么生动的"引导—实践—发现"的过程，不用老师去讲这只可意会难以言传的句子，只是让学生在自主活动中去领悟，不仅使课堂充满了蓬勃的生机，而且让学生看到了自己在活动过程中的收获，更把文本知识与生活知识统一起来了。正如于老师自己所说："有过程就有方法，有方法就有感受。"

学生的整个学习阶段是一个学会、理解、应用知识的阶段，同时也是一个人生准备的阶段，于老师做得很到位。我认为，他这种独特的教学风格，源于他善待学生的艺术，处理教材的艺术。他的整个课堂教学，从导入、过渡直到气氛、情韵等，都使人如同身处于静静流淌的、清清的溪水之中，在它的上空还有淡淡的白云漂浮着，在它的周围还有淡淡的花香环绕着。

(山东省齐鲁石化公司第八小学　熊雪芸)

充满智慧的"文字游戏"

——特级教师赵景瑞作文课《发短消息》教学片段点评

片段一:真诚焕发灵性

师:同学们好!在上课之前,我和你们商量一件事情,我有几句话想和听课的老师交流一下,行吗?

生:(点头,齐)行。

师:老师们好!感谢大家来听我的课,上这节课的初衷,是我与大家共同发展、共同进步。

……

师:同学们,你们怎么称呼我。

生:老师。

生:朋友。

师:这个称呼好,我们是朋友。

生:先生。

师:我是比你先生出来的。

(生笑)

……

师:课快结束了。这节课上得怎么样?给老师提点希望吧。

生:我觉得您在黑板上写的字有点乱,写得整齐点就更好!

师:(语重心长)你一下就抓住了我的要害。老师的字写得确实不好,都因为小时候没有好好练。你们可要从小好好练习呀,写好汉字会让你一生受用。

(生点头)

……

一位年龄与孩子们相差半个世纪的老人,在课堂上把心扑到孩子们的身上，心与孩子贴在一起。他要做什么，先和孩子们商量。一句玩笑话，使他和孩子成了真正的朋友。敢让学生指出自己的不足，是真诚使然。在这真诚中，学生们的眼睛变得那样明亮，他们的头脑中涌动着灵性。（宋浩志）

开课前，赵老师真诚征求孩子的意见，获得学生的允许后，才和听课老师做了简短的交流，体现出他心中有学生，在细微处演绎师生平等的主旋律。赵老师和学生的平等还体现在：他对学生称他"朋友"由衷地欣喜，马上表示朋友间要真诚相助，以大朋友的身份走进孩子的心灵，得到孩子的认可。他还非常善于倾听孩子的发言，尊重每一个孩子的见解，并给予恰当的激励评价，使孩子们在平等、尊重、友好的气氛中，怀着愉悦的心态走进课堂。（刘燕君）

片段二：步步皆是风景

师：……下面，我们再做一个游戏，我说一个两个字的词，你用其中的一个字来代表这个词的意思。

师：妈妈。

生：妈。

师：爸爸。

生：爸。

师：姐姐。

生：姐。

师：弟弟。

生：弟。

（生开始笑）

师：你们乐什么？是不是太简单了？难点行吗？

生：行！

师：快乐。

生：乐。

师：老师。

生：老。

师：咦，对吗？

生：不对，应该是"师"。

师：对喽，可不一定都是前面的字代表这个词的意思。

师：我越说越快了，看你能不能反应得越来越快！

师：竞赛。

生：赛。

师：西瓜。

生：瓜。

师：黄瓜。

生：瓜。

师：冬瓜。

生：瓜。

师：傻瓜。

生：瓜。

（哄堂大笑）

师：你们上当了，这个词中哪个字能代表"傻瓜"的意思啊？

生：傻。

师：要提高警惕了，再来！

师：男人。

生：男。

师：这样说准确吗？

生：人。

师：女人。

生：人。

师：鸡肉。

生：鸡。

师：又上当了！想想！

生：肉。

师：肉鸡。

生：鸡。

师：盒饭。

生：饭。

师：饭盒。

生：盒。

师：漆黑。

生：黑。

师：黑棋。

生：棋。

师：母亲。

生：母。

师：亲母。

生：母。

师：你们看，中国字有意思吗？

生：有意思。

  这一片段中，学生们在游戏中享受到了乐趣。那看似简单的游戏，不正是为训练学生精炼语言文字作铺垫吗？真可谓"润物细无声"。这一个个发人深思的问题，总能引你向教学的更高境界迈进，一步一景，领你登上高处，享受"一览众山小"的快乐。（宋浩志）

  巧妙的"两字变一字游戏"，看似简单，实则体现多重功能：首先学生在思维的快速运转中感悟到汉语的简明与变化，他们的思维定势在第三组时［竞赛——赛；傻瓜——瓜（傻）；……］受到考验，锻炼了学生的迅速判断能力与应变能力；其次，学生的学习兴趣在游戏中被充分调动起来，"有时需要具体、有时需要简明"的表达方法在游戏体验中自明，同时也为"学写短信息"的应用文教学巧设了铺垫。（刘燕君）

（北京市东城区教育研修学院 宋浩志
北京市前门小学 刘燕君 种立华）

语文课要用知识和情感"两条腿"走路

——品味特级教师支玉恒的《只有一个地球》教学片段

最近有幸听了全国著名的小学语文特级教师支玉恒执教的《只有一个地球》一课,为他那精湛的教学艺术、与时俱进的教学理念所折服,特别是支老师始终以"情趣"为线贯穿全课,让情趣充盈课堂,在落实"情感态度价值观"的目标上,给我们留下了诸多思考和启迪。

入座:轻松和谐,富于情趣

课一开始,支老师就让学生多角度地诵读课题"只有一个地球",未成曲调先有情,达到了"课伊始,情已生"的效果。揭题后他接着问,"只有一个地球"这一短语你觉得要读出什么样的情感来?学生有的说,要读出珍惜的情感;有的说,要读得让人觉得地球很珍贵;有的说,要读出人类对它保护的感觉来;更有学生说,要读出舍不得的语气。当学生充分表达自己的意见后,支老师要求他们自由地读一读,把这些感受朗读出来。随即学生就课题展开了情感诵读。这种情感诵读是在学生的认识得到提高的基础上进行的,故学生的情感是从心底生发的。其中一位学生站起来略带颤音地朗读"只有一个地球"时,博得了满堂喝彩。

以往的语文教学存在这样的弊端:知识性的文章一般只注重知识的传授,情感性的文章往往只注重情感体验,形成了知识、情感孤立的现象。而支老师这节课的导入则很好地将知识与情感结合起来,从整体上考虑到知识与能力、情感与态度、过程与方法的综合。这种"综合"的教学法告诉我们,在语文教学中,知识能力和情感态度、过程方法是相互渗透、相辅相成的,是一个立体的生命体——语文素养。

朗读：书声琅琅，情意融融

在指导朗读课文时，支老师没有要求学生读出什么样的情感，而是运用了赛读法："谁能把别人读下去"。学生自然理解教师的用意，不仅要读得流利，还要读得有感情才有可能把别人读下去。因此在初读课文时，读得煞是感人。当学生通读课文后，支老师说："同学们，你们读了这篇课文，心里是什么滋味？"有的学生说心里很苦，有的学生说心里酸酸的，有的学生说心里也有点甜的感觉。支老师都给予了肯定。然后，支老师要求学生读出苦、读出酸、读出甜的感觉来。学生再次通读全文之后，支老师让学生"有感情地读一读你认为最使你心酸的那一段"。新课标强调的是三维目标的整体性，它们是不可分割的整体。知识能力的习得、过程方法的实践、情感态度的养成是相伴而行的。读书的基本过程是绘形入境、体情明理、出境悟文，也就是叶圣陶先生所说的"到文章中去走个来回"。由于支老师循序渐进地引导学生一直在读课文，每一次都有不同的要求，而这些要求都是注重从情感上进行引导，把学生的情感在朗读课文的过程中一步一步地激发出来了。

交流：实话实说，情趣盎然

在课的结尾部分，为了使学生的认识与情感再上一个层面，支老师安排了类似中央电视台《实话实说》栏目的谈话形式。他问这期节目得邀请哪些嘉宾？学生们兴趣盎然地说，要有环保局长、天文学家、生物学家、宇航员，甚至有学生说还得请一个曾经破坏过地球的人。支老师不住地点头微笑，按学生所说的安排了几位学生上台当嘉宾，他自己则当起了主持人……

新课标在"情感和态度"方面要求学生在"阅读作品时能说出自己喜欢、憎恶、崇敬、向往、同情等感受"，让学生"受到优秀作品的感染和激励，向往和追求美好的理想"。支老师组织的"实话实说"要求学生必须课内外结合，利用自己的知识内存来解决问题，课堂中我们可以看出学生之间不仅存在着知识的碰撞，更有情感的自然流露。在实话实说的过程中，引发了学生对地球的珍爱之情，"人类只有一个地球"的情感体验使学生进入了如痴如醉的境界，在这特定的情感驱动下，学生妙语如珠，令人赞叹！

（江苏省金坛市华罗庚实验学校　俞惠珍）

关键的是老师的姿态

——由特级教师薛法根的两则教例想到的

"教学应尊重学生在学习过程中的独特体验"是新课程一直倡导的,教师应该让学生的思想"在主动积极的思维和情感活动中"得到提升。但小学课本中的有些课文则是不可以随意解读的,如《"你必须把这条鱼放掉!"》一课,由于主旨明确,人文内涵丰富,教学中就应通过文本把学生引导到正确的价值观、积极的人生态度和高尚的审美情趣上面来。而如何引导,特级教师薛法根在上这一课时给了我们很大的启发。

片段一:提出问题

(师要求生自己朗读课文,注意父亲和汤姆之间的对话,然后说说自己从对话中读懂了什么)

生:我从对话中知道了父亲要求汤姆将钓到的大鲈鱼立即放掉。

生:我知道了汤姆很不情愿放掉这条大鲈鱼。

生:我还知道了爸爸为什么让汤姆把大鲈鱼放掉。那是因为离允许钓鲈鱼的时间还有两个小时,汤姆钓到鲈鱼的时候还没有到规定的时间。

生:我从对话中看出爸爸是很有原则的。

生:我看出汤姆很舍不得那条大鲈鱼。

生:我觉得汤姆的爸爸对汤姆要求太高了。

师:(很惊讶)你是这么认为的?

生:我想如果把那条鲈鱼放在竹篓里,把竹篓放在湖里,等过了两个小时再拿回去,不就行了吗?

(一石击起千层浪,有许多学生纷纷表示赞同)

师:如果是你,你会不会放掉?

生:(异口同声)不会!

师：如果是你的父母，他们会不会要求你把那条鲈鱼放掉？

生：（又异口同声）不会！

师：（几乎不相信自己的耳朵）你们学校有哪些规定？

（生七嘴八舌地说了许多）

师：那你们遵守这些规定吗？

生：（天真地）遵守，因为学校里有许多"秘密警察"。

师：假如夜晚在十字路口遇到红灯，周围既没有人，又没有车，你会闯红灯吗？

生：（大声）会的。因为这不妨碍交通。如果有人有车就不可以了。

师：（语重心长地）规定是每个人都应该遵守的。小时候违反规定，犯小错误，长大了就会违法犯罪。

（学生静了下来，但从他们的表情可以看出，他们还是想不通：为什么必须要放掉那条大鲈鱼呢？）

上述案例中，当学生的独特体验与文本价值观发生矛盾冲突时，教者采取了强硬的说教："规定是每个人都应该遵守的。"甚至略带点威胁："小时候违反规定，犯小错误，长大了就会违法犯罪。"从学生迷惘的表情可以看出，学生心头的疑惑并没有解开，语文学科的人文熏陶的目标也没能达到。由此，我们产生了深切的思索：在人文内涵十分丰富、课文主旨特别明确的课文教学中，应该如何引导学生深化认识，回归课文潜在的价值理念，把学生引导到正确的价值观、积极的人生态度和高尚的审美情趣这一层面上来？

片段二：解决问题

（师引导学生品味文中描写汤姆放鱼时心情的句子，学生说出了"遗憾""失望""惋惜""倒霉""万念俱灰"等词）

师：如果我是汤姆，我也舍不得把鱼放掉。好，下面我们演一演汤姆和爸爸的对话。这次，就让你们便宜一点，我演儿子，你们演汤姆。（众笑）先读读爸爸的话，谁先记住，谁就演爸爸。

（生积极朗读和背诵爸爸的话。师请出一名学生和老师对演）

师：（扮演儿子）（拿出一张纸当鱼，作势往上拖）

生：（扮演父亲）孩子，你必须把这条鱼放掉！

师：为什么？

生：现在是晚上10点——离允许钓鲈鱼的时间还有两个小时。

师：放心吧，爸爸，没人看见我们，也没有人知道我们在这个时候钓到了鲈鱼。

生：不管有没有别人看见，我们都应该遵守规定。

师：不就两个小时吗，规定是死的，人是活的，爸爸，不要这么死脑筋。（众笑）

生：两个小时也不行，正确的规定就要人人去执行。

师：爸爸，我是你的儿子，你在学习上对我严格要求我都听，可现在是钓鱼，你不要这么严格嘛！

生：孩子，无论是在学习上，还是在生活中，我们都应该严格要求自己，良好的道德素养是从一件件小事中养成的。（众惊叹）

师：爸爸，今天你不让我把鱼带回家，我就和你断绝父子关系。（众笑）

生：断绝父子关系也不行，道理已经跟你讲清楚了，你再不听，回家有你好受的。（众笑）

师：（害怕的样子）爸爸，你的话是对的，我就听你的，把鲈鱼放了吧。

生：（摸摸老师的头）对了，这才是爸爸的好孩子。（众笑）

师：儿子说了那么多理由，爸爸为什么还是要坚持让儿子把鱼放掉呢？让我们一起读读爸爸的话。

（生齐读爸爸的话：不管有没有别人看见，我们都应该遵守规定）

师：喜欢这样的爸爸吗？为什么？

生：我喜欢这样的爸爸，他有爱心，教育我爱护野生动物，我在爸爸的影响下，也会成为一个有爱心的人。

生：我喜欢这样的爸爸，因为他无论什么时候，都严格遵守规定。

（生齐读课文最后一节）

师：汤姆有遗憾吗？后悔吗？

生：不。

师：一条鱼和做人的道理哪个更重要？

生：做人的道理。

师：哪一句话会铭刻在汤姆的记忆里？（板书：铭刻）

生：不管有没有别人看见，我们都应该遵守规定。（板书：不管……都……）

师：生活中哪些规定要自觉遵守，请你用上"不管……都……"这组词语。

生：过马路的时候，不管有没有警察看见，都不能闯红灯。

生：在校园里，不管有没有老师看见，都不能随手乱扔垃圾。

生：在公园里，不管有没有人看见，都不能随便摘花。

生：喝了酒，不管有没有警察发现，都不能开车，否则，后果自负。（众笑）

师：生活中，有许多规定，不管有没有人看见，有没有要求，都应该自觉遵守。（板书：自觉遵守规定）

从这个案例中，我们可以看出，在学生的体验违背文本价值取向时，教者没有采取生硬的说教，而是巧妙地创设了表演情境，让学生在体验父亲角色的过程中认识到"无论是在学习上，还是在生活中，我们都应该严格要求自己，良好的道德素养是从一件件小事中养成的"这一道理。并接着以一句句引发思考的提问，将这种正确的价值观渗透到学生的心里，并辐射到实际行动中，真正达到了"润心无声"的效果。使工具性与人文性在这样的时刻得到了真正的、和谐的、艺术的统一。

纵观这两则教学案例，给我们最大的启示有两点：

1. 蹲下身子看孩子。教师在走进课堂之前，首先要有一颗孩子的心，会用儿童的思维去思考儿童，尊重他们的生命姿态、思维特征、生活方式，并尽可能地预测他们在课堂中会产生的反应。这样教学才会有的放矢，教育才会如水样顺滑自然。

2. 艺术地引导。有首诗说，不是槌的打击，乃是水的载歌载舞，才使鹅卵石臻于完美。同样，教育也需要水样的艺术。如果教师能巧妙地创设情境，使学生全身心地投入其中，并在不知不觉中发现自己认识的谬误之处，一笑之间领悟并接受文本的价值取向，这难道不是教育的艺术吗？是的，教育需要艺术地引导，唯有如此，话语才能渗透到学生的内心，在学生的心灵深处点燃永不熄灭的火花。

（江苏省兴化市安丰镇中心小学　汤建英）

在讨论中打开学生"心门"

——特级教师孙建锋《放弃射门》教学片段赏析

《放弃射门》是一篇精彩动人的课文,叙述了英超联赛中利物浦、阿森纳两队比赛的经过。比赛中,利物浦球星福勒带球杀入禁区,正要起脚射门,面对守门员西曼奋不顾身的扑救,仓促收脚跌倒在地,裁判误判给利物浦队一个点球,并将西曼红牌罚下,福勒反为对手求情,并将点球"温柔地"踢出。如此戏剧性的场面凸显了福勒高尚的体育精神,令人为之震动。然而足球比赛往往"一脚定江山",许多学生常常觉得放弃绝好的机会实在可惜,不理解福勒行为的用意。对此,特级教师孙建锋在教学中巧妙组织、引导学生展开了一个小辩论。

师:福勒在关键时刻放弃了一次绝佳的射门机会,对此,你们有什么看法?(热烈地讨论之后,学生开始各抒己见)

生:福勒已经完成了百分之九十的射门动作,只差最后一击,真是功亏一篑呀!

生:如果进球了,利物浦队就赢了,积分将暂居第二名,有望在后几轮比赛中夺冠。遗憾的是关键时刻,福勒脚软了。

生:如果我是利物浦队主教练,一定让福勒"下课"。(笑)

师:求胜心切,可以理解!还有不同的看法吗?

生:福勒为了避免伤及西曼,脚下留情,他很有人情味!

生:如果说主裁判红牌罚下西曼,而福勒反为对手求情可以原谅;那么当主裁判判罚点球,福勒操刀时,他却"温柔"地一踢,这又怎么理解?莫非福勒是阿森纳队的"卧底"?(大笑)

生:福勒认为,点球罚得冤枉,他愿意公平竞争,不愿意乘人之危。这才是世界级球星,他的人品和球技一样是"世界级"的!

生:福勒没有把足球直接射进对方的大门,看起来有点遗憾,但他却把"足

球"成功地射进了西曼的"心门",射进了阿森纳队的"心门",射进了每一位观众的"心门"!(鼓掌)

师:好一个"射进了每一位观众的'心门'"!福勒是把主动放弃的举动、友谊第一的风范、公平竞争的精神射进了每一位观众的"心门"!这种放弃更是一种美,一如成吉思汗远征失利、拿破仑滑铁卢兵败,给人一种凄楚美、遗憾美。

阅读的本质是对话,其中最重要的是与文本中的人物对话,这样才能了解作者的意图。本课中福勒的表现反映了一名运动员对比赛的真正热爱,他尊重对手,服膺公平,这才是真正的体育道德与精神。但课堂上教师不应依靠单纯的讲解使之进入学生心中,因此,孙老师别出心裁,通过辩论,使学生投入到对话中,在积极的思考与感悟中探寻、发现、创造。

孙老师在课堂中话语不多,但每一句话都恰到好处地激起学生的思考,启发他们的智慧。从"很有人情味"到"人品和球技一样是'世界级'的"再到"射进了每一位观众的'心门'",学生的认识一步步提升,感受一点点加深。"真理越辩越明",学生透过福勒的行动,触摸到他高尚的灵魂,直到在教师声情并茂的赞赏下得到了一次智慧的升华、灵魂的洗礼!在老师独到的引领下,当"射进'心门'"从学生口中缓缓流出时,我们听到智慧发芽的声音,我们看到灵性挥洒的风采,他们的确把握了阅读的真谛,展示了阅读的魅力!

(江苏省兴化市安丰小学 冷玉斌)

"晕"着孩子"玩"

——特级教师于永正执教《梅兰芳学艺》片段赏析

听了特级教师于永正执教的《梅兰芳学艺》一课，立刻被他的教学艺术所透露出的无穷魅力深深地折服了。整堂课洋溢着的浓浓的爱，深深的情，体现出一位特级教师对新课标的深刻理解和由新课改理念所产生的教育智慧。

一、轻松愉快的谈话，沟通了心灵，"晕"得师生成了朋友

（课前，于老师和蔼地问大家："你知道我叫什么吗？""如果你想知道我叫什么名字怎么问？"）

生：老师，您贵姓呢？（于老师和她握握手，表扬她有礼貌）

生：你的名字叫什么？

师：话说得很清楚。你要怎么问，我才听得高兴、舒服呢？

生：老师，您叫什么？

师：有进步！

生：老师，请问您尊姓大名？

师：（非常高兴）姓不尊，名不大，于永正。干钩于，永远的永，正直的正。

师：有姓于的吗？

（有几个学生站起来，于老师和他们一一握手）

师：天下姓于的是一家，不姓于的也是一家。

（几句简单的话语很快拉近了师生之间的距离）

为了能去掉头上的光环，走进学生之中，他鼓励学生直呼其名，当全班同学勇敢而又胆怯地喊出了"于永正"时，于老师马上诙谐地答道："到！"并告诉孩子们，名字就是一个人的符号，就是让人叫的。他使学生终于艰难地迈过了"著名特级教师"的门槛，师生成了平起平坐的朋友。从情感入手，通过对

话交流，增加了学生对老师的了解，使师生关系变成了朋友关系。和谐轻松的课堂氛围，为教学时师生互动打下了良好的基础。

二、及时的鼓励信任，提高了自信，"晕"得学生认真读书

放京剧调子导入新课后，于老师出示梅兰芳的照片，做了简单介绍，便引导同学们开始读课文，进行充分感知，找出不理解的词语、句子。

于老师留给学生足够的时间，他除了亲自板书学生不理解的词语，还让孩子自己到黑板上写下不懂的句子。学生写下："梅兰芳的眼睛会说话了。""眼睛没有神儿。"

读的过程中，于老师巡回指导，了解学情。他专门找那些不举手的，只见他弯下腰，摸摸一学生的头，亲切地问："你为什么不举手？"学生小声地说："有点紧张。"于老师说："那请你坐下读吧！"

于老师引导孩子读了两句后，又请他站起来读。该生在于老师的鼓励下由开始的磕磕绊绊到最后能较流畅地读出来。由坐着读到站着读，充分体现了于老师对学生的关爱、鼓励、尊重和信任。

苏霍姆林斯基说过："在人的心灵深处，都有一种根深蒂固的需要，这就是希望感到自己是一个发现者、研究者、探索者，而在儿童的精神世界中，这种需要特别强烈。"于老师的这种做法，正好满足了学生的这种心理，所以，学生能够积极参与其中。不难想象，当学生受到老师的鼓励和信任时，他会爆发出多么强大的生命活力。这一点从后面的学习中可以很明显地看到，那位一开始不敢站着读书的孩子终于走出了心灵的藩篱，获得了自信，课堂上小手高高举起来了。谁说我们的孩子不行？是因为我们还没有"晕"到他们的心里。

三、紧张精彩的表演，点亮了明灯，"晕"得学生快乐学习

于老师选了一个读懂的小女孩上台汇报自己对"盯着""注视"的理解。

小女孩站在讲台前的凳子上，于老师左手轻扶着她后背，右手高擎起话筒作鸽子飞翔状，边背着："他常常紧盯着空中飞翔的鸽子。"小女孩的头、漂亮的双眼随着于老师的话筒滴溜溜地转。老师说，这就叫"紧盯"。当于老师将话筒放低，作鱼儿在水中游时，小姑娘那专注的神情、瞪大的双眼，让学生理解了什么是"注视"。他们出色的表演，博得了同学和听课老师的热烈掌声。

接着，于老师引导同学们理解"眼睛会说话"，于老师让小女孩不说话，也不用动作，只能用眼睛告诉他"你对我很生气"。小姑娘怒目圆瞪，"吓"得于老师赶快"求饶"。接着于老师让她表演："你很喜欢我。"小姑娘眼里立刻漾起了笑意，歪歪头，看着老师。于老师非常高兴，趁机总结："她能用眼睛告诉你很多事，这就叫眼睛会说话。'眼睛没有神儿'就是不会告诉我们事。"

于老师通过妙趣横生的表演把抽象的内容具体化，增加了课堂情趣，给学生留下了难忘的印象。新课标规定："阅读是学生的个性化行为，不应以教师的分析来代替学生的阅读实践。应让学生在主动积极的思维和情感活动中，加深理解和体验，有所感悟和思考，受到情感熏陶，获得思想启迪，享受审美乐趣。"于老师深知这些要求，让学生充分感悟后，稍作点拨，学生便理解了文中词语和句子的意思。

四、生动有趣的背诵，提高了兴致，"晕"得学生积极比赛

于老师引导学生自读自悟，理解了每段中难理解的词语后，于老师提出进行师生一分钟背诵比赛。背诵第一自然段时，于老师让学生上讲台边背边做动作，并进行了细致的指导，学生看得可带劲了。当学生齐背到"梅兰芳小时候去拜师学艺"时，有的学生拱拱手，有的鞠躬，甚至有个调皮的孩子作单腿跪倒状。背到"梅兰芳学艺的决心没有动摇"时，学生们有的把手按在胸前，然后摆摆手，有的摇摇头，非常投入。在背诵第二段时，于老师先作示范，边背诵，边紧盯着天空的"鸽子"，注视着水中的"鱼儿"。学生在他的带动下背得有声有色，已经完全融入课文中去了。

该环节的设计暗合了新课标对阅读的要求："注意加强对学生平日诵读的评价，鼓励学生多诵读，在诵读实践中增加积累，发展语感，加深体验与领悟。"

这堂课体现出于老师高尚的人格魅力和精湛的教学艺术。亲切幽默的话语、出色的表演透露着于老师对语文课堂教学的热爱，对教材深刻独特的理解和对学生的善待。学生在"玩"中学，在学中乐，每个人都能感受到一种温馨，一种心灵的放松，一种思维的发展。这样的语文课谁不愿意上呢？

（山东淄博市临淄稷下小学　接红梅）

把课文读在你的脸上

——特级教师孙永民《阿里山的云雾》朗读教学鉴赏

《语文课程标准》特别强调了要加强朗读,明确指出要把朗读贯穿于各学段的目标之中。无锡市学科带头人孙永民执教的《阿里山的云雾》正是通过创设美好的情境,让学生在诗意般的氛围中享受到了读书的乐趣,拥有了独特的体验。

场景一:"能把课文'读'在你们的脸上吗?"

师:我们要用心去读课文,要把自己放在课文中去与作者、与文中的人物进行对话。这篇课文我们该怎样去读呢?(有学生举起了手)

师:同学们不要急着读课文,我们要善于先酝酿自己的感情,来,我们一起来酝酿一下。(一会儿,学生又勇敢地举起了小手)

师:好,老师看到了你们在"酝酿"感情。那么,同学们能把课文"读"在你们的脸上吗?让老师从你们的脸上"听"到读书的声音。(学生在读的过程中表情越来越生动,学生那一张张富有表情的脸蛋,让人心动、陶醉)

师:蒋健美,老师发现你突然挺直了身体,眼睛里闪出智慧光芒,能告诉我你这种表现的原因吗?

生:我感受到了阿里山的太阳快要升起时,她艰难地突破了重重包围,终于冲出了云层。我心里有一种莫名的激动和欣喜。

师:哦!史良,老师看到你的小脸蛋变得通红,这是怎么啦?

生:阿里山的日出绚丽多彩,神奇瑰丽,让我感受到生命在跃动,热血在沸腾。阿里山的日出令人神往。

"酝酿"是一种历练表情的过程,在教者的引导下,学生们在"酝酿"中找到了情感的支撑点。学生在感悟语言文字的过程中,仿佛闻到了一股股书香。

学生投入的表情配以摇头晃脑的动作，使课堂仿佛成了学生情感停泊的港湾，学生就像一只只停泊在书香港湾里的小船。读书成了一种享受，一种莫名的舒展。

场景二："让老师看到你们掀动着的迷人的小嘴唇，好吗？"

师：同学们，你知道吗？你们迷人的小嘴唇是很可爱的……（生笑）你们默读的时候，让老师看到你们掀动着的迷人的小嘴唇，好吗？（学生读得格外认真，小小的嘴唇间流动着专注、入神……）

师：你们那掀动着的小嘴唇，一撅一撅的样子真像春蚕一样，在贪婪地咀嚼着可口的桑叶。（学生会心地笑了）

师：来，面对可口的"桑叶"，可爱的春蚕们，我们再来咀嚼一次，好吗？（学生又一次沉浸在"沙沙"的读书声中）

师：通过你们香甜地咀嚼，你能告诉老师你在咀嚼可口的"桑叶"时，尝到了什么味道，吸收到了什么新鲜的营养吗？

（学生纷纷表达各种独特的阅读感受）

默读就是不出声的读，它是阅读的主要形式之一，也是获取文字信息、书面知识的重要手段。默读时，要做到不指读，不出声，一边读，一边思考。不仅要通过语言文字体会课文的思想内容，还要有一定的速度。孙老师十分重视默读能力的训练。在训练中，孙老师善于煽动学生的情感，善于营造读的氛围。学生对"让老师看到你们掀动着的迷人的小嘴唇，好吗"的要求也乐于接受。学生在"掀动嘴唇"的同时，对读的期待度增强了，专注度也加深了，学生在这种独特的境界中，默读能力得到了潜移默化的提高，教师和学生更是在新鲜的"默朗读"的形式中，增进了彼此的情感交流。读后，学生"掀动的小嘴唇"就像扣开了两扇求知的大门，新鲜独特的体验在学生的"小嘴唇"中自然流露出来。

场景三："你们能把老师读'醉'吗？"

师：这里的语言多美呀！你们能把老师读"醉"吗？
（第一位学生读得不错）

师：老师的脸有点红了。（学生因老师的表扬笑了）

师：老师的头有点晕了。（还是表扬）

师：嗯……农夫山泉有点甜。（或许学生被老师的话语打动了，有两位学生一起站了起来）

师：好，你们一起来吧！（他俩读得声情并茂）

师：哈哈，好……好……老师真的要"醉"了！（学生会心地笑了。学生的热情高涨，很多同学不自觉地站了起来，企图把老师读"醉"）

师：我……我……没"醉"……（一位学生读完后笑着说："老师您说没醉，可我感觉到您已经'醉'了"）

师：同学们，你们是怎样把老师读"醉"的呢？为什么这样就会把老师给"灌醉"了呢？（一个个学生将新鲜独特的见解表达出来）

"没有赏识就没有教育"，孙老师用令学生陶醉的表扬，让学生朗读的热情空前的高涨。在一次次的朗读中，学生完全把自己融入了浓浓的课堂氛围中，在师与生、生与生、生与文本的对话中忘记了自我。沉浸是一种美好的境界。"醉意盎然"的课堂焕发出了语文应有的"味道"，学生和教师在充满"语文味道"的课堂中恣意挥洒，个性得到张扬，情感得到陶冶，语感变得敏锐……课堂成了学生的精神乐园。

场景四："我们一起来读课文，好吗？"

师：我们一起来读课文，好吗？（有个大胆的学生说，他不喜欢）

师：为什么？（学生说他不适应集体朗读的节奏。孙老师没有埋怨，而是表示理解）

师：可老师说的齐读的方式和你想的不一样呀，老师说的是一起读，并不代表要我们要把课文读得整齐划一呀！大家可以根据自己的感悟，想怎么读就怎么读，你认为该怎么读就怎么读。

（学生在孙老师的引读下，第一句是整齐的，渐渐地，读书声开始显得有点凌乱而嘈杂，但学生一起在动静缓急的朗读感悟中，对课文的理解进一步地加深）

师：陈刚，你最后一个读好，但到最后你的声音还是那样的响亮。老师佩服你的大胆，更欣赏你读书时陶醉的样子。能告诉我你此时的感受吗？

（生娓娓道来）

……

苏霍姆林斯基说："每个人都是一个完整的世界，一个思想、感情和感受的世界。"用自己感兴趣的读的方法一起感悟，一起读。这样更能激发学生读的兴趣，更能使学生的心融入课文中去，去感受语言文字的美。在自由而不失严谨的韵律中，学生的个性得到释放，思维得到启迪。孙老师的课堂向我们展示了百花齐放的喜人局面，课堂成了秩序井然而又热闹非凡的交易市场，学生在读的过程中收获着自己的独特的果实，采撷着自己感悟的结晶，一起读而不拘泥于众口同辞，一起读成为一种内在的、隐性的"齐读"。

（江苏省宜兴市新芳小学　葛飞勤　陆其忠）

作文应在"实"字上下功夫

——特级教师贾志敏作文课《一件事情》教学片段赏析

片段一：从词入手，揭示中心，挖掘学生内在潜能

师：写好一篇作文，首先要写好词语，能抓住中心词语或重点词语展开生动形象的叙述。

如：①小马虎真够马虎的：写数学作业总是忘了点小数点；写语文作业不是用错了标点符号，就是写了别字，有时还会抄漏了题目；连穿的衣服，他也能系错了扣子……

②他真是一个集邮迷：在学校里，他经常向老师索要邮票，请同学帮忙找邮票；在家里，他发动全家人，为他收集不同的邮票；他自己一旦有了零花钱，便到邮市购买喜欢的邮票……

师：分别围绕哪个词语？

生：①小马虎，②集邮迷。

师：（板书：闷热）

师：用这个词语说一句话。

生：天气真闷热。

生：天气闷热得不得了，屋里像蒸笼一样……

师：（板书：冷饮、青蛙）要求用这三个词语练说一句话。

（生相互讨论。师补充要求：有故事情节的，假设有两个人——妈妈、我）

师：（出示：青蛙图片、一元钱纸币）

生：天气热，妈妈给我一元钱买冷饮，我在路上看到了一只青蛙。

生：不对，夏天的中午路上看不到青蛙。"闷热的中午，我用妈妈给我买冷饮的一元钱从小贩手里买了一只青蛙放回大自然。"（鼓掌）

贾老师教学时并没有急于公布作文题目，出示作文训练要求，而是有准备

地创设作文课堂情境，无声地将学生带进作文训练之中。贾老师紧扣"闷热"一词，在练习说一说的基础上引出"冷饮"一词。为了给学生插上想象的翅膀，贾老师不失时机地写出了"青蛙"这个词语，氛围活跃了起来，同学们思接千载，想象奇特。这样既使学生乐于想象、善于想象，又在想象的过程中培养了学生良好的思维品质，提高了学生的思维能力，让学生的潜能得到进一步发挥，学生们便自然地归纳出了文章的中心思想。

片段二：以句为主线，突出中心，锻炼学生的口语表达能力

师：确立中心是写好文章的第一步，还应该有个计划，先写什么，后写什么，再写什么……

生：（议论）写事情应该写好开头、经过、结果。

师：对了，我们分别用一句话概括概括。

（生分小组交流讨论后得出下面几句话）

1. 天气十分闷热，口渴极了。

2. 向妈妈要了一元钱，买冷饮。

3. 路上，看见一个小贩正在杀青蛙，准备去卖。

4. 上前劝阻他，可他硬是不听。

5. 是我决定用一元钱买青蛙。

6. 回来的路上，我把它放回了大自然。

7. 到家，我告诉了妈妈，妈妈表扬了我。

师：就这样把文章交给老师行吗？（生答：不行）我们还应该学会将一句话变成10句话、30句话……

师：哪些地方需要详细写、重点写？

生：（讨论得出）4、5、6句要作为重点写，多用一些笔墨。

学生明确了文章的中心，还应该能选择好需要表达的材料。贾老师教学时以句为主线，通过学生的口得出要写的几句话（几个意思）。为了更好地突出中心，贾老师放手让学生自由讨论哪些句子应该作为重点展开。同学们练习说话时，贾老师没有忘记给予他们帮助、配合、服务，教给学生把握课文中心的方法，提高了学生的作文能力，锻炼了学生的口语表达能力。

片段三：以段为主导，深化中心，在表演中丰富学生们的语言

师：文章写什么，中心有底了。怎样写呢？最好能把它表演出来，大胆一点，灵活一点。

师：（指导表演）如怎样杀——蹲、弯、伸、按、举，怎样劝说——我笑脸、推搡我、笑脸迎我……

（生表演）

师：（小结）看了表演，还要将它们用自己的语言写下来，有信心吗？

生：（片段描写第4句）我边想边走，不知不觉来到了小贩跟前。容不得我多想，我上前一步，大声地说："叔叔，青蛙不能捕杀。"话刚开始便被他的吼声打断了。"去，去，去！老子卖青蛙关你屁事，有钱就来买，没钱滚到一边去。"我没有放弃努力，"叔叔青蛙是益虫，是庄稼的卫士，是人类的好朋友。"可任凭我说什么，都无济于事。（掌声）

为了丰富作文课堂实践活动，让学生乐于接受枯燥的作文课，贾老师努力让作文走出课堂，向社会、生活开放。在贾老师的指导下，通过学生形象有趣的表演，使学生再次感悟了直观、鲜明的形象化语言，既使学生们感到有话可写，又为学生们撑开了想象的绿伞。重点段写好了，其实也就是深化了文章的中心，更进一步地揭示或体现了文章的中心。

著名的小学语文教育专家吴立岗先生给贾老师的作文课归纳了五个字："高、趣、真、活、实"。作文应在"实"字上下功夫，用贾老师的话可以诠释："我教学生作文不是为了培养几个尖子，也不是为了让学生掌握应付考试的技巧，而是为了让每个学生都愿意写作文，能通过作文学会做人，学会思考，扎扎实实地掌握语言文字的基本功。"

（江苏省宝应县射阳湖镇潘舍小学　陆友松）

张力：阅读教学的个性化追求
——特级教师韩军《大堰河——我的保姆》教学片段赏析

特级教师韩军倡导的"新语文教育"，是一种奠基性的精神教育，是通过语言和言语进行实践的教育，从而奠定学生的民族文化精神和真实自由的个性精神。在他的阅读教学中，声情并茂的朗读、新颖别致的教法、深刻透彻的理性色彩，还有那亲切的话语、广博的知识、教学的机智，其间充满的张力，体现了新课程背景下阅读教学的个性化追求。

片段一：发现张力，在教学情境中打开阅读视野

师：我这个人有很多优点，比如我朝这一站，哎！身材还不错，蛮苗条；模样也还可以，挺潇洒的；这脸上优点就更多了（微笑着指着自己脸上的痘），这个，这个，还有这个，共有二三十个呢。看不到的优点也不少，比如我音色好，歌唱得很好，今天我就给大家唱一首歌。唱歌还得有音乐伴奏。（只见韩老师走到电教平台前伸手轻按，一曲沉缓悠扬、深情动人的笛子协奏曲，回响在整个教室中）

师：古人所说的"唱诗"的"唱"，实际就是吟唱，就是朗诵。诗歌本来就是拿来吟唱的。今天我给大家吟唱的是一首诗——《大堰河——我的保姆》。

（伴着舒缓、悠扬的音乐，韩老师饱含感情地朗读。全诗读完，掌声雷动）

借配乐朗读营造情境并非新招，但教师必须读出作品的神韵，才能把学生真正引入情境，深入文本世界，从而沟通内心深刻体验，形成阅读期待。在信息时代，不少教师艳羡于多媒体的绚丽画面、纷繁信息、快速便捷，往往课前在课件制作上投放许多精力，而文本的先期阅读仅停留在教学指导用书的解读层面，更谈不上悉心揣摩文学作品内在情感并诉之于激情四溢的朗读。阅读教学理应走出光怪陆离的声像立体冲击的怪圈，回归文本，化繁为简，这样的教学才会发掘出文学作品的张力，才会让学生"诗意地栖居"于课堂。

片段二：消除张力，在言语实践中解读文本

师："我做了生我的父母家里的新客了"，这句话里有哪两个词十分矛盾？

生：（沉思）"家"和"客"。

师：诗人在这里正是抓住了"家"与"客"这一对矛盾，才表达出一种复杂的辛酸。在这一节里，还能不能找出类似的矛盾的写法？

（生埋头边读边找）

生："我呆呆地看着母亲怀里的不熟识的妹妹"，这句矛盾。

师：怎么矛盾？

生：既然是妹妹，就应该熟识，可是作者却不熟识。

师：本是骨肉，却是陌路。

师：我再引申一下，这种强烈的矛盾对比的写法，是诗人、艺术家经常运用的，大家在其他地方还看到过吗？

生：《卖炭翁》里面，"可怜身上衣正单，心忧炭贱愿天寒。"

师：再想想，还能从电影、电视中找到这种矛盾的写法吗？

生：电影中常有，如殿堂高处悬挂着"正大光明"，而下面的人干着卑鄙龌龊的勾当。

生：电视中，殿堂里挂着"明镜高悬"的牌匾，下面审案的人，却贪污受贿，把案子判成冤案。

师：非常精彩。诗人艾青非常善于运用强烈的矛盾对比手法来表现人物。1950年代，他到欧洲去访问，见到一个黑人姑娘给白人家当保姆、哄孩子，白人小孩在哭，黑人保姆却在唱歌，艾青就写了一首诗《一个黑人姑娘在歌唱》，有这样两句"一个多么舒服，却在不住地哭；一个多么可怜，却要唱欢乐的歌"。这种强烈的对比能增强表达的效果。

新课程倡导课堂走向开放，走向综合，但语文课应凸显"语文味"，引导学生在语言实践中，构建语文综合素养。因此，韩老师没有追求课堂花样的不断翻新，而是踏踏实实地与学生走进文本，通过"换、调、增、删"等多种方式，揣摩语言妙处，同时引导学生反复朗诵吟咏，培养语感，让学生倾听文本的声音，从而消除文本与阅读者之间的张力。

片段三：扩充张力，在研究性学习中激发创新潜能

生：我有个问题，那个"黄土下紫色的灵魂"，为什么是"紫色"的灵魂？

师：好，大家谁帮助她回答一下。

（生展开讨论，明确了"紫色"的含义）

师：同学们，大家看看，这个结论是谁得出的呢？不是老师得出的，老师只不过是大家意见的概括者。结论是大家共同讨论、研讨、集思广益得出的。在学术界，这个问题仍然是一个悬案，没有一个统一的结论。今天大家得出的结论，也可以成为众多学术观点之一。这就是研究性学习呀！

师：艾青对色彩非常敏感。大家数一数，看看全诗中艾青用了多少颜色词语，一一找出来。

（生陆续全部找出）

师：共有多少处用了颜色词语？

生：八处。

师：说说各自的意义。

（生阐述色彩意义）

师：大家可以写成一篇学术性的小论文，题目可以叫作《〈大堰河——我的保姆〉中颜色词的运用》。

阅读教学不应满足于张力的发现与消除，应在不断探究中扩充张力，这样的课堂才会有深度（多角度阅读、充满理性的思考、积极的自主探究），有宽度（作品拓展阅读、与其他学科链接、与生活沟通），逐步培养学生探究性阅读和创造性阅读的能力，拓展思维空间，提高阅读质量。同时，研究性学习植根于课堂，避免"盆景"式趋向，这样才能真正面向全体，合作探究，从而开发学生的创造潜能，促进学生持续发展。

（江苏省翔宇教育集团宝应县实验初级中学　袁爱国）

情感，提升课堂的力量

——特级教师窦桂梅《再见了，亲人》教学片段赏析

窦桂梅老师的课堂是情感的课堂，是感悟的课堂。以下是窦老师执教的《再见了，亲人》教学片段，课一开始窦老师就唤醒了学生的情感，为学生进入情感世界作了"预热"。

师：(引导学生认识"亲"字的由来)说起来，用它来说明有血缘关系的人，比如爸爸、妈妈、爷爷、奶奶……每每想到这些亲人的时候，我们会用各种方式来表达我们对他们的爱，比如用诗歌来表达——(引导学生回忆诗歌)

生：慈母手中线，游子身上衣。临行密密缝，意恐迟迟归。谁言寸草心，报得三春晖。

师：用歌声来表达——

生：世上只有妈妈好……

师：用文字来表达，我们学过的不少课文就是用优美的句子来表达的。

(生交头接耳)

师：还可以用自己的话来表达，你们能用一个字、一个词或一句话来谈谈你们对亲人的感受吗？

生：(各抒己见，并在老师的引导下在黑板上写下对"亲人"的感受)呵护、关心、爱护、无微不至的照顾、教育、启迪……

(引导学生读他们自己板书的内容)

师：同学们，还有一种情况，没有血缘关系的人也会被叫作亲人，1998年在抗洪抢险时，我们把解放军战士称作——(生：亲人)；在去年抗非典过程中我们把谁称作"亲人"呀？

生：医生、护士。

师：同学们有没有看中央电视台播放的《2003年度感动中国十大人物》？你们觉得哪些人物给你留下深刻印象？

生：衡阳大火时牺牲的22位消防战士。

师：对，读生活的书也是一种学习。

师：（出示课件：钟南山、成龙的图片及颁奖词）请同学们浏览这段话，谈谈你们对他们的理解？

生：爱国。

生：无私奉献。

生：挺身而出。

……

师：我们把这些人也称作亲人，毕竟是同一个祖先，同一个民族，炎黄子孙也是我们的亲人呀！

师：我们把目光放眼世界，跨越我们的民族，我们倾听窗外的声音……

（出示课件：战争中的伊拉克儿童）

师：你们从图片中看懂了什么？

生：我们在他的眼神中看到了他也需要亲人的关怀。

……

窦老师在执教《再见了，亲人》一课时，以"亲人"为主题，呼唤生命，呼唤情感，给学生以爱的教育。以上片段是课的开始，窦老师积极开发潜在的资源，把学生的生活、国内外的事件作为情感体验的教学资源。老师在引导学生对亲人的理解时，从有血缘关系的到没有血缘关系的，从国内到国外，唤醒了学生对"亲人"的体验。窦老师在和学生对话时，调动学生与文本相一致的情感，"读生活的书也是一种学习"，窦老师借学生的生活点燃了情感，在师生对话中，把"亲人"这个符号化为真切的情感体验。学生的情感思维被激活了，受到情感熏陶，获得思想启迪，他们在黑板上写上了"启迪、呵护、关心……"等20多个词语，这是学生个性化和多元化的情感体验。

（福建省宁化县实验小学　曾扬明）

以人为本　以读为本　以创为本
——特级教师靳家彦《有这样一个小村庄》教学赏析

靳家彦老师教学《有这样一个小村庄》时，根据课文特点，引导学生分别提出"小村庄原来是什么样""为什么会变成现在这个样""人类应该怎样做"等三个环环相扣的问题。通过层层导读，步步推进，顺利完成了本课的教学目标。

片段一

（靳老师板书课题时故意丢掉"这样"一词，一个学生眼疾口快）

生：老师您把"这样"两个字写掉了，题目是《有这样一个小村庄》。

师：对不起，老师写错了，老师把它改过来。你真细心！你勇于指出老师错误的精神特别可贵，谢谢！（说完，靳老师毕恭毕敬地给这个学生鞠了一躬）

片段二

师：我把课题补充完整后，你们就应产生问题了。什么问题？

生：这个小村庄是什么样的？

生：有哪样一个小村庄？

生：这个小村庄有多么美？

师：好！这个小村庄有多么美或者有多么不好，这是大家提出的第一个问题，也是我们学习的第一个目标——有怎样一个小村庄？我们先解决这个目标，明确吗？

生：明确！

师：怎么解决呢？

生：读课文。

师：好！我们自己读书，自读、自悟、自得，看看能不能解决。大家读课文时，有两个要求：第一，把课文很流畅、很正确地读下来；第二，遇到生字、生词或者不懂的句子可以查工具书，可以问老师，也可以与同学讨论。一边读，一边思考有怎样一个小村庄。读多少遍呢？越多越好，直到你能正确、流畅地读，理解了内容就可以停下来。不齐读，读的时候可以拿笔画一画，看哪懂、哪不懂，哪重要、哪不重要，学得活一点！

（学生读书、讨论、交流，老师巡视、点拨）

片段三

师：请同学们想想，这个"很像样"的小村庄到底是什么样呢？
生：清澈的河水从村前流过。
生：村后的山坡上，郁郁葱葱的树林好像一道巨大的屏障。
生：村里住有人家，庄稼长得很好。
生：这里的空气格外清新。
师：谁愿意根据课文的描述和大家想象的小村庄的样子，在黑板上描画这个原先很像样的小村庄？

（靳老师请几位同学上台来画。当请一位同学去画"小河"时，他胆怯地摇摇头，表示自己画不好）

师：不画不行。你越是怕，我越是让你画。

（靳老师来到该生面前，拉着他的手走上讲台，递给他一支蓝色的粉笔）

师：你一定能画好。

（这位同学在恰当的地方画了几条蓝色的曲线来表示河水）

师：这些弯弯曲曲的是什么？
生：水的波纹。
师：想象力真好！你这不是画得很好吗？刚才怎么不敢上来呢？

（靳老师又拉着该生的手，把他送到座位上，拍拍他的肩膀）

师：下次再叫你来，敢不敢？
生：（点头）敢！（在这堂课中，该生多次举手回答问题）

片段四

师：那么，"空气格外清新"怎么画？无色无味的空气，看不见，摸不着，怎么表现呢？

生：可以画蓝天、白云。

生：可以画小鸟、花草。

生：还可以画蜜蜂、蝴蝶。

师：为什么要画这些呢？

生：因为空气清新的地方才显得天更蓝、云更白。

生：因为空气清新的地方才有小草嫩绿，鸟语花香。

生：因为空气清新的地方才吸引蜜蜂采花，蝴蝶飞舞。

师：说得多好啊！谁想上来画"空气清新"？

（学生踊跃举手，靳老师请学生上台画画）

1. 以人为本，着眼于学生和谐性发展。在靳老师的课堂里，凸显了师生关系的民主、平等与和谐，彰显了尊重学生生存与发展权利的人文情怀。教学伊始，靳老师故意将课题中的关键词"这样"丢掉，当一个学生指出老师的"错误"后，靳老师对他大加赞赏，并深深地向他鞠了一躬表示感谢，既言传身教，润物无声，又激励学生不迷信权威，不盲目崇拜并勇于向老师挑战的创新人格品质；当一个学生画小河出现畏难情绪时，靳老师则成了一位心理保健医生为他精心理疗，从而增强了该生的自信心，使他感到了"我能行"。靳老师在教学中，关注学生的生命尊严和生存价值，关注学生的个体差异和个性张扬，关注学生的精神需求和心灵世界，为学生生动活泼地、主动地、自由地发展营造了亲和的氛围，充分体现了他以学生发展为本的现代教育理念。

2. 以读为本，着重于学生自主性训练。叶圣陶先生曾说过，阅读教学的终极目标是使学生"自能读书，不待老师讲"。靳老师也一直倡导"把读书的优先权还给学生"并创立了小学语文"导读法"。因此，靳老师在课堂上尽量给学生创造充分的读书条件和机会，让学生自读自悟，自求自得。教学中，靳老师致力于导，在学生思路受阻时给予疏导，理解偏向时给予诱导，学有疑难时给予启导。而学生则循导学读，在读前明要求，读中有感悟，读后有交流。在导读的过程中，靳老师注重教给学生阅读的方法，培养学生阅读的习惯，并善于抓住学生阅读的"闪光点"进行表扬、鼓励，使学生在每次导读中都经历一次成功的体验。靳老师以读为本的教学观，使学生在阅读实践中"学会思考""学会读书"，在言语实践中积累、熏陶、品味、感悟。

3. 以创为本，着力于学生创新性学习。靳老师在课堂教学中，就充分体现了他所强调的"以情励学，以趣激学，调动参与，启迪创造"的教学思想。在揭示课题时，靳老师运用"故错法"，有效地吸引了学生的注意力，激起了学生的求知欲，触动了学生思维的兴奋点。靳老师抓住这一有利时机，引导学生自主提问，自主学习。为突破教学重点，靳老师在学生自读自悟的基础上，引导学生把原来"很像样"的小村庄画在黑板上，尤其是引导学生有创见地画清新的空气，把无声的语言变成了形象的画面，给学生以强烈的直观感受，不仅使学生悟出了"清澈""屏障""郁郁葱葱"等词语的意思，为学生下一步学习小村庄为什么会变得"什么也没有了"作了铺垫，而且还放飞了学生的想象，激活了学生的思维。教学的生命力在于创造。靳老师创造性的教学设计，就是鼓励学生积极参与，主动思考，进行有创意的表达；激励学生自主探究，勇于实践，进行创新性学习。

（河南省潢川师范附小　方长洲）

第二篇 经典课堂教学智慧

何谓教学智慧？《教育大辞典》的定义是：教师面临复杂教学情境所表现的一种敏感、迅速、准确的判断能力。如，在处理事前难以预料、必须特殊对待的问题时，以及对待一时处于激情状态的学生时，教师所表现的能力。

随着教育改革的不断推进和课堂教学改革的不断深化，需要富有活力、动态生成的课堂，而这样的课堂更加考量教师的教学智慧。名师的经典课堂之所以魅力常青，在于他们总是能及时捕捉、悉心收集、认真筛选课堂中生成的资源，能够对那些由课堂生成的无法预定的教学因素、教学情景随机应变、随时调控、随势引导，并在不经意间迸发生动的、绚丽多彩的思维火花，从而成就迷人的教学智慧。

"平的才是大的"

——特级教师李镇西人教版《提醒幸福》教学艺术点评

片段一：现身说法　指路导学

（上课开始，李老师直奔课文）

师：同学们实话实说，你们是否喜欢这篇课文？

生：喜欢。

师：大家有没有读懂它？读懂的标准是什么？

生：要体会中心思想，要了解写作目的。

师：（补充和归纳）读懂文章，要弄清三点，第一是"写了什么"，第二是"为什么写"，第三是"怎么写的"。此外，还有一个起码条件，即读懂生字词。

（随后，师生共同交流了"喧嚣""渣滓""先哲""垂垂老矣"等词语的意义或读音。李老师特别要求学生注意题中"提醒"一词的一般义——"从旁指点，促使注意"，在本文中的语境义——"珍惜"。）

师：做到以上几点，只是"基本读懂"，要"真正读懂"，还必须"读出自己，读出问题"。

（板书：读出自己，读出问题）

（什么是"读出自己"？李老师先结合自己的体验来谈）

师：最近，我读了著名作家王蒙的长篇小说《青狐》，小说写的是改革开放以后一个女作家的一段经历，别人可能觉得这是一本很一般的小说，但我读得却特别投入，因为它勾起了我对大学时代一段心路历程的回忆。另外，我每天带上随身听，徒步上班，对《同桌的你》这首歌百听不厌，这同样是因为由此很自然地想起过去的校园生活。总之，我是把自己给摆进去了，也就是"读出了自己"。

师："读出自己"，就是"学习"，是"欣赏"，是"联想"，是"想象"。

（关于"读出问题"，李老师也以自己为例）

师：假如拿一本自然科学书籍来读，就一点问题也提不出，因为根本读不懂。对于课文，有所知晓了，或者读懂了，才能"读出问题"。要做到这一点，就要带一种研究的目光去发现，去推敲，去质疑，去批判。

片段二："读出自己" 交流感悟

师：请同学们快速浏览全文，找出最喜欢的某一段、某一句，认真品味，共同分享，看是不是"读出了自己"。

（生交流后纷纷举手，要求朗读自己最喜欢的段落或语句）

生：最喜欢"我们已经习惯了提醒，提醒的后缀词总是灾祸……把提醒也染得充满了淡淡的贬义"，因为它把全文的中心意思充分说了出来。

生：最喜欢"人生总是有灾难，其实大多数人早已练就了对灾难的从容……我们太忽视提醒幸福"，因为它告诉我们要重视幸福。

生：最喜欢"幸福不喜欢喧嚣浮华，……像一粒粒缀在旧绸子上的红宝石，在凄凉中愈发熠熠夺目"，因为它与自己产生了共鸣，而且写得也很形象。

生：最喜欢"当我们守候在年迈的父母膝下时……会无限追悔此刻的时光"，因为影视中也常有这样的镜头，让我们觉得这是一个非常温馨感人的时刻，使人不由得想起一个词——"幸福"。

生：最喜欢"幸福绝大多数是朴素的……亲切温暖地包裹起我们"，因为"朴素"教给我们做人的道理。

生：最喜欢"我们从小就习惯于在提醒中过日子……看得见的恐惧和看不见的恐惧始终像乌鸦盘旋在头顶"，因为这一段写的爸爸妈妈像是自己的爸爸妈妈……

（其间，李老师很注意引导学生结合自我生活经历和情感体验来品味语句或段落丰富而深刻的内涵，有时也把他自己的人生阅历或心灵感悟巧妙地融入其中，产生了师生共鸣的良好效应。如，当学生谈到对"朴素"一词的理解时，李老师说自己也很喜欢它，曾把"朴素即美"四个字作为给高三学生的毕业赠言。他说，幸福其实是很简单的，"平平淡淡才是真"。）

片段三：研讨写法　课内"迁移"

（引导学生研究文章在语言表达方面的特点）

师："形象表达"很重要。写文章，不仅记人叙事，即使表达一种思想感情，也要尽可能使之形象化。

（学生对有关部分再次品读后发现，本文运用比喻、拟人、排比等手法使原来抽象的东西形象化了。如"看得见的恐惧和看不见的恐惧始终像乌鸦盘旋在头顶""幸福不喜欢喧嚣浮华"，说幸福是"一块糕饼""一个眼神""一次抚摸""一个字条"，等等）

师：大家根据自己的理解，用"形象表达"的方法说说"幸福是什么"。

（师先作示范）

师：幸福就是上班路上悦耳的歌声，幸福就是回家时女儿扑上前来张开的双臂。

（学生的情绪被调动起来，发言十分踊跃）

生：幸福就是试卷上鲜艳的100分。

生：幸福就是失败时朋友的一句鼓励的话语。

生：幸福就是黎明的第一缕阳光。

（师一边评点，一边巧妙地接过学生话题的情境，"即兴创作"一两个句子，如：幸福就是和学生们一起追逐、奔跑、打闹的一块洒满阳光的草皮）

师：去年我曾以《元旦吟》为题写过一首诗，我给大家朗诵一下，请大家就此进一步体会"形象表达"的妙处和作用。

是滴血的婴儿，在护士的手掌中快乐的啼叫／是破晓的雄鸡，在农人的矮墙上庄严的吟唱／是黝黑的土地，在残雪覆盖下对春天的初恋／是碧绿的江河，在朝霞浸染中对风帆的企盼／是天真稚童心中虔诚而秘密的小小期待／是英武少年胸前簇新而鲜艳的猎猎领巾／是闪耀着憧憬又辉映着希望的首页台历／是沐浴着赤诚也洋溢着纯真的开篇日记／是隆隆冬日下默默绽放的粒粒羞涩嫩芽／是徐徐春风中静静摇曳的缕缕婀娜新柳……

片段四：读出问题　提升认知

（话题转入"读出问题"）

师：大家说说读出什么问题了？

生:"看不见的恐惧""灵魂的快意同器官的舒适"以及最后一段"常常提醒自己注意幸福……暖洋洋,亮光光"指的是什么,有什么含义?

生:"战胜灾难靠的更多的是临门一脚"与"平时不努力,临时抱佛脚"的意思是不是一样?

……

(此过程李老师主要是让学生"自主探究,合作交流",只是在适当的地方加以点拨。如,对"灵魂的快意同器官的舒适"一句,李老师结合自己刚学会驾车时"过车瘾"的事情来说明这两者是怎样统一在一起的。他同时还指出另一种不统一的情形,即身处恶劣环境,内心却宁静幸福。通过师生互动,学生理解了以上问题,也提升了对课文观点的认识。)

师:这篇文章有没有需要修改的文字或语句?

(众生讨论后,师归纳总结)

师:"灾祸似乎成了提醒的专利,把提醒也染得充满了淡淡的贬义","充满"与"淡淡"搭配欠妥;"幸福有时会很短暂,不像苦难似的笼罩天空",用比喻手法时,出现"时空错位",显得有点牵强;"……甚至当我们连心也不再存在的时候,那些人类最优秀的分子仍旧可以对宇宙大声说:我很幸福,因为我曾经生活过。"其中的"我们"似乎显得多余累赘。

师:读书的时候,哪怕是非常好的文章,也要善于读出问题,敢于指出瑕疵;"读出自己,读出问题",不仅仅是一种阅读方法,也是一种重要的阅读态度。

片段五:故事作结　引发深思

(李老师用一个朋友的真实故事结束了这一课)

师:成都市有一位30多岁的女教师,教小学语文,课上得很好,也很有名气。去年10月,听说她被提拔为市教育局副局长。今年元旦,在一次聚会上,我才通过这位老师的同事之口,知道她没有去赴任,仍然在学校当老师,因为她坚持认为,学校和课堂更适合自己,做教师才是最幸福的。这种幸福观,同学们现在不一定能理解,以后随着年龄的增长,会逐步理解的。

(最后,李老师建议学生课后找毕淑敏的其他作品读一读)

我想借用三句话来概括我的感受:

第一句话是夏丏尊先生说的,"平的才是大的"。对于《提醒幸福》这样一篇富蕴哲理的美文，或许不少老师首先想到的是如何"美教"。但李老师却不这样，他似乎有意回避"新""奇""趣"，一切都在平平淡淡中完成。一本书、一块黑板、一支粉笔，就是他的全部教学"家当"；他没有设计什么导入语，而是用"大白话"交代课题，直截了当地进入课文的学习；师生读读议议，互相交流，偶有"出彩"的发言，但绝没有"玩噱头"和"作秀"的意思，纯粹是"随意""自然"生成的结果，也未见"此起彼伏"的态势；即便是《元旦吟》的朗诵这样一个完全可以掀起高潮的环节，他也不是抑扬顿挫，而是用了比较平缓（却非常清晰）的语调……就是这样的，全无"精心打造"的痕迹，以至于有一个学生情不自禁地对他说："我觉得您也是个朴素的人。"

他的平和、平淡甚至平白，我以为，是一种自觉的选择，是一种"绚烂之极归于素朴"的理性追求，也是一种源自内蕴的自信。这里说的"内蕴"，不是指他个人的"内功"，而是指课堂中教师对学生智慧的启迪，哲理的启示，对学生语文学习的有力导引；是指师生之间的智慧、思想的有益碰撞和对流，一言以蔽，是课堂流程的高效率，课堂生命的高质量。有这样的高效率、高质量，他自然会大力摒弃一切枝蔓性的教学环节，自然会主动远离任何形式大于内容、形式损害内容的教学行为。"平的才是大的"，毫无疑问，这样的境界远比那些所谓的热烈、激昂等的境界更难以达到。

第二句是老生常谈的话，"语文姓'语'"。在某种意义上，我们说，有什么样的幸福观，就有什么样的价值观、人生观和世界观。所以，关于"幸福"，关于"提醒（珍惜）幸福"，可以上出一堂堂很好的"思品课"来。我想，对于这篇文章，一定有并且还将有不少老师在有意无意、有形无形中将其上成"思品课"。语文"改姓"了，不管怎么讲，都不是一件幸事。

新课改强调学科整合，强调综合性学习，但这并不意味着要弱化学科界线。学科的独立性不容忽视；而综合或整合必须建立在较为扎实的学科基础之上，并且更多的应该是学习主体自我内化的一个过程。李老师的课，学科地位始终那么坚实、牢固，没有一点被削弱的倾向。小至生字词的正音解义、解题，大到对课文"形象表达"的研究、学习和借鉴；小至对一个细节化的生活情景的想象、品味，大到对学生质疑意识、批判精神的培养……无一不是"语文"的，换言之，无一不是工具性或人文性的。尤其是"形象表达"，这是大多学生平时习作中最薄弱的环节之一，就此，师生一起分析文中"形象表达"几种手法的妙用，然后结合各自生活体验进行"仿写"。"幸福是……"，丰富的意象、绵远的诗韵,就在"对流"中不断生成。可以说,经由这个"仿写"过程,学生形象表达的能力乃至感悟生活的能力一定能得到较大提高,并且一定能在今后的写作中实现迁移。

第三句是李老师自己讲的,"师生之间自然而然的心灵呼应"。李老师说:"前不久,我作为评委之一参加了在南京举行的第四届全国语文教学大赛。在几天的听课中,我感到不少参赛教师教学设计很严密,教学技艺也很娴熟,但就是缺乏与学生心灵的自然而然的沟通。……这样的课,起承转合天衣无缝,但总觉得缺点什么。缺什么呢?缺师生之间自然而然的心灵呼应。"

要说设计的严密、技艺的娴熟,这一课以及李老师的其他一些课,未见得堪称典范。但恰恰是"心灵呼应",很少有课能与之比肩。如,关于"读出自己",李老师以读《青狐》和听《同桌的你》时的心理体验为例,由于纯粹是个人的经历和感受,所以非常容易让学生产生亲切感和共鸣;如,一个学生说最喜欢"幸福绝大多数是朴素的",因为"'朴素'教给我们做人的道理",李老师真心赞赏他很小就知道做人的哲理,并且围绕"朴素即美"的人生信条谈了自己的一点认识;再如,以"幸福是……"来"造句",师生都从自我生活的真切感悟出发,既写出了富有形象感的佳句,又构成了一个十分和谐融洽的"心理场";最后李老师以一位朋友甘守杏坛、不愿从政的事例作结,说她坚守了自己的幸福观,余音绕梁,相信这个事例能在课后引起学生心灵久久的颤动和回音……李老师说:"课堂应成为学生思考的王国,而不只是教师思想的橱窗。"他打开自己明净亮丽的"橱窗",又以"平等中的首席"角色引领学生开辟一方"思考的王国",并且在这个"王国"里尽情驰骋——这种努力和追求或许才是最值得我们学习的。

如果说,这堂课有让我感到一丝缺憾的地方,那就是,学生"心灵呼应"的时空还略嫌狭窄了些,也可以说,教师主导性偏强,学生主体性偏弱。我以为,这主要是由于借班上课的客观条件的制约,相信李老师在日日生活其中的那个班级或课堂的氛围中,必定引发了学生更强烈、更深刻的"心灵呼应"。

(江苏省南通市教研室特级教师　冯卫东
江苏省通州市西亭小学　张卫东)

小课堂中的大课堂

——特级教师窦桂梅研究型阅读课《喜鹊》教学评析

片段一：巧妙引题，使研究具有生活的现实性

师：同学们谁到过北京，到过北京又看过什么景物？

（很多同学回答说到过北京，而且参观过故宫、长城等名胜古迹。教师由此引出了一般人到北京都不大关注的另一景观——喜鹊。）

师：我所在的清华大学附属小学校园里有58棵参天大树，有12个喜鹊的窝，人与自然和谐相处，同学们从不去打扰它们。（板书"鹊"，提出人们对它的昵称，板书"喜"，组成"喜鹊"。）

师：我家对面的邻居是清华大学生物系的王教授。那天下班时遇到，他说他正在搞一个喜鹊迅猛繁殖（1971年时北京的喜鹊几乎绝迹，而在后来的25～30年间数量猛增到几千只）的科研课题，他要求我也帮忙协助调查喜鹊数量快速增长的原因。我希望同学们也协助一块儿整理有关喜鹊的资料。

（教师发印制好的课文内容，要求同学们先自由阅读课文）

教者对课文标题的出示颇具艺术性：由北京名胜古迹引出另一景观——喜鹊，由喜鹊的学名再引出其昵称继而组成"喜鹊"，这也为下面探究喜鹊的生性特点（"鹊"）及人们喜爱它的原因（"喜"）作了较好的铺垫。教者引出的清华大学生物系王教授委托其协助调查喜鹊迅猛繁殖一事，不管是真有其事还是教者假托，它都能使学生的课题研究具有较强的现实针对性，研以致用，兴趣倍增。

片段二：佩带"研究员"胸卡，让学生更好地进行角色定位

（在学生反复朗读后，教师引导学生讨论，大家认为第五自然段直接写了喜鹊"朴素雅致，体态优美，鸣声清脆，消灭害虫"的特点，但就这样给王叔

叔太简单了，应具体一些。教师肯定了学生的意见，并提出要写得具体清楚，就要更深入地研究）

师：老师给你们发下这些卡，现在你们的角色变了，你们是谁？

生：研究员。

师：对。你们要选择好课题，可以选择朴素雅致这个方面，也可以选择两个方面，有些同学说四个方面都写，也可以。

（同学们在卡上写好自己的名字并佩戴在胸前）

师：当你们戴上胸卡，成为一名研究员的时候，你身上的责任就大了。你们说怎么办？首先，应该有几条纪律吧？要有什么纪律？

（同学们经过讨论，认为作为研究员在研究的时候要专心，不能离题，说出特点后要多举例子，还要善于作比较等）

师：好，就这样办。你们可以选择你所喜欢的某个方面，去找找课文中相关的段落，看看哪一部分是你要研究的内容，然后好好地去读一读，拿出笔来画一画有关的句子，尤其是重点的词更要好好去研究和体会，看看谁有新的发现，把你新的研究成果向大家汇报。有没有信心？

生：有。

（学生读书讨论，教师巡视，并不时地参与学生的讨论）

在初步找出喜鹊四个基本特点的基础上，为了激发同学们的研究热情，使研究能更深入地进行下去，教者设计了让同学们佩戴"研究员"胸卡及制订"课题研究纪律"，这使同学们更具"角色感"，进而更自觉地投入到课题研究之中。

片段三：举行"研究汇报会"，课题研究与阅读教学紧密结合

师：我发现大家已经胸有成竹了。关于"喜鹊特点研究汇报会"现在开始。（挂一张喜鹊图在黑板上）谁愿意先说。

生：我汇报。喜鹊的特点是能消灭害虫。它常帮助人们捉果园里的害虫，有时还捕捉老鼠呢？

师：你能读读这一段吗？

（该生读，然后众生齐读："喜鹊的食物很丰富，……有时还能捕捉田里的小老鼠呢。"）

生：我觉得喜鹊非常能干。

（该生读："它能帮助人们啄食庄稼地里和果园里的害虫，有时还能捕捉田里的小老鼠呢。"教师随之板书"能……还能……"）

生：喜鹊朴素雅致，体态优美，羽毛只有黑白两种颜色。（教师出示一幅喜鹊图，引导学生看喜鹊的羽毛颜色）它的颜色不是那么鲜艳，只有黑白两种颜色，给人很友善的感觉。

生：它只有黑白两种颜色，但在阳光下反射出油亮的紫色光泽，显得非常雅致。

（放色彩艳丽的鹦鹉图，让同学们比较两种鸟羽毛的色彩，感受喜鹊"朴素雅致"的特点。一些同学还注意观察到老师穿着的毛衣也是黑白相间的，教师由此引导同学们理解"黑白相间"这个词）

生：喜鹊的特点还有鸣声清脆。早春二月，阳光和煦，正是喜鹊尽情歌唱的时节，它的鸣叫声带来了春天的信息，给人们带来欣喜和欢乐。它的叫声是"喳喳喳"，使人感到精神振奋，生机勃勃。

师：好，你的感受真丰富，你能模仿喜鹊的叫声吗？

（生模仿）

（教师又让同学们通过读，想象喜鹊那清脆悦耳的叫声）

生：我汇报。它的另一个特点是体态优美。它的身体一颤一颤的，它的尾巴一翘一翘的，非常可爱。

（教师让生表演喜鹊"一颤一颤"和"一翘一翘"的优美俊俏的体态，以此体会喜鹊是"那么活泼，那么可爱"，并板书理解"那么……那么……"的句式，让生带着自己的感受朗读这几句话，着重体会"那么"这个词义）

本课中同学们对喜鹊迅猛繁殖的课题研究并非专业人员的专门研究，而是阅读教学中的一种学习形式，所以，教者始终注意在对喜鹊的研究中结合课文内容进行说读的训练，尤其对词语的析解和品味更是方式多样。例如，通过对喜鹊和鹦鹉羽毛色彩的比较来理解"朴素雅致"；通过教师特意穿戴的着装让同学们直观地理解"黑白相间"；通过模仿喜鹊的叫声体会喜鹊鸣叫时的"清脆悦耳"；通过表演喜鹊"一颤一颤"和"一翘一翘"的体态感悟人们对喜鹊"那么活泼，那么可爱"的赞美。

片段四：探究"预兆吉祥"，引导同学们作由表及里的研究

师：通过同学们的研究，我们已经有了很深的感受。我们把喜鹊的这几个特点介绍给王叔叔，你们说可以了吗？

生：还应该加上一些我们知道的关于喜鹊的情况。

生：再加上一些人们对喜鹊的感受。

生：还可以加上几幅画。

生：加上我们对喜鹊的建议和看法。

师：我们通过学习，知道了喜鹊朴素雅致、体态优美，鸣声清脆，消灭害虫，人们喜欢这种鸟仅仅在此吗？

（经过讨论，大家认为喜欢喜鹊的另一个主要原因是自古以来，人们把它当作预兆吉祥的鸟儿）

师：为什么人们会认为它能预兆吉祥呢？同学们再读课文，研究研究这方面的问题。

（生读，讨论，作更深层次的研究）

生：因为它的声音很好听，体态优美，鸣声清脆，能消灭害虫。

生：因为它的朴素雅致，活泼可爱，它的歌声好听，使人感到精神振奋。

生：它"喳喳喳"的叫声可以告诉人们春天来了。

……

师：它"喳喳喳"的声音传递着春天的信息。再往下读，光是春天吗？

（板书：秋天、冬天）

（经过师生交流讨论，大家感悟到喜鹊在秋天鸣叫时能使人感到生机勃勃，在冬天鸣叫时能使人感到精神振奋）

由对喜鹊生性特点的研究转向对人们认为它能预兆吉祥的研究，这也就是引入课文时对其学名"鹊"的生性特点的研究进而对其昵称"喜"的研究，这应当说是本课题研究的难点，使这一课题的研究进入了更深的层次。

片段五：作阶段性的探究总结，鼓励学生进行创造性的写作训练

（教师发给大家一份研究记录表，要求准确、具体、流畅地填写"喜鹊的特点"和"喜爱它的原因"，形式可多样化）

（生动笔写作，教师巡堂指导）

生：朴素雅致喜鹊美，体态优美喜鹊丽，消灭害虫喜鹊能，鸣声清脆传信息，预兆吉祥人人爱。

生：我们研究的结果是：春天，它给人们带来春天的气息；夏天，它给人们带来欣喜和欢乐；秋天，它使人感到生机勃勃；冬天，它让人精神振奋。

（教师都给予了肯定和鼓励）

通过填写"研究记录表"，对喜鹊的生性特点和人们喜爱它的原因作了阶段性的总结，使本课题的研究更具规范性和完整性。同学们在填写"研究记录表"时可采用多种表达方式，这样，教者就较好地把课题研究与阅读教学中的说与写有机地结合起来。

片段六：讲述故事，引发学生深入研究

师：今年的6月14日，在北京的一个公园，有一只老喜鹊突然从树上掉下来死在路旁，人们看见了，谁也没有在意，因为大家认为这是一件很平常的事。中午的时候，只见黑压压的一片，从四面八方来了600多只喜鹊，它们围着这只死去的喜鹊转来转去地飞，声音就不是刚才同学们说的那样"鸣声清脆"了，而是满天的悲鸣，悲凉、悲惨！600多只喜鹊的悼念哀鸣长达4个多小时，最后才依依不舍地离开。专家们对这个现象进行了研究，发现这只死去的喜鹊是一只老喜鹊，可能在喜鹊群中有相当高的威信，才引起喜鹊群对它的悼念。看来，可以得出这样的结论：喜鹊像人类一样，有它自己的社会和生活。

师：同学们，我们今天借助课文提供的资料对喜鹊进行了研究，获得了对喜鹊的初步的认识，我相信同学们此时此刻可能会有许多新的问题要研究。你们可以对着话筒说一下。

生：我想研究喜鹊的生活习性。

生：我想研究喜鹊是怎样生小喜鹊的。

生：我想研究喜鹊的叫声代表什么意思？

生：我想研究喜鹊为什么和人一样重感情？

（教师对学生的想法给予了充分的肯定，并希望同学们把进一步的研究成果用书信或通过网络发给她，再转送给王教授。教师强调，研究喜鹊，既帮助了王教授，同时也帮助了自己，同学们也在研究中分享了其中的收获和快乐）

教者所讲述的群鹊哀悼老喜鹊的感人故事引起了同学们更深的思考和进一步研究的兴趣。正所谓研究尚未有终期，教师鼓励同学们通过课外的实地考察和上网查资料等途径，把研究引向更大的课堂，引向更深的层次。

综观窦桂梅老师的这两节课，至少可以给我们这样的启示：课题研究型的阅读教学课，其课题的设立应与社会的实际需要紧密结合，并设法让学生"煞有介事"地进入研究的角色，才能使他们放矢有的，探之有趣；在阅读教学中进行的生物类课题研究必须处理好语文教学与自然科学研究的关系，既要符合自然科学课题研究的一般程序要求，更要时刻注意到这是语文教学课，因而，要有机地进行字词句篇和听说读写等能力的训练；课题研究型的阅读教学课必须把"小课堂"与"大课堂"结合起来，切实地做到"课内外联系，校内外沟通，多学科融合"。"积极倡导自主、合作、探究的学习方式"是《语文课程标准》的重要理念之一，窦老师的这两节极富创意的课题研究型阅读教学课在"研究性学习"方面作了十分有益的尝试和探索，我们应很好地学习和吸纳，进而创造出新。

（广西小学教育研究中心特级教师　黄亢美）

尊重学生的阅读体验

——听特级教师孙双金《天游峰的扫路人》一课有感

新课标明确指出：学生是语文学习的主人。语文教学应激发学生的学习兴趣，注重培养学生自主学习的意识和习惯，为学生创设良好的自主学习的情境。但走进课堂，仍然发现不少课堂学生并没有成为主人，还是老师在唱主角，学生成了配角。课堂上始终有一只老师的有形或无形的手在牵着学生走。怎样才能从根本上实现这一转变，使学生成为课堂真正的主人呢？从特级教师孙双金所上的《天游峰的扫路人》一课，我们可以得到不少启发。

片段一：激励学生质疑问难

师：（板书课题）请同学们针对《天游峰的扫路人》提问。

生：天游峰的风景很美，为什么只写扫路人，不写风景美？

师：你有一双慧眼，发现了一个极有价值的问题。请在黑板上写你的问题，并署上你的大名。记住，这是你的发现，你的专利。

（既大大表扬，又让学生在黑板上写出问题，还要署上自己的大名，真可谓做足了文章。学生心里乐开了花，提问的热情空前高涨。学生提问的积极性被充分调动起来了）

（学生充分感知课文后，又让学生提问。此时的课堂异常活跃，问题一个接一个地提出来）

生："沟通"是什么意思？

师：请读一读带有"沟通"这个词的句子。

生："茶，很热，很香，仿佛一股暖流，很快沟通了我们俩的心灵。"

师：针对这句话，你们还能提出什么问题？

生：为什么一杯茶就把我俩的心灵沟通了？

师：同一句话提出了两个问题，哪个问题更好？

生：第二个问题更好。

（在孙老师的激励下，学生提出了许多有价值的问题）

生：为什么鸟又扑棱棱地飞回原处呢？

生：为什么老人很自信地知道自己能活一百岁？

生：老人每天爬一千八百多级的台阶，真的一点不累吗？

生：为什么"我"要紧紧地抓住老人的手说"30年后，我再来看您"？

"学贵有疑，小疑则小进，大疑则大进"是孙双金老师经常说的一句话。他在课堂上努力促使学生生疑、质疑、解疑。当孩子们根据课题提出三个问题后，他一连用了三个"了不起"来盛情赞美他们。"你有一双慧眼""你真是火眼金睛"……在老师饱含激情的鼓励下，孩子的质疑兴趣怎么能不高涨呢？同时，孙老师特别注意指导学生提高提问的质量。他让同桌讨论，合作学习，消除一些低质量的疑问。一些问题通过比较的方法（如有关"沟通"的问题），让学生辨别，从而让学生学会提问，学会提有价值的问题。宋代学者朱熹说："读书无疑须教有疑。"在孙老师的精心指导下，学生的智慧火花不断进射。

片段二：引导学生自主答疑

（问题提得这么多，怎么办？孙老师让学生帮忙出主意）

师：同学们提出了这么多有价值的问题，真令老师兴奋不已，可现在老师又犯愁了，这么多的问题怎样解决呢？请同学们给我出谋划策。

生：让我们自己一边读书，一边解答。

生：我以为应该从这些问题中选出重点问题仔细解决，其他问题就让我们自己解决。

师：这些主意真好，衷心谢谢你们的"金点子"。老师采纳你们的建议，从这么多的问题中摘出三个主要问题：累？退？岁？我们先来看第一个问题，老人扫路究竟累还是不累？

生：我认为他是累的。一千八百多级台阶，游客们气喘吁吁，他一个60多岁的老人每天都要扫上去，扫下来，真累！

师：你能把这一节有感情地读一读吗？

（生读第七节，语气平淡）

师：听你读，没有使人感觉到山路的险峻难走，老人扫路的劳累。我们读的时候要想象当时当地的情境。谁再来读？

（生练读后，再读）

师：对，抓住"九百多级、一千八百多级"这些词语重读，使人感到了山路的高险。两处"一级一级"的慢读表示了老人扫路的艰辛。读书就要这样，读出情，读出境，读出味。

生：我认为老人不累，老人说他"扫一程，歇一程，再把好山好水看一程"，多么自在悠闲。

生：老人不累，他几十年如一日地打扫，养成了习惯，所以不感到累！

生：老人想到能为天游峰的清净作出一份贡献，心里特别高兴，就不觉得累了。

……

师：老人到了退休的年龄，为什么还不退呢？

生：老人还想发挥余热，为人民作贡献！

生：老人与天游峰朝夕相处，结成了深厚的友谊，他舍不得走。

生：老人"喝的是雪花泉的水，吃的是自己种的大米和青菜，呼吸的是清爽的空气，而且还有花鸟作伴"，他舍不得走！

师：老人说的话非常有意思，你能结合自己的实际，仿造这样的句式说说自己的生活吗？

生：我喝的是带有浓烈漂白粉气味的自来水，吃的是带有残留气味的大米和青菜，呼吸的是含有汽车尾气、烟尘的空气，整日与高楼、书本作伴。

师：老人生活的地方无疑是人间仙境，这里没有污染，纯净一片。老人当然舍不得走。

师：老人能不能活到100岁，为什么？请四人小组讨论一下，找出合适的理由。

生：老人的生活环境没有受到一点污染，他一定能长寿。

生：老人天天劳动，劳动的人身体健康。

生：这位老人自信、豁达、开朗，一定会活到100岁！

……

《语文课程标准》倡导"自主、探究与合作"的学习方式，把学生置于主体地位，使学生成为学习的主动者。在孙老师引导下，学生想方设法帮助老师出谋划策。而这个过程就是他们寻找学习方法的过程。学生的积极性、主动性得以淋漓尽致地表现。三个问题解决的方法同中有异。相同的是学生都是在深入阅读文本的基础上提出自己的答案。不同的是有的是朗读感悟,有的是对比说明,有的是小组合作。孙老师像一位智者,挥洒自如,引着学生在百花园中采撷知识的花朵。

片段三:启发学生自由练笔

师:课文最后一句写道:"这充满自信、豁达开朗的笑声,一直伴随我回到住地。"笑声真的能陪我回到住地吗?

生:是老人充满自信、豁达开朗的态度影响着"我"。

生:是老人为人民服务的精神感动着"我"。

师:体会得真好!现在我发现这最后一句还不太好,你能改一下,比作者的更好吗?

(学生练笔,在书上改写)

生:这充满自信、豁达开朗的笑声,一直久久地萦绕在我的脑海里。

生:这充满自信、豁达开朗的笑声将陪伴我一生一世。

生:这充满自信、豁达开朗的笑声,一直印在我的脑海里,一直教育我好好学习,长大为祖国贡献自己的聪明才智。(鼓掌)

师:同学们的改写非常精彩,比作者的还要棒。我仿佛看到我们班上将来涌现出了一大批著名的作家。

师:学习了这篇课文,你有什么收获?请你用一句精练的话写出自己的感悟、启发,类似于自己的名人名言,别忘记写上自己的大名。

生:自信、豁达、开朗的人健康长寿。——杨牧野

生:生命不止,我们就要为人民服务到底。——杨清秋

生:服务别人,快乐自己。——王玉洁

生:平凡的人也是伟大的人。——朱宇

语文学科的特点体现为"工具性和人文性"的统一,两者不可隔离或偏废。孙老师将两者巧妙地结合到一起。学生从老人身上应该学到自信、豁达、开朗的人生态度和为人民服务的崇高精神。孙老师没有让学生空喊一句口号,而是设计了两次小练笔,让学生在遣词造句中领悟到老人崇高的人格魅力,加深了

对语言文字的理解。

总 评

怎样才能使学生成为课堂真正的主人呢?从孙双金老师上的《天游峰的扫路人》一课,我们可以得到三点启示:

1. 让学生主宰课堂。教师应该相信学生的潜能是无限的,应该放手让学生主宰课堂。孙老师放手让学生感知课文,采用了多种读的形式:自由读、读最喜欢的一段、齐读、默读。孙老师放手让学生质疑问难,学生无拘无束,什么问题都可以提。学生提问后,又让学生帮出主意解决问题,学生始终是课堂的主宰。

2. 让教师引导点拨。学生主宰课堂后,教师的作用如何发挥?陆志平先生说得好:"把点拨、启发、引导、激励留给自己;把阅读、理解、领会、体味、品味、感悟留给学生。"孙老师正是这样做的。他的课堂充满了浓浓的激励氛围,学生上他的课乐此不疲,思维的火花不断闪现。在学生提出九个有价值的问题后,孙老师没有让学生选出关键问题,而是自己领出三个关键问题。他认为,老师在这时应该发挥主导作用。

3. 尊重学生的独特感悟。《语文课程标准》明确指出:"阅读是学生的个性化行为……要珍视学生独特的感受、体验和理解。"孙老师结课时没有给学生一个标准化的答案,而是尊重学生对课文的独特感悟,让学生通过写名言来抒发自己的独特感悟。学生写的名言千变万化,精彩纷呈,将课堂教学推上了一个新高潮。

(江苏省翔宇教育集团宝应实验小学　诸向阳　沈建中)

小楫轻舟,梦入芙蓉浦
——钱梦龙《死海不死》一课问题设计赏析

特级教师钱梦龙先生讲授的《死海不死》一课,在问题的设计上采取了如下方法:以问拉近与学生的距离,以问激起学生的兴趣,以问给学生选择的权利,以问深化学习内容,以问布置课后作业。精巧的问题像一根串起一颗颗珍珠的丝线,引人入胜,不留斧凿之痕。听罢,让人恍然进入"小楫轻舟,梦入芙蓉浦"的境地。

聊天式的问,拉近距离

师:今天我来给大家上一节课,我先介绍一下自己,我姓钱,也就是"没有钱"的"钱"。(大家笑)你们猜猜我多大岁数?

(生说50岁、60岁的都有,有个孩子说40岁)

师:都不对,其实我是18岁。

(生交头接耳,觉得奇怪)

师:我的自然年龄是74岁,我做过心理测试,心理年龄却才18岁。(停顿)所以我是你们的大哥哥。

上观摩课几乎每个人都面临一个难题,那就是如何在短时间内与学生拉近距离,很难想象学生对一个来上课的教师抱有一种陌生感而师生能很好地配合学习。钱先生年高德劭,年幼的孩子未免会有敬畏之感。他的高明之处就在于通过这种亲切的、半玩笑半认真的聊天式的问很快让学生接受他。

猜测式的问,激发兴趣

师:请大家把课本翻到目录上,今天我要给大家上的是一篇说明文,而课本里有两个说明文单元,大家猜猜看,学哪篇?

生：(看目录后商量)《死海不死》。

师：你们为什么会猜到是这一篇？

生：这个题目很怪，既然是"死海"，为什么又不会"死"？

师：哦，"死"与"不死"相矛盾，所以激起了你们想了解的兴趣，那么这两个"死"的含义到底是什么呢？你们能不能谈一谈你们所知道的关于死海的故事呢？

(生依据课文内容谈关于死海的故事)

师：这就是说第一个"死"是指死海的周围不长草木，没有生命；第二个"死"指的是不会游泳的人也不会淹死。

这个问题之所以高明，在于它给了学生选择的权利，教师虽有预设，但学生选择这个篇目肯定有他们的理由，也就是说他们肯定感兴趣才选这个篇目。教学生想学的，授学生想知道的，不但能激起他们学习的兴致，而且效果也会比一味地由教师牵着鼻子走要好得多。选好篇目后，教师并不满足于此，而是通过进一步的引导，通过对题目的分析让学生了解到文章的主要内容，一石二鸟，确实难得。

商讨式的问，找到重点

(生读课文，画出不认识的字词)

师：这篇文章从语文学习的角度看你觉得有哪些知识需要知道？大家商量商量好不好？

(生商量)

师：关于说明文的知识很多，比如语言的准确，事物的特征，说明的顺序，说明的方法等，你们愿意学习什么？

(生讨论后决定学习说明方法)

师：这个课文里用到的说明方法很多，你们想学习哪一种？

(生讨论后建议学习列数据)

师：说明事物的时候为什么要用数字？

生：为了准确。

师：数字有确数和约数两种，你们能找出一些例子来吗？

(生找例子)

师：我有一个问题，你们说列数据是为了准确，约数也是为了准确吗？

（生讨论解决）

一篇文章可学的很多，教师还是通过问来了解学生最想学习的是什么，他没有泛泛而谈，而是选定一个很小的角度，让学生从小处得益。正因为切入口小，学生的收获才大。也正因为这是他们想知道的，所以兴趣才浓厚。

探究式的问，引向深入

师：作者推断死海会死的论据是什么？

（生分别回答）

师：（画图讲解）周围是沙漠，艳阳高照，蒸发量大，每年下降40～50厘米。

师：按照作者的推算思路，死海会不会像作者计算的那样干涸掉？

生：不会，因为死海的面积日益缩小，但约旦河河水不会变化，还会一如既往地注入死海，所以死海就那么半死不活地存在着。

师：正确，作者的失误产生于没考虑到死海的蒸发量是个变量。

敏锐地发现作者的失误是可贵的，但更可贵的是将学生的思考引向深入，使他们不至于停留在课文的表面，这种探究式的问题，不仅仅在于求异，还在于让学生的思路发生了转折。

求证式的问，布置作业

师：但我所知道的现状，却是死海正面临危机，因为约旦和以色列等国家大量截流约旦河水，使它流到死海的水量受到严重的限制，如果这种情况持续下去，那么死海可真要死了。大家愿不愿意让死海死去啊？

生：不愿意。

师：好，大家有没有救救死海的办法呀？

（生提出办法）

师：大家的想法很好，希望这节课后你们能上网查查资料，写篇文章，题目可以是《死海不能死》或者《救救死海》，为保护死海贡献点力量。

这个作业的布置也来得有滋有味，一方面这个作业仍建立在学生兴趣的基础上，是他们极愿意做的；另一方面，若想救死海，势必基于课文内容，教师虽不言，但学生自会回头重读课文找论据的。

在这节课中，钱先生还通过提问来带动课文的朗读和字词的认识，与以上问题设计一样，都起到了一种诱发兴趣、组织教学的作用。整堂课，先生没有一句故作高深的话，都是用平常话娓娓道来，在融洽亲切的气氛中，在不露痕迹的跌宕中，将学生的思维导向深入。

（浙江省宁波万里国际学校中学　李尚飞）

如此造句，精彩！

——观特级教师于永正《水上飞机》造句训练有感

在我们的日常语文教学中，造句训练可以说是诸多语文训练中的一碟"小菜"、一道"小题"，但于永正老师却将这碟"小菜"烧成"山珍海味"，将这道"小题""大作"，并作出精彩的文章来，其奥妙何在？下面的部分实录给了我一些启迪。

片段一：创设情境，想象造句

师：谁能用"渐渐地"说一句话？

（一部分学生举手）

师：有一大半的同学没有举手。其实这个词是比较好造句的。下面，我请没有举手的同学看老师画的画。

（因一时找不到彩色粉笔，于老师用白色粉笔在黑板上画了几簇小草）

师：在你们的想象中这是绿色的小草。（笑声）它虽然是白色的，你们可以想象成绿色的、红色的、紫红色的、嫩绿色的……谁能根据于老师的画说一句话，用上"渐渐地"？春天来了，小草怎么样——

生：春天来了，小草渐渐地发出了嫩芽。

生：春天到了，小草渐渐地绿了。

生：秋天到了，小草渐渐地枯萎了。

……

学生遇到造句练习，往往由于知识水平、语言储备的限制，一时感觉就像老鼠咬蛋，不知从何处入手，练习便成了"无米之炊"。于老师的画在刺激学生感官的同时，激活了学生头脑中已有的表象，并积极地调动可以使用的内容，表达也就水到渠成了。

（师板画：地平线、远山、山后露出的半圆）

师：在你的想象中（指半圆）这是什么？

生：这是太阳。

师：什么时候的太阳？

生：晚上的太阳。

师：哦，傍晚的太阳。在你的想象中这是什么时候的太阳？

生：日出时的太阳。

师：初升的太阳。在你的想象中这是什么？

生：在我的想象中这太阳是被山遮住的。

师：还有别的吗？不说太阳。

生：是月亮。

师：根据你的想象用"渐渐地"说一句话，思考。

生：傍晚，太阳渐渐地下山了。

生：清早，太阳渐渐地升起来了。

生：晚上，月亮长出来了。（众笑）月亮升起来了。

师：少一个词儿。

生：晚上，月亮渐渐地升起来了。

……

师：（板画）这个小朋友叫小明。小明上一年级、二年级的时候在外地，学习成绩不好。上三年级、四年级的时候，转到我们学校来了，成绩好啦。（话音刚落，便有学生举手）谁能根据于老师提供的材料用上"渐渐地"说一句话？

（学生纷纷举手）

生：小明的学习成绩渐渐地提高了。

师：我提供了那么多内容，多说几句，要把小明的情况说清楚。

生：小明一、二年级时成绩不好，自从转到我们育才小学以后，他的学习成绩渐渐地提高了。

如果说前面的"小草"让学生尝到了"甜头"，没有了畏难情绪，那这里的"太阳""小明"可让学生稍稍费了点思量。其实，这正是于老师的"无意"之彩，目的是为了进一步地激活学生的思维，使其能自己"下米做炊"。

师：下面，谁能自己用"渐渐地"说一句话？

生：秋天，树叶渐渐地落了。

生：我看见公路上的汽车渐渐地远去了。

多样的情境创设，打开了学生思维的闸门，他们已能自如地使用"渐渐地"一词进行表达了。可见，孩子的潜力是无穷的，给点阳光就会灿烂。只要我们老师创设了一定的情境，给学生一定的空间，激发学生的想象，学生的创造能力、表达能力是不可估量的。

片段二：学文明意，模仿造句

师：用"究竟"说话比较难了，打开书，看这个词在哪句话里，读一读。谁来读？

生：小海鸥想："客轮、货轮，啥样的船我都见过，可就是没见过这种长翅膀的船。"他飞了过去，想问个究竟。

师："究竟"在这儿可以换个什么词？想问个什么？

生：可以换个"为什么"。

师：想问个为什么，是吗？换一个，再说。

生：想问个明白。

师：对了，第二次说对了。聪明，会动脑筋。于老师为你会动脑筋感到高兴。在这儿"究竟"作"明白"讲，也作"结果"讲，想问个结果。你们想一下，在你们的生活当中，有没有这种情况：想问个明白，想问个究竟。谁来说一句话，想问个明白？

生：今天，有一道数学题算错了，我想到老师那儿去问个究竟。

师：我给你加一句：今天，我有一道数学题做错了，可是我怎么也想不起来该怎么做——

生：今天，我有一道数学题做错了，可是想来想去就是找不到答案，想到老师那儿去问个究竟。

生：猿猴是怎么变成人的，我想问个究竟。

师：……到目前为止，你这个句子造得最好。还有谁想问个究竟？

生：一天早上，爸爸搬回一个大箱子，我又不敢瞎碰，便到爸爸那里去问个究竟。

"究竟"是个多义词，放在句子中间和结尾，意思是不一样的。用"究竟"造句对于学生来说是有一定难度的。于老师深深了解学生的能力水平，采用在语境中弄明白"究竟"的意思，再根据意思联系生活，模仿例句进行造句这样一种将大台阶化为几个小台阶的方法，让学生经过自己的努力一步步登上去。实践证明，这种训练方法不仅仅达到了造句的目的，更重要的是锻炼了学生的思维能力，潜移默化为学生内在的表达能力。

片段三：变换句式，迁移造句

师：请看于老师擦掉一个"问"字，换一个字（换成"看"），换这个字以后想一想，在我们生活当中有时候要看个究竟，看个明白，在什么情况下要看个究竟？

生：下午，爸爸给我买回几只小鸡，我趴在箱子前想看个究竟。

生：妈妈把东西藏在了书柜里，我想看个究竟。

师：再想一想怎么改。

生：妈妈把一本新书藏在书柜里，我想看个究竟。

生：妈妈买了一盆花，还没有发芽，我想看看究竟是怎么发芽的。

师：下面于老师再换一个字，"探"个究竟。生活中不仅要问个究竟、看个究竟，还要去探个究竟，去探讨、研究。

生：皮球为什么能拍起来呢，我想探个究竟。

生：这个山洞里住的是谁，我想探个究竟。

生：世界上到底有没有鬼，我想探个究竟。

生：我听说世界上有恐龙化石，我想去探个究竟。

师：不要"听说"，有。

生：现在常州有个恐龙园，我想去看那里的化石，探个究竟。

生：科学家为什么能造出那么多的东西，我想探个究竟。

师：科学家是怎么想出来的，长大了研究科学家的脑子，立个项，科研课题："科学家的脑子"。

于老师的精彩不止于"究竟"，更妙在他所推出的"究竟系列"："问个究竟"——"看个究竟"——"探个究竟"！就在这一擦一换之间，教师的主导作用、学生的主体地位得到了充分的体现。学生的思维不断地被激活，在老师的引领下，一路探寻着美丽的风景，生发出妙不可言的奇思佳句。

片段四：超越文本，拓展造句

（出示句子1：小明把家里翻了个遍，也没找到红领巾，他自言自语地说："红领巾究竟放到哪里去了？难道丢了吗？"）

师：在这句话里"究竟"变成什么意思了？一起读。

（生齐读）

师：再看这一句话。

（出示句子2：每年春天究竟有多少人到咱们扬州旅游？谁也说不清。）

（生不由自主地读起来）

师：在这两句话中，"究竟"表示什么？还表示结果吗？不是的，表示疑问。根据表示疑问的意思，谁能模仿这个句子说一句话？

生：宇宙中究竟有多少颗星星？谁也说不清。

师：是啊，至少到目前为止谁也说不清。棒！这就是思考的好处。

生：每年夏天究竟有多少人到咱们中国的海南去潜水？谁也说不清。

师：对，你的模仿能力很强。

生：这石洞里究竟住了几头狼？谁也不敢进去看看。

师：对，很聪明。

在扎实训练的基础上，进一步地拓展到"究竟"的另一层意思，再进行模仿造句，对学生来讲已不成问题，但却是通向深入训练必不可少的桥梁。

片段五：提供角色，综合造句

师：下面，于老师出个难题给大家做。你们听说过外星人吧？（边问边板书）

生：听说过。

师：听说过恐龙吗？

生：听说过。

师：请你们以外星人或者恐龙为话题说几句话，用上两个"究竟"。这两个究竟一个表示疑问，一个表示结果。如果造得好，于老师绝对要请摄影师给你一个镜头，这是最高的奖赏。

生：世界上有没有外星人，我想问个究竟。

师：一个了，要用两个。（生坐下）站起来，你那个很快就会用上去的，不要着急。

生：（思考后）宇宙中究竟有没有外星人，我想问个究竟。

生：我想知道太空里究竟有没有外星球，外星球上究竟有没有外星人。

（众笑）

师：没听说过外星球……

生：我想知道恐龙究竟是怎么灭绝的，下课后我一定找科技老师去问个究竟。

生：大约在两亿多年前，世界上生活着许多恐龙，但是，之后他们就神秘地消失了，他们究竟是怎么消失的，有多少恐龙，下课我想向科学老师问个究竟。

师：到目前为止，她这句话说得最棒！掌声！

平时，老师和学生都觉得造句难。难就难在造句不是先有了内容，不是从内容入手，而是先有了词语，再根据词语去"搜寻"或者说去"编造"一个能用上这个词语的内容。这里，于老师恰恰只提供了"外星人""恐龙"这两个相互独立的角色，学生居然也能用上两个不同的"究竟"编造出如此令人拍案叫绝的语句，全都是缘于对"究竟"的理解，缘于模仿、变式的造句练习。至此，不由得要为于老师的环环相生的精妙设计击节而歌！

总 评

在我们的教学中，造句是一种经常遇到的语言训练形式。也许，我们常常是把词语一出示，就让学生自己练习了事。其实，造句是一种语言再创造的过程，

它包含着思维的飞跃、智慧的闪动。于老师指导造句的方法朴实而新颖,细腻而灵动:

1. 板画搭桥。于老师有画家一样的笔触,他寥寥几笔在黑板上勾勒出小草逐渐茂盛和山衔落日的图画。原本枯燥的造句练习变成了生动的看图说话,变抽象为具体,化难为易,学生的智慧火花立刻迸发出来。

2. 情境铺路。一个词语要在一定的语言环境中,才能体会它的妙用与准确。巴尔扎克也非常欣赏在具体的语言环境中选择词语。于老师谙熟此道,精心设计了一个个情境,让学生根据发生在自己身边的事例说话,拉近了与生活实际的距离,激发了学生的表达欲望,思维的泉水不禁喷涌。

3. 面向全体,尊重个性。虽然是简单枯燥的造句练习,却充满了浓浓的人文关怀。当只有少数同学举手的时候,于老师让大家等一等;当一个小朋友说出与他人不同的答案时,他充分尊重。在他精心营造的民主、宽松的课堂氛围下,孩子怎么不热爱学习呢?

一个十分简单而枯燥乏味的训练,在于老师的课堂上显得如此精彩!情境的创设,激发了学生的表达欲望,激活了学生已有的生活经验,面对感兴趣的话题,表达已成了学生的迫切需要,这样的训练能不精彩吗?依据课文,独具慧眼,选择了恰当的训练点和突破点,不断拓展,引导学生逐渐学会表达,精彩是必然的!

(江苏省通州市西亭小学　朱锦飞
江苏省翔宇教育集团宝应县实验小学　沈建中)

习作，在圆的联想中生成

——听特级教师支玉恒《六年级联想作文》一课有感

在平时的作文教学中，教师常常会遇到学生无话可说、无内容可写的尴尬局面。究其原因主要是学生缺乏从生活中撷取作文素材的能力。"巧妇难为无米之炊"，如何让学生"有米下锅"呢？支玉恒老师执教的《六年级联想作文》指导课很值得我们学习借鉴。

于无痕处话联想

（上课伊始，支老师用木制大圆规在黑板上画了一个圆，然后让学生说说它是什么。有的学生说是一个圆，有的学生说它是圆圆的，好像太阳一样的东西。支老师对后者给予了肯定，并让学生说说由眼前的圆还看到了什么，想到了什么。）

生：我在黑板上看到了一个像西瓜一样的圆东西。

生：我看到了一个录像机的镜头。

生：我想到了陈佩斯的头。

师：陈佩斯的头是够圆的。

生：我想到了数字"0"。

师：要想把"0"写得这么圆，还真得费一番工夫，是吗？

（教学活动中，教师又在黑板上画了一个方框，让学生把所说的"西瓜、镜头"等写进去。学生异常活跃，说出许多相关的事物，教师让他们一一板书）

师：由我画的圆到你们在这里写的这么多东西，这个过程谁能说说叫什么？

生：联想。

师：对了，这就是一种联想，大家所说的这些事物和圆之间都有一定的联系。

（师在圆和方框之间板书：联想）

这一教学过程虽然"画"去不少时间，但却积极地调动了学生记忆中的生活素材，又通过形象的板书使学生对抽象的"联想"的概念有了具体的感性认识。学生对于"联想"的理解，可谓"水到渠成"。

为有源头活水来

（在学生对于为什么写下这些东西感到好奇时，支老师让学生拿笔试着写下刚才的过程，作为本次作文的第一段内容，要求语言简练。几位学生分别写下了以下几个片段）

上课了，老师在黑板上画了一个圆，同学们便开始了丰富的联想。有的说这是个西瓜，有的说这是个皮球……真是层出不穷！我也不甘落后，大声地说："这是个红绿灯。"

支老师上课时在黑板上画了一个圆，让同学们展开想象的翅膀，进行联想。同学们说出的事物真是千奇百怪，西瓜、气球、脑袋……我说这是老师发怒时瞪得圆圆的眼睛。

……

冰心在谈到学生作文的时候，指出学生作文为难的地方，首先是无物可写。但支老师利用课堂随机生成的素材（引导学生理解"联想"的教学活动）很好地解决了这一难题。给学生以写作的"源头"，学生才能畅所欲言。

内外联系促生成

（在学生写好习作的开头后，支老师又适时进行了引导，鼓励学生自由表达）

师：同学们很会联想，也很会写。事物和事物之间既有外在联系，又有内在联系，由这个圆联想到这些事物，是一种什么联系？

生：外在联系。

师：对，外在联系是由这个形象（指圆）想到了和它形状近似的一些东西（指方框里学生的板书）。下面我们还要进行联想，但就不是外在的了，这回变成内在的了。（板书：内在）内在的联系不是通过观察，而是通过思维，通过回忆联想一件事，一个故事。比如，通过"足球"可以联想到我们国家队出线之难。现在你们想象一下,黑板上的这些东西能引起你对什么事的回忆?

(生认真思考)

生:我通过月亮想到了今年中秋节晚上和爸爸、妈妈一起赏月的事。

生:我通过圆圆的镜头想到了小时候在舞台上表演。

生:我通过红绿灯想到了当年被车撞的情形。

……

师:你们把自己想到的故事写下来,写得生动、有趣,而且非常感人,好不好?

(生写文,师行间指导。20分钟后,师指名学生读精彩的部分,随机点评)

作文离不开生活的源泉,联想作文关键是如何触发学生的生活积累。支老师通过引导学生进行内在联系,回忆自己经历或了解的一件事、一个故事,激发了学生的思维,让学生不吐不快,自然生成一篇篇有血有肉的佳作。

(江苏省兴化市安丰中心小学　周应太)

进入文本角色，体验深层情感
——特级教师窦桂梅《落叶》一课赏析

课前导入：未成曲调先有情

在师生之间不太熟悉时，如何让学生很快地越过陌生这道鸿沟，以饱满的热情参与到课堂教学中来呢？特级教师窦桂梅是这样引导的：

师：猜猜看，我姓什么？

（连问两个孩子都说不知道，老师刚准备告诉他们，突然发现一个孩子举起了手）

生：您姓窦。

师：（微笑着伸出手）握手！你叫什么？你怎么知道的？

生：我叫马怀宇，我……我，嗯……

师：（含笑的眼睛望着他）你是听周围的老师说的，是吗？

生：是的。

师：马怀宇同学善于倾听别人的话，把别人说的话变成自己的信息，这是多么好的倾听习惯啊！

师：第一次见面，送你们见面礼，三句话：第一句"我很棒！"第二句话也送给你的同伴，把手搭在同伴的肩上说："我真的很棒！"第三句咱们一起来说："我们真的真的很棒！"

（生练说，课堂顿时热闹起来）

师：咱们把这句话也送给听课老师："你们很棒，你们真的很棒，你们真的真的很棒。"

（生齐说，听课老师鼓掌）

师：老师给你们掌声，你们感觉了什么？

生：很光荣！

生：很温暖!

师：找到感觉没有？什么感觉，温暖中觉得很棒。就让我们带着这个感受来一同走进课文。

"我很棒!""我真的很棒!""我们真的真的很棒!"三句话一下子拉近了学生与教者、学生与听课者之间的心理距离，学生的紧张感和拘束感在教者的鼓励下，在听课者的期望中消失。孩子从老师充满期待的眼神、亲切的笑容、赞美的话语中，获得了自信，唤起了表现欲望，从而能保持积极的学习心态，学习潜能得以充分发挥。

课内对话：一举一动总关情

《语文课程标准》指出：阅读是学生的个性化行为，不应以教师的分析来代替学生的阅读实践。应让学生在主动积极的思维和情感活动中加深理解和体验，有所感悟和思考，受到情感熏陶，获得思想启迪，享受审美乐趣。窦老师的课很好地阐释了这一理念。

师：咱们做个小游戏，现在你们就是这群小动物，可以站起来选择自己喜欢的地方，看哪条小虫、小鱼，哪只小蚂蚁、小燕子表现得那么有创造力。小动物们，准备好了！小蚂蚁爬来，小虫爬来，想想小蚂蚁爬和小虫爬有什么区别？

（老师一声令下，孩子们全都趴在地上，有的爬爬、歇歇、东张张西望望，有的使劲扭动着身躯，还有的撅着屁股呈拱形往前蹿，台下老师大笑）

师：小鱼游来，小燕子飞来，哎，看谁能表现自己与别人不同的地方。

（孩子们努力地表现出与众不同，出现了各种各样的"飞"法和"游"法）

师：现在我只说一个字，看谁反应快。（老师分别说了"游""飞""爬""躲""藏""坐"）

（孩子们欢快地时而游着、爬着，时而飞舞着，时而钻到座位底下，慌乱中，碰翻了凳子，撞疼了额头，却全然不顾，硬是把自己藏得严严实实，一瞬间，课堂上看不见一个人影儿）

师：啊哈！小动物们的动作告诉我，原来"躲"和"藏"的意思是一样的，它们连起来叫——

生：（齐）躲藏！

师：我把它拿掉。（老师把写有"藏"的卡片换成"开"，组成"躲开"，再换成"闪"，组成"躲闪"）

师：好玩吗？

生：（兴奋地大声叫道）好玩！

师：开心吗？

生：开心！

师：有趣吗？

生：有趣！

师：幸福吗？

生：幸福！

师：嘿嘿，就把刚才体验到的开心、有趣、幸福送到句子里去读，不加动作，用声音告诉大家你是多么开心，多么幸福！

（此时孩子们读得摇头晃脑，有滋有味）

这里没有支离破碎的讲解，没有成人化的分析，老师让学生通过动觉（辨别身体各部分运动和姿势的感觉）体验来理解词句，揣摩文本人物的心情旨趣，一步步接近文本，死板的文字符号在孩子们眼里还原成了有血、有肉、有形的小动物。学生在体验中获得的情感是真挚的，是鲜活的，是富有生命力的，这也为以后的创造性朗读打好了坚实的基础。

师：（在胸前贴一片树叶）看看，我是谁？打个招呼。

生：落叶姐姐好！

师：小动物们好！喂，我落下来了，你在哪里？你是谁？

（生读有关蚂蚁的句子）

师：现在把"蚂蚁"变成"我"来读读，谁来读？

（生分别将"蚂蚁""小虫""小鱼"换成"我"进行创造性朗读）

生：树叶落到沟里，我看见了，爬上去，把它当作船，我看见了小鱼，还看见了珊瑚。

生：树叶落在地上，我躲在里面，把它当作爱的小屋住了 101 天，好温暖啊！

生：树叶落在河里，我藏在下面，把它当作避风的港湾，好舒服啊！

新课程倡导用教材教，而不是教教材。这里，窦老师巧借文本，让学生在情境中进行口语交际练习。教师的情感是真挚的，学生在对话交流中所获得的理解和体验也是深刻的，创造性朗读更是让学生的情感体验达到了高峰。

师：（一只手拢在嘴边）喂，你是谁？（示意一位女孩子回答）

生：（马上明白了）我是小燕子。（边说边"飞动"着）

师：小燕子，你好！你把我当作什么啦？

生：我把你当作电报。

师：你把我当作电报，你要把这告诉伙伴们，你是怎么告诉的？

生：电报来了，催我们到南方去呢！

师：给她掌声！多么温柔的小燕子！你的声音柔柔的，是因为你和小伙伴紧挨在一起，所以低声地告诉伙伴，是吧？其他小燕子也这样低声地告诉你的小伙伴。

（孩子们把双手拢在嘴边，凑到同桌耳边，轻声说道：电报来了，催我们到南方去呢！）

师：哎，小燕子，你们看，还有一只小燕子离我们很远很远，我们着急地想告诉他，试试看，怎么告诉？

（孩子们双手拢在嘴边，昂起头，大声喊道：电——报——来——了，催我们到南方去呢！）

这样，在"落叶"和"小鱼""小虫""小燕子""小蚂蚁"的对话中，孩子们不仅再一次体验了小动物们的快乐，而且，在师生、生生、师生与文本立体多向的交流中，将外部言语转化为内部言语，用自己的话来理解或改造原文的句子，从而把原文的思想变成自己的思想，读出了自我，读出了滋味，同时在语境体验中，培养了语感，丰富了想象，把文本的情感、老师的情感、转化为自己的情感，实现了窦老师说的学生之情、教材之情、教师之情三情共振。至此，窦老师完成了激情的传递，师生借助激情的火花共同为激情之火添柴加薪，品尝到了在激情之火炙烤下香气四溢的语文珍馐。

课末延伸：师生谙情情末了

如何让学生在课上获得的积极情感延伸到课外，转化为学生内在的精神力量呢？请看窦老师的课堂结尾：

师：现在我真的感觉到了，你看这落叶，落到这儿，那儿，有的被当作伞，有的被当作船，还有的被当作屋子，还有呢，秋姑娘不仅把落叶当作这些，还当作一封一封的信呢！

师：看看，都写给谁了？快来读读！（多媒体出示《秋姑娘的信》，生朗读）写了这么多信，我都到哪里去了？同学们，你看我这落叶怎么样，不夸我两句？

生：落叶还真有用处。

生：落叶会帮助我们。

生：我能和你成为好朋友吗？

生：落叶，你真能干，我好想和你做好朋友！

师：就这样，亲爱的同学们，咱们都在夸落叶呢，让我们一起唱给落叶，也唱给自己。

（课件出示：落叶的歌

春来了　带着微笑　飞上树梢　风吹过　哗啦啦　我们舞蹈　风住了　静悄悄　我们思考　放假了　乘着风儿　带上奖状　回到大地的怀抱　小虫的屋子　蚂蚁的小船　鱼儿的大伞　燕子的电报　啊　大地　亲爱的妈妈　在你的摇篮里美美睡上一觉）

师：（深情地）是啊，大地，我亲爱的妈妈！在你的怀里，我们好好睡觉，来年的春天，我们继续舞蹈，继续思考，还给你们做屋子，写信，拍电报。马上就要跟落叶说声再见了，谁想读读它，放开声音，一起来。

生：（齐）落叶！

师：小小的落叶很不经意落在那儿，给我们带来这样的快乐，摘下一片美丽的落叶送给最心爱的人。

这就是课的尾声，窦老师的朗读透着温柔、静谧。会场里一片安静，没有人出一声一语，情感的心弦被轻轻拨动，人们都在静中感悟，在静中完成了一次情感的升华。

（江苏省兴化市安丰小学　沈松明

湖北省宜都市实验小学　蒋蓉）

什么是"语文"味

——特级教师薛法根《卧薪尝胆》一课赏析

片段一：识字教学富于趣味

师："奴仆"见过吗？

生：见过。电视里那些服侍当官的下人就是奴仆。

生：在王宫里的太监也是奴仆。

师：在古代，"奴仆"就是下等人。

生：我家隔壁的人家就有奴仆，那个女的天天给那家人家做事。（众笑）

师：那个女的到底是不是奴仆呢？我们先来了解一下什么样的人才是奴仆，老师把他们画出来。你可要仔细看哟！

师：（在黑板上画"女"字的象形文字。教师侧身站着，低头，俯身，双手前伸交叉在胸前）这是什么人哪？（生笑）这是女人！古代的女人见了男人就要这样，一副温顺的样子。（再画"奴"字的象形文字）尽管女人已经很听话、很温顺了，男人们还是用一只大手一把抓住女人，想打就打，想骂就骂。这样的女人就是"奴"！这个字就是"奴仆"的"奴"。

师：（问刚才的学生）你看到过隔壁家的男人打骂过那个女人吗？（众笑）

生：没有。他们对那个女人挺好的。（众大笑）

师：在我们新中国，人与人是平等的，所以没有"奴"。

生：还有"仆"吗？（众大笑）

师：（在黑板上画"仆"字的象形文字，边画边解说）这是一个侧身站立的人，有人在他头上戴了一个"羊"的标志，表示这是一个战俘或罪犯。在他的屁股后边还要插上几根尾毛，让他走在大街上。（边说边画，众大笑）如果是你，会觉得怎么样？

生：只有动物才有尾巴，很难为情。

师：不把人当人！

生：这是对人的侮辱！

学生识字写字，就是为了掌握一种交际工具，但是工具是被人使用的，使用工具的人就有一个情感态度的问题。因此，教师应当充分利用象形字的直观性作形象的描绘，利用会意字巧妙的形义联系作富有情趣的解说。薛老师在上课时，就充分利用象形字来引导学生记忆字形，理解字义。他在指导学生学习"奴""仆"两字时，分别画出"奴""仆"两字的象形字，然后引导学生记忆字形，并直观形象地理解了奴仆的生活遭遇是如此的"不堪"，"受尽屈辱"。

片段二：领悟文意要有情味

师：三年后，勾践回到了自己的国家，照理他又可以享受荣华富贵了。他到底是怎么做的呢？请同学们自己读读课文。

生：（朗读课文第四自然段）……晚上，就睡在柴草上。

师：（插话）这就叫"卧薪"。

生：他还在屋子里挂了一只苦胆，每顿饭前，总要先尝尝它的苦味，提醒自己不忘兵败会稽的耻辱。

师：（插话）这就叫"尝胆"。

师：现在谁能根据自己的理解说说"卧薪尝胆"的意思？

生：晚上睡在柴草上，每顿饭前，先尝尝苦胆的滋味，提醒自己要报仇雪恨。

师：还可以怎么说？

生：为了报仇雪恨，勾践晚上睡在柴草上，每顿饭前，先尝尝苦胆的滋味。

师：你把"卧薪尝胆"的目的放在句首说，有新意。读到这里，老师又有一个问题，如果勾践仅仅晚上睡在柴草上，每顿饭前，先尝尝苦胆的滋味，算不算真正的"卧薪尝胆"？

生：不算。因为勾践还亲自下田耕种，使自己的国家富裕起来。

生：他还要练兵，建设一支强大的军队。

生：勾践还会找那些有本事的人，为国家的强大出谋划策。

……

师：这就叫"发奋图强"！（板书：发奋图强）如果勾践仅仅坚持了几天，或者几个月。算不算真正的"卧薪尝胆"？

生：不算！因为"卧薪尝胆"需要很长的时间。

生：课文中讲勾践"卧薪尝胆"了20多年，才取得了最后的胜利。

师：这就叫"坚持不懈"！现在你理解"卧薪尝胆"的含义了吗？

生："卧薪尝胆"表示为了实现一个目标，要忍辱负重、发奋图强、坚持不懈！

师：读一读这三个词语：忍辱负重、发奋图强、坚持不懈。

（生齐读）

师：同学们，勾践需要卧薪尝胆，我们要不要卧薪尝胆？

生：不需要。

师：为什么？

生：因为我们不要报仇雪恨。

师：没有仇，没有恨，不必卧薪尝胆。

生：我们的生活很幸福，不需要这么苦。

师：有福就要享！

师：请同学们认真听老师的这句话：为了中国的航天事业，中国科学家卧薪尝胆几十年，终于将中国的第一颗人造地球卫星送入了太空。你说，中国科学家有仇恨吗？他们是否每天都睡在柴草上，每顿饭前都要尝一下苦胆？

生：老师，我觉得我们需要卧薪尝胆。比如，中国足球队要成为世界冠军，就必须卧薪尝胆。

师：中国足球队需要的是卧薪尝胆的精神！

生：我也要卧薪尝胆。

师：你又没有仇恨要报，怎么也要卧薪尝胆？

生：我将来要成为一个大富豪，现在就要卧薪尝胆，刻苦学习。

师：为了实现自己远大的理想，也需要卧薪尝胆的精神！

生：我们学校正在创建实验小学，也需要卧薪尝胆。

师：我们的学校要发展，也需要这种精神！

……

师：这种卧薪尝胆的精神就是：忍辱负重、发奋图强、坚持不懈的精神！

（生齐读）

师：古人将这种卧薪尝胆的精神蕴藏在这么一副对联里，老师把它写下来，看谁能背下来？（板书：破釜沉舟，百二秦关终属楚；卧薪尝胆，三千越甲可吞吴）

（生读背对联）

语文是人文性很强的学科，大多数的阅读文章都包含着浓厚的感情色彩，如果我们在阅读中不去引导学生体验这种情感，阅读的功能就减少了不少。如果没有受到情感的熏陶、感染，学生就不可能对文章所描写的景物、人物形象、故事情节等留下深刻印象，更不会对表现这些内容的语言文字留下深刻印象。

薛老师对这一点的把握非常到位。他指导学生理解"卧薪尝胆"在课文中的意思后，问学生：你们要不要"卧薪尝胆"？这时学生不明白"卧薪尝胆"的另一层含义，当然说"不"，薛老师就举了个例子："为了中国的航天事业，中国科学家卧薪尝胆几十年，终于将中国的第一颗人造地球卫星送入了太空。""中国科学家有仇恨吗？他们是否每天都睡在柴草上，每顿饭前都要尝一下苦胆？"学生顿时体会到"卧薪尝胆"还有更深一层的意义——"发奋图强"。接着，薛老师又让学生用"卧薪尝胆"来说一句话，有的学生说出了"我觉得我们需要卧薪尝胆。比如，中国足球队要成为世界冠军，就必须卧薪尝胆。"显然，此时的学生已经完全领会了这个词的意思。整个理解过程充满了人情味。

同时，薛老师利用一副对联——"破釜沉舟，百二秦关终属楚；卧薪尝胆，三千越甲可吞吴"，激发了学生去了解这些历史故事的兴趣，相信学生在收集这方面的资料时能获得书本上没有的知识，并锻炼自己的自学能力。

片段三：积累运用要有韵味

师：老师有个建议，建议大家回家后自己查一下有关的历史书，或者请教家长。如果同学们采纳了老师的建议，我将感到非常高兴。在刚才的话中，有个词语老师一连说了三次，你听出来了吗？

生：建议。

师："建议"的"议"和"意见"的"意"一样吗？（板书：建议、意见）你看，"意见"是心里对别人有想法，所以"意"是心字底；"建议"是把心里的话说出来了，所以"议"有个言字旁。谁向老师提个建议？

（生面面相觑，没人回答）

师：（对一位学生）你对我有建议吗？

（生摇头）

师：（开玩笑地）不说，就是对我有意见；说了就是好建议。有没有？

生：我建议老师背挺直一点。（众大笑）

师：（与学生握手）谢谢你的建议，我一定接受，努力改正。

生：我建议老师要经常刷牙。

师：你是说我的牙齿很黄，是吗？我一定接受！

师：你能将"建议"这个词放到句子的不同位置说吗？

生：老师，我有个建议，建议您要注意休息。

师：你一连用了两个建议，一个作名词，一个作动词。很不错！

生：我建议薛老师能经常来我们学校上课，如果您能采纳我的建议，我们将非常荣幸。

师：我也感到很荣幸。你将"建议"放到了句尾。

……

师：课文要求我们用"请求"造句。你能将"请求"放到句子的不同位置造句吗？

生：我请求爸爸在我生日那天能带我去上海游玩。

生：我曾经请求爸爸给我买辆自行车，可是没有结果。

生：对我的请求，爸爸总是爱理不理，我感到很失望。

师：我发现当爸爸可真难！（众大笑）

生：我们请求薛老师不要走……

师：干什么？

生：一直给我们上课。

……

如果光凭一篇课文，学生很难学到更多的知识，获得更多的发展。因此教学必须以课文为起点，以课文为凭借，抓住一切契机培养学生的听说读写能力，培养学生通过自主探究获得知识的愿望和能力。正缘于此，我们好多的教师在教学中总是要设计一些练习让学生提高学习运用语言文字的能力。薛老师指导学生运用"建议""请求"两个词语说话时，更是"棋高一着"：通过反复鼓励学生运用这两个词，在学生尝试后点明词语的运用效果，启发学生触类旁通。

（江苏省张家港市乘航小学　赵晓燕）

在"读"中静听生命的拔节

——听特级教师窦桂梅《朋友》一课有感

特级教师窦桂梅执教的《朋友》一课，以"读"为主线，通过超越常规的"粗略读"、酝酿超越的"着重读"、超越教师的"模仿读"、超越文本的"个性读"、超越自我的"外化读"，在精、泛、略、跳的阅读中引导学生去感悟课文，感悟人生。"以你之心与作者之心、作品人物之心相会、交流、撞击，设身处地去感受，体验他们的境遇，他们真实的欢乐与痛苦。"——窦桂梅"熟读成诵，整体感悟"的特色教学法，展示了阅读教学一道亮丽的风景线。

粗略读，越超常规

师：我选了四篇专门讲朋友的文章，《记住的和忘却的》《管鲍之交》《胖子和瘦子》以及《朋友》。相信同学们读了文章后，肯定会有自己的感受。请任意选取其中的一篇来谈谈。

生：我认为朋友应该互相帮助，互相取长补短。

师：好，请你把这句话写下来。

（生到黑板上书写）

生：记住恩惠，洗去怨恨。（到黑板上书写）

……

师：我们看看黑板，齐读一下。（孩子们在黑板上写了许多自己对"朋友"的理解，就像"小名人名言"）

窦老师在她的课堂上尝试把"泛读"和"精读"相结合，先对学生进行"泛读"点拨，从对孩子们情感世界的建构入手，让孩子们自主"占领"课堂的舞台，两课时内引导孩子们学完四篇阅读材料，超越了常规的教学。

着重读，酝酿超越

师：罗曼·罗兰说过一句话，"从来没有人读书，只有人在书中发现自己，检查自己，超越自己。"同学们，我们今天就选《朋友》这一篇，请你们在文中真正地发现自己，超越自己，好吗？现在你们细读这篇文章，看看哪些地方对你触动大？

（生边读边思考，师参与其中）

生："但，茫茫人海，就有一个人不怕死，而且真的愿意替别人坐牢，他就是皮斯阿司的朋友——达蒙。"这句话对我触动大。

生："无辜"这个词，对我触动很大，皮斯阿司不是真正犯罪，而是被国王无辜打入死牢的……

（教师随机请学生指出读课文后让自己感动的地方，并让学生说说感受）

窦老师不以自己的阅读心理、认知水平要求学生，而是给孩子们一个展示学习成果的平台，在多向"对话"中逐步加深对文本的理解。学生们在自我展示、相互倾听、相互接纳中品尝到了成功的喜悦，同时各自的潜能得到不断开发。

模仿读，超越教师

师：在同学们谈感受的过程中，我发现你们谈的句子里都隐藏着"但"这个字，我们把这些话找出来读一读。

（生读含"但"的两句话）

师：带着你们的体会再读一读吧！

（生读）

师：有人说，听话听音。那么老师给你们读一遍，看同学们能听出些什么吗？

（师读，注意突出了"茫茫人海"这个词）

生：我听出了黑暗中的一点光线。

师：这说明了什么？

生：这说明达蒙很信任皮斯阿司，达蒙是一个勇敢的人。

（生读这句话）

（师再读这句话，突出"真的愿意"）

师：这一次，你又听出了什么？

生：我听出了他们都有颗互相信任的心，他们的友谊是建立在互相信任之上的。

（生再读这句话）

（师读这句话，语气又有了变化，突出"皮斯阿司的朋友"）

师：你还听出了什么？

生：他之所以为皮斯阿斯坐牢，是因为他了解皮斯阿司，相信皮斯阿司。

（生又读，读出另一番感受）

窦老师敏锐地抓住学生所谈的含有"但"字的句子组织教学，这真正体现了"以学定教"。

个性读，超越文本

师：还有同学想读吗？其实，你想怎么读就怎么读，只要读出自己的滋味来就行，谁来试试？

（一生深情地朗读出个人体验）

生：我也来试试。

（许多孩子都举了手，教师点了多名学生读）

师：同学们，现在来个实话实说。如果你碰到了这件事，会不会替他坐牢？

生：我会去，因为朋友之间的友谊是珍贵的，他是讲信用的人，所以我会去。

生：我是达蒙的话，我就不去，因为我来到这世上只有一次啊。

师：你也知道生命只有一次，可以理解。

生：如果我是达蒙，我就不去，因为我还没有作出一番事业就死去了。况且死了，就不能孝敬父母了。

师：同学们，你们刚才所说的去或不去，其实就是达蒙复杂的思想斗争啊，他会不懂自己的生命只有一次吗？

生：懂。

师：他会不懂自己的母亲也需要孝敬吗？

生：懂。

师：他了解不了解自己的朋友是要被无辜处死的？

生：了解。

师：达蒙作出这个决定时，心里是怎么想的？

生：皮斯阿司是一个孝敬母亲的人。

生：我的朋友一定会回来的。

生：为这样的朋友去死，死也值得。

师：好，同学们，你就是达蒙，就怀着这样的想法，再读读这段话，把你的感受送到这句话中。

（多名学生读，都能读出自己的真实感受）

……

这时的诵读，是学生已融合了自己的生活经历和独特体验之后对课文的一种创造性的朗读；这时的语言，已不仅仅是文本的语言，而是融入了学生的情感态度，具有丰富的人文内涵的鲜活语言。

外化"读"，超越自我

师：通过这堂课的理解，你对朋友想要说些什么吗？

生：人世间最真诚的莫过于朋友间的友谊了。

生：朋友，我的老师，您是我人生中最亮的启明星。

生：您就像甘泉滋润着我的心田，您就像阳光驱走了永久的黑暗，您就像五彩缤纷的彩虹，为蓝天增添了光彩，朋友，我的妈妈，您太伟大了。

师：亲爱的同学们，就像你们所说的那样，当你对朋友的理解走进心灵的时候，我们才真正地感到朋友的意义。读——（师巧妙地指黑板上的句子，生齐读，听起来如同散文诗）

当学生阅读的情感达到高潮时，调动他们表达的积极性，在模仿中表达，在模仿中创新，在表达中把自己的激情释放出来，在语言运用中实现自我超越，学生们变得乐于表达、善于表达。语言的内化与外化水乳交融，最大限度地发挥其整体效益。

（江苏省溧阳市清安小学　王大伟）

你的课堂是学生的课堂吗？

——评特级教师孙双金的《天游峰的扫路人》一课

"新的课堂应该是充满生命力的课堂，新的课堂应该是充满问题探索的课堂，新的课堂应该是充满知识魅力的课堂，新的课堂应该是充满人文关怀的课堂，新的课堂应该是促进学生发展的课堂。"孙双金老师坚持用这样的课堂新理念致力于小学生语文综合素养的形成与发展。在他的课堂上，我们可以聆听师生民主而融洽的平等对话，我们可以直视学生思维生成时闪现的串串火花，我们可以感受师生之间始终飞扬着的人文情怀……

片段一：充分地说——给学生一对自信的翅膀

师：我姓孙，咱孙家有个名人，他叫孙悟空。大家知道他有什么本事吗？
生：他会七十二变。
生：他是火眼金睛。
生：他还是个武艺高强的人。
生：他的一个筋斗云可行十万八千里。
师：你们还知道我们孙家的哪些名人？
生：国父孙中山先生。
生：有勇有谋的孙膑。
生：孙武，他曾经写过一本有名的兵书《孙子兵法》。
生：还有吴国国君孙权。
师：是啊！咱孙家出过政治家、军事家、思想家等等。每次提到他们，我心里特别自豪。你们家都有哪些名人、伟人呢？
生：我叫王露，古时候的四大美女之一王昭君就是我们家的。
生：我也姓王，我们这个家族还出了大书法家王羲之、王献之。
生：我姓范，大家一定认识大文学家范仲淹吧，他曾经写了篇题为《岳阳楼记》的文章。

生：本人周浩秋，以周恩来总理为心中榜样。

师：同学们，你们可知道名人都是从什么人开始的呢？

生：伟大的人。（众笑）

生：普通的人。

生：老百姓，一般人。

师：今天，我们就来学习一篇写普通人的文章，他是一个扫路人。

教学伊始，孙老师不急于点出主课，而是先由自己的姓氏，引出了本家姓氏中的能人贤士——真实的、虚拟的。再由这些国家民族的名人、伟人，逆引出了平凡普通的扫路人。从而为孩子们创设了良好的自主说话情境，孩子们自然是兴趣盎然，滔滔不绝。不仅如此，孩子们还在这样的说话训练中升华了自我的情感体验：他们的脸上写满了信心，谁不为这样的一次发言倍感自信！他们的眼里充满了豪气，谁不为自家的名人、伟人感到自豪！他们的心里印满了甜甜的笑，谁不期盼这种轻松、愉快的学习！

"课堂是学生主动学习的场所，学生是学习的主动者，课堂上理应让学生畅所欲言，自主互动。"在学生、教师、文本的对话中，孙老师通过巧妙的设计，让学生充分地说，说出自己的所知、所想、所思、所悟，给了孩子们一对自信的翅膀，并借此激发学生的学习兴趣，培养学生的学习意识和习惯。

片段二：尽情地读——给学生一张灵巧的嘴巴

师：刚才同学们围绕课题说了三个问题，现在就让我们带着这些问题来读课文。

（生自由地读课文）

师：我们不仅要把课文读通顺，还要将自己喜欢的段落多读几遍。

（生继续放声读课文）

师：谁读读自己喜欢的段落？

生：（读第七小节）我喜欢老人的不辞劳苦。

师：读得流畅，口齿清楚，很好！

生：（读第二小节）我喜欢这一小节，它写出了天游峰的生动和美丽。

师：我们一起读读看，感受感受这天游峰的险和美。

（生声情并茂地齐读起来）

生:(读第八小节)我喜欢老人那双慈祥的眼睛。

师:你真是慧眼独具哟!我也仿佛看到了这双眼睛,还有谁愿意让我再次感受这慈祥的眼睛?

(生深沉地读了起来)

生:(读第四小节)我仿佛闻到了那热茶的浓香。

师:我想真的闻到浓浓的茶香,谁能满足我?

(生自由读第四小节)

……

师:从哪里看出游人爬山是很累的?

(生交流读第七小节)

师:要读好它,让我们感觉出天游峰的高,听得出游人登峰的劳累。

生:"我抬头望了望……甚至望而却步,半途而返。"(不高!)

生:"我抬头望了望……甚至望而却步,半途而返。"(比较高!)

生:"我抬头望了望……甚至望而却步,半途而返。"(高!)

师:高啊!奖励你继续往下读。

我们在孙老师的课堂上,真切地感受到了语文课标里对阅读的阐述效应:"阅读是学生的个性化行为,不应以教师的分析来代替学生的阅读实践。应让学生在主动积极的思维和情感活动中,加深理解和体验,有所感悟与思考,受到情感熏陶,获得思想启迪,享受审美乐趣。"

具体体现在两个方面:其一,给足了阅读时间。整整两节课,几乎全是孩子的读书声。"谁想读""请再读一遍""一起读读看""奖励你继续往下读"……孙老师总是为孩子们提供更多的读书机会,不吝啬时间。其二,注重了情感熏陶。在孩子们的读书实践中,孙老师积极鼓励他们读出自己对文本的理解和体验,读出字里行间流淌着的绵绵情谊。也正是在孙老师的激励、赏识下,孩子们读出了天游峰的险与美,读出了茶香的浓郁,读出了游人登峰时的劳累。如此,在这样的读书实践中,练就了孩子们这张精彩的嘴巴!

片段三:自由地思——给学生一个聪慧的脑袋

师:"学贵有疑,小疑则小进,大疑则大进。"请同学们再读读课文,说说都有哪些问题。

生："茶，很热，很香，仿佛一股暖流，很快沟通了我们俩的心灵。""沟通"是什么意思？

生："茶，很热，很香，仿佛一股暖流，很快沟通了我们俩的心灵。"为什么一杯茶就将我们的心灵沟通了呢？

师：同一个句子提出了不同的问题，这是因为我们思考的方法、重点有所不同。咱班又一个思想家产生了。

生："老人引我进了他的小屋。"这里为什么用"引"字呢？

生：可以用"带"。

生：用"请""领"。

生：我觉得应该用引。一方面它是要告诉读者"我"不知道老人的小屋在哪里，一方面这里也包含引领、邀请的意思。

师：这个问题好，让我们进行了一次有意思的咬文嚼字。

……

师：大家都认为老人不累，我倒不这么以为，你能说服我吗？

生：扫天游峰已经成为老人的一种习惯，习以为常了。

生：因为老人为游客提供了服务，方便了大家，所以他感到乐滋滋的。

生：老人的身体健康、硬朗，扫扫地算不了什么。

生：老人爱着天游峰，他总是以苦为乐。

……

师：课文里说"30年后，我照样请您喝茶！"30年后，老人就一百岁了，这怎么可能？

生：会的，老人热爱运动，而生命就在于运动。

生：有可能，这里的环境太好了！

生：因为老人很健康，他希望为人民服务的时间多一些。

生：关键在于老人的性格开朗、豁达。

……

师："这充满自信、豁达开朗的笑声，一直伴随我回到住地。"笑声以后就没有了吗？你能将这句话改一改吗？

生：这充满自信、豁达开朗的笑声，一直伴随我一生一世。

生：这充满自信、豁达开朗的笑声，一直萦绕在我的耳边。

生：这充满自信、豁达开朗的笑声，一直伴随我度过自己的人生。

新课堂应该是学生知识发展的课堂，是学生能力提升的课堂。它要使学生经历由不知到知的过程，从不会到会的过程，由不能到能的过程。孙老师在教学中有意识地引领学生去分析、解决自己发现、提出的问题，实质上，这就是有效的探究性学习。也正是在这样的探究性学习中，学生的思维才插上了想象的翅膀，并使得他们在放飞思维的过程中有所领悟和体验，有所提高与发展。在课堂上，教师要想引领学生攀越知识的高山、能力的高山，就必须如孙老师一样，让孩子们自由地思，尽情地思，在文本中思，在生活中思。

片段四：快乐地写——给学生一双灵性的手掌

师：请同学们在大组内交流自己发现的问题。

生："这充满自信、豁达开朗的笑声，一直伴随我回到住地。"老人做什么事情很自信呢？

师：就这句话，你还有什么问题？

生：为什么说笑声一直伴我回到住地呢？

师：高人！这问题有价值。请写在黑板上，别忘了签上你的大名。

（生自信地走上讲台）

生：老人早该退休了，他为什么还不退休呢？

师：你和咱孙家的孙悟空一样火眼金睛，也写在黑板上。

……

在课堂上让学生去写，且是快乐地写，这似乎很难。但孙老师确确实实让学生们写出了个性，写出了风采，匠心独具。当孩子们在孙老师期待的目光中走向讲台时，他们自信地写下了自己的思考，可谓无拘无束，快乐轻松。这不仅有助于丰富语言的积累、良好语感的形成、活跃思维的发展，更有助于语文综合性素养的生成。

（江苏省宝应县射阳湖镇潘舍小学　陆友松）

语言与精神共生

——特级教师薛法根《雪儿》一课赏析

薛法根老师执教的《雪儿》一课,体现了他一贯倡导的"语文要让学生实实在在学语言"的思想,同时又有了新的发展。整个教学过程中,师生共同徜徉在诗一样的语言中,又沉浸在珍爱生命的温馨情感里。这样的课堂,使我们对"语言与精神同构共生"这个理念,有了更深的感受与理解。

品味名字——导入精神交往

上课伊始,薛老师就把自己的大名写在黑板上,并让学生品评一番。这个颇具"亲民"色彩的举动,立刻在学生中有了反响:"感到很拗口""好像很生硬""不太好听",孩子们没有为取悦老师而斟酌言辞,他们的心灵是自由的,感觉是敏锐的。然后,薛老师让孩子们说说自己的名字。薛老师发现,孩子们说出了名字里包含着期望、祝福、关爱。这其实也是一种暗示:以一种欣赏的心态去注视生命,就能感受到每个生命所拥有的美丽与精彩。

接下来让学生说说对"雪儿"这个名字的感觉,孩子们发现这个名字很美、很好听、很温柔,甚至有学生已在想象中看到一个纯洁可爱的小女孩。这时候,老师再告诉他们"雪儿"是一只信鸽的名字,这样一来,学生就把这只小鸟当作了通人性的小精灵。在课堂,他们开始了一段和"雪儿"的精神交流。

披文入情——展开心灵对话

阅读当然是一种个性化很强的实践,但学生的自主阅读往往浮在文字表面,如果缺乏教师的引领,以及相互间不同阅读体验的启示,这种浅尝辄止的读书很难进入到更深的层次。所以,薛老师在给予学生充分的时间自由阅读文本后,就开始了一个提升阅读水准的环节。

一句话一颗心

每当读到一些饱蘸情感的文字,薛老师就要求学生掩卷而思,仔细体会蕴涵在那些含情脉脉的句子里的那颗跳动的心:

师:读着"雪儿,这儿就是你的家,你安心养伤吧!"你联系上下文读一读,能体会到那颗心吗?

生:我感受到作者对雪儿的爱心,把自己的家当作雪儿的家了。

生:我读出了作者有一颗同情心。

生:我感觉到作者有一颗善良的心。只有善良的人才会为一只鸽子疗伤,待它这么好。

师:对啊!我们从这句话中能读到那颗善良的心,简称良心(众笑),那才算真正的阅读。

一件事一片情

当阅读从局部的感知推进到整体的把握后,薛老师就让学生从事件的进程中感悟情感律动。

师:我们要从"我"为雪儿所做的每一件事情中感受"我"对雪儿的一片深情。比如这样一件事:(出示句子,学生朗读)"从此,我天天和雪儿一起到阳台上去看蓝天,去看蓝天上那飘飘悠悠的白云……"你会一个人去看蓝天白云吗?会天天去看吗?而作者却和雪儿天天去看蓝天白云,他又有什么样的独特感受呢?读一读,感受一下!

(生自由读书品味)

生:"我"一个人看蓝天白云是很孤单的,而和雪儿一起看就不孤单了。

师:有伙伴了!

生:"我"的腿受了伤,雪儿的翅膀也受了伤,两个都只能去看蓝天白云了。

师:同病相怜啊!

生:"我"和雪儿一起去看白云,心情是很愉快的,不再是忧伤的。雪儿也是很愉快的。

生:"我"和雪儿都向往外面美好的春光。

情动辞发——挥洒情感文字

情感也许是语文的灵魂,但语言必须是语文的血肉。薛老师从不满足于学生在文中得"意",他还要让学生得"言",而且是得到活的语言。用薛老师的话说,这叫"在课文里走一个来回"。

朗读中感悟语言

师:在文中,作者并没有直接写自己内心的这些感受,而是通过哪些词、哪些句子表达出来的?

生:作者是通过"只剩下我一个人""我多么向往外面那明媚的春光啊!"这些内容表达自己的心情的。

师:一个"只剩下",一个"多么向往",用得多么贴切、传情啊!我们一起来读一读,把这种心情表达出来。

(生读得都很有感情)

说话时训练语言

师:同学们概括得很准确,说明同学们已经初步读懂了课文的内容。现在,谁能将这些内容连起来,完整地概括一下?

生:"我"给雪儿疗伤、取名;盼望着它的伤快点儿好起来;为雪儿欢呼;祝福雪儿重返蓝天。

师:很概括!但不美了。

生:在雪儿受伤的时候,"我"给它疗伤、取名;在知道雪儿是"蓝天信使"的时候,"我"更盼望着它的伤快点儿好起来;当雪儿展开双翅飞起来的时候,"我"为雪儿欢呼;在雪儿舍不得离去的时候,"我"祝福雪儿重返蓝天,为雪儿感到高兴。

师:这样概括!听起来又明白又舒服!

写作中发展语言

师:当"我"伤好之后,漫步在明媚的春光里,望着蓝天上那飘飘悠悠的白云,我是否又会想起与雪儿相依相伴的日子?是否又会勾起我对雪儿、对那段美好日子的回忆呢?假如是你,你会对雪儿说些什么?请用你的笔,把想对雪儿说的话写下来，让春风带给雪儿，好吗？

（生自由写话）

师：谁来交流？

生：雪儿：漫步在明媚的春光里，望着蓝天上那飘飘悠悠的白云，我又想起与你相依相伴的日子。记得你刚刚来到我家时，你的翅膀受了伤，浑身黑乎乎的。我从你的眼睛里看到了忧伤，看到了仇恨，看到了无奈。（师插话：你真会看，看到心底去了。三个看到了，充满深情，语句优美！）雪儿，当时我和你一样，也受了伤，我们真是同病相怜啊！有了你的陪伴，我的生活似乎变得快活了，变得充实了，变得有滋有味了。（师插话：又是一个充满感情的排比！）即使是与你天天到阳台上看蓝天白云的日子，也显得那样舒服、开心。望着那飘飘悠悠的白云，我与你常常会发呆。（师插话：发呆？建议改为"产生无限的遐想"或者"露出甜蜜的微笑"）雪儿，现在你又在哪里为人们忠实地传递着信息？虽然看不见你，但是我会为你永远祝福的！

师：情真意切！

关于语文课的第一性是工具性还是人文性，一直以来都存在争议。课程标准中"工具性和人文性的统一"，被很多老师看成一种折中。这节课之所以具有指导意义，是因为教学中将"工具性和人文性的统一"，或者说"语言与精神同构共生"的思想，清晰而完美地呈现在我们面前。每当学生没有潜入语言营造的精神氛围，没有积极主动地进行体验和感悟，薛老师就通过暗示、启发、煽情、评点等手段，引导学生进入语言的"藕花深处"，踏上与作者心灵对话的"通幽曲径"。当学生以自己的个性化体验感应到文心脉搏以后，再让学生品味文本中语言的精致与微妙。这样，感性的触角与理性的视角形成交互的双维，语言学习和精神成长成为互为资源、彼此促进的元素。

（江苏省苏州工业园区胜浦金光小学　龚永兴）

真实的课堂教我求真

——听特级教师赵景瑞《发短消息》一课有感

片段一：真挚的情感交流

师：你们知道这节课要讲什么吗？你们对老师了解多少呢？

生：我知道您姓"赵"。

师：你怎么知道的？

生：刚才秦伯伯（主持人）告诉我们了。

师：你真是注意倾听的好孩子。

师：你还知道什么？

生：我非常惊讶，给我们讲课的居然是位爷爷。（全场一片笑声，赵老师也笑了）

师：你们怎么形容我的满头白发呢？

生：白发苍苍。

生：黑白相间。

生：我看您的头发前面是白的，后面是黑的。

师：你们知道我多大年龄呢？你们每人举一次手。认为我70多的有吗？60多的？50多的？40多的？（有一人举手）

生：40多岁。

师：你怎么认为老师40多呢？

生：因为我听过一句话："真人不露相"。您的头发可能是染白的。

师：你为什么这样认为呢？

生：因为我知道"鹤发童颜"这个词。您看起来特别精神。

这只是课前的一段插曲，短短几分钟看似简单的交流，孩子们在这位和蔼的长者面前，就已经很放松、很自然了。赵老师用自己真挚的情感，唤起了孩子们的情感，他们似乎已经不再认为眼前的是一位老师，而是一位"鹤发童颜"

的"爷爷"，这无形中拉近了教师和学生的距离。

除了在课前与学生进行真挚的情感交流以外，在这节课接近尾声的时候，赵老师更是以自己的真诚，影响着学生，并赢得了学生们由衷的称赞和爱戴。

师：下面，我要再问同学们一个问题：今天，我写的这件事情是真的吗？
生：不是。
师：你们怎么知道的？我现在需要你们来"打假"。
生：因为您刚才没有真的发短信。
师：你观察得真细致。
生："五一"不可能放这么长时间的假。
师：好，你在推理。
生：我刚才在看你，你打电话没有声音。
师：对了，观察不光要看，还要听。
师：那么，有真的吗？
生：手机是真的。
生：您的名字也是真的。
师：朋友要有真心啊，我到底要做什么呢？
生：您在给我们举例子，告诉我们怎样把句子写简明。
生：还有一点是真的，您是名师。
……
师：已经一个多小时了，你们评评我的课吧。
生：我觉得您讲得挺好的。
生：我觉得您是在趣味中教我们怎样发短信。
生：您不光告诉我们这个知识，还告诉我们很多做人的道理。

一种充满真情的氛围，贯穿这节课的始终。让学生来评价自己课堂的真假之处，这样做，无疑会把一种"求真、务实"的严谨的治学态度传染给学生。真正的课堂就该如此，就该是师生平等的对话，就该是师生共度的一段生命历程。

片段二：真实的"课堂生活"

师：我想让同学们称呼称呼我。谁来称呼我？
生：赵老师。

生：赵伯伯。

生：赵爷爷。

……

师：还有一个我最喜欢的，你们还没说到呢？

生：朋友！

师：好极了，我就是你们的朋友。

师：我们是朋友，朋友之间要互相帮助，下面，请你们帮我解决一个问题：我有一个亲戚叫赵伟，他是初二的学生。前几天，他到北京来玩。今天下午，要坐火车回到自己的家——西安。可是，因为我今天要给同学们上课，不能送他回家啊。所以呢，为了他的安全，我想提前告诉一下赵伟的家长。你们说，有什么办法？

生：可以打电话。（板书：打电话）

生：还可以发传真。（板书：传真）

生：还能写信。

生：反对，太慢了。一封信从北京到西安需要好几天呢。比坐火车还慢。

生：老师，我觉得寄信也可以，可以用特快专递，或者发电子邮件。（板书：电子邮件）

生：还可以发手机短信。（发短信）

生：还有一种方法：用呼机。

生：你太落伍了。

师：这么多的好办法，除了写信慢一点行不通，别的都比较快。但是我还得跟你们介绍一下他们家的情况：赵伟家里没有传真机，也还没买电脑呢，所以就剩下了两种办法：打电话、发短信。好，现在老师就打电话。（老师拿起手机假装拨电话）没人接啊！那我们只能发短信息了。

师：短信息，头一个字是什么？

生：短。

师：那么怎么发呢？

……

赵老师的教学活动中，没有华丽的语言，没有深不可测的悬念，就像生活一样，使人感觉到真正的语文教材就来源于生活，也终将会回归到生活中去。

"编写短信息"是生活中的一种需要,赵老师巧妙地创设了这样一个真实的情境,把这种生活需要带进课堂,让学生自己提出问题。学生置身于热烈的讨论之中,一种真实的"课堂生活"便由此开始。这种"教人求真、以真动人、真教实练"的真实课堂,才是学生学习知识、增长技能、锻炼本领的最好的乐园。

片段三:真正锻炼了学生

师:怎么样写短信才能做到简明,有什么规律?
生:删去收信人知道的事。
师:删时要想着读者。
师:你们想一想赵伟的父母收到了短信,会怎么办?假设你就是赵伟的父母,如何回短信?
生:收到。
生:已回。
生:谢谢。
生:到,谢。

(师在总结如何写短信时,先写出:信息连你我,心中有读者,用字要节约,_____。剩下的让学生充分思考后填写。)

师:你听完这节课有什么想法?有什么意见?

1.疑难,让学生讨论。课堂上,围绕疑难问题,教师启发学生开动脑筋思考,组织学生积极展开讨论,充分发挥学生的主动性。2.角色的转换,使学生从被动走向主动,从机械学习变成创造性学习,不断发展能力。3.板书,老师和学生合作完成板书,让学生品尝到自己学习成功的喜悦,调动了他们学习的积极性。4.评价,让学生操作。让学生评价自己在整个学习过程中的收获和不足,甚至评价老师,以促进学生自我评价能力的提高,使其以后能更主动、生动地进行学习。

（北京市第一师范附小　张永　赵景茹

北京市前门小学　杨磊　张健

北京市芳草地小学　牛小溪）

把学生的经验作为写作起点
——听特级教师赵景瑞一堂作文课有感

作文课，一直是语文教学中的难点。而在特级教师赵景瑞的作文课上，我却看到了这样的场景：孩子们在笑声中思考，在轻松中表达，在体验中明理，在交流中提高。一直令老师畏难、令学生畏惧的作文课，为什么被赵老师上得如此轻松、幽默，又如此深邃、严谨？是什么神奇的"魔力"，引领着孩子们如此兴致盎然地随他一起畅游"作文王国"呢？让我们一起走进赵老师的一堂"作文亲子培训班"作文课，亲身感受他那颇具特色的教学风格。

创设问题情境，激发学生思考

师：现在，我们要练习写一个片段，题目是《空气》。
（生面露难色，面面相觑）
师：是不是感到了困难？空气看不见，摸不着，怎么写呀？
（生频频点头，但苦于无从下手，有些着急）

"以动写静，以此写彼"的写作方法，对于学生来说是比较枯燥难懂的，而赵老师却巧妙地把它寓于活泼有趣的教学活动中，创设问题情境，让孩子自己提出困惑，自己尝试解决，自己感受体验，自己反思总结。课一开始，赵老师就精心设计了一个写作题目——《空气》，把学生带入问题情境，引入求知的困惑之中，从而引发学生主动探究的欲望，激发"我要求知"的动机。

点拨引导困惑，开启学生思维

师：你能用别的事物描写空气吗？
（生柳暗花明，跃跃欲试，纷纷举起手要回答）
师：别急，你们先自己想一想，给家长演一演，一会儿请同学上来表演，你要让我们知道空气在哪呢。

（生和家长一起思考、表演，非常投入）

当学生处在最佳求知状态下，老师巧妙点拨：你能用别的事物描写空气吗？一下子打开了学生的思维，学生进入顿悟后的情绪高涨状态。

创设实践活动，亲身体验发现

师：谁愿意通过你的表演让同学们发现空气藏在哪？其他同学认真观察，一会儿选一个写下来。

[学生代表八人到台前依次表演：

生鼓起两腮（空气藏在嘴里），用手使劲一拍，"扑"的一声，两腮恢复正常。（空气溜走了，孩子们大笑起来）

生左手拿着一个小塑料袋，打开袋口使劲一兜，然后赶紧用手攥紧袋口，小塑料袋已胀得鼓鼓的了。

生手拿一张小白纸条，鼓起劲来使劲一吹，小白纸条立即抖动起来。

……

（台上的同学们用不同的事物，把他们观察、体验的空气表现出来；台下的同学边观察，边展示自己的发现）]

作文是在实践中完成的，赵老师遵循这一原则，让每一个孩子亲身体验，通过家长、学生的表演，让孩子切切实实感到作文材料就在我们身边，意识到从生活中观察是多么的重要。

顺学而导，引发多向思维

师：刚才同学们都找到了身边的空气，别的地方呢？你找得到吗？

（经过短时间沉默之后，一只只手高高举起）

生：空气在蓝蓝的天空里。

生：绿油油的、茂盛的树叶上有空气。

生：海里游动的鱼儿吐出的水泡是空气。

……

（赵老师这巧妙地一导，使孩子的思维一下子打开了）

当学生思维停留在同一层面横向发展时，赵老师适时引导学生："别的地方呢？你找得到吗？"这看似简单的问题，却颇见功力。它拓展了孩子的思维，引发孩子从多角度思考问题，引导孩子的思维向纵深拓展，奇思妙想异彩纷呈。

独立完成习作，交流、评价、点拨

师：如果现在你再来写空气，能写了吗？别急，先回忆一下刚才你是怎么做的，观察到了什么，然后再认真地写下来。

（生认真写作，笔端流畅）

师：你愿意把你的写作和我们一起交流吗？

（现场指导，师生、生生之间在平等中交流）

在孩子们情之所至，急于表达之时，赵老师适时引导孩子静静地思考，把自己的观察、体验写下来。当孩子们写完后，老师又安排了生生之间、师生之间、家长与孩子之间的多项交流、评价活动。他用慈祥的目光注视着孩子，那么认真地倾听孩子的发言，用商量的口吻和孩子交流自己的观点，用幽默、准确的语言随机点评，同时，抓住孩子的闪光点或问题的焦点，引发孩子之间的评议，他把先进的教学理念融入课堂教学的点点滴滴。

反思实践体会，感悟总结提升

师：回顾刚才的学习过程，你们知道我们今天学习的写作方法是什么吗？
生：原来这就是"以动写静，以此写彼"呀！

热烈地交流之后，课堂又进入静静的思考状态，孩子认真地反思着自己的学习全程，回味着有滋有味的作文教学，他们在赵老师的引导下，从语文实践活动中自己总结出理性的规律：原来这就叫"以动写静，以此写彼"呀！从孩子们最初要写空气时皱着眉头"没的写"到高高兴兴"有的写"，再到最后面对着那么多、那么新、那么好的作文材料难以割舍，都"不知写什么"了。这中间孩子们有困惑、有期待、有欣喜，这一切都是孩子自己的体验，是与老师、同伴之间生命的碰撞与交流。在课堂上的每一个孩子和家长，都感到了学习、探索、收获的快乐。

透过赵老师作文课堂的一个个片段，我们看到的不仅是精彩与娴熟，更重要的是他深厚的积淀与理性的思考。反思这一节作文教学课，给我的启发是多方面的：

1. 积淀丰厚的文化底蕴。听赵老师的课，始终被一种自然、浓烈的文化味道包围，他的语言风格那么强烈地感染着你，他的言谈举止无不展示出其文化底蕴的深厚。而这一点正是我们年轻教师所欠缺的。

2. 全面的学情了解。赵老师上课之前，要做大量的教学准备工作，其中最重要的就是学情调查。他认为，学生并不是空着脑袋走进教室的。在日常生活中，在以往的学习中，他们已经形成了丰富的经验。而且，有些问题即使他们还没有接触过，没有现成的经验，但当问题一旦呈现在面前时，他们往往也可以基于相关的经验，依靠他们的认知能力，形成对问题的某种解释。所以，教学不能无视学生的这些经验，而要把学生现有的知识经验作为新知识的生长点，引导学生从原有的知识经验中"生长"出新的知识经验。因此，一切教学的设计都必须尊重学生已有的知识经验和能力水平，作出符合实际的学情调查分析，这样才能"以学定教，做到教为学服务"。

赵老师遵循"建构主义"这一理论观点，在为学生讲课之前，把所有孩子的作文逐一认真阅读，根据出现的问题作出具体分析。同时，他还通过和家长、学生聊天了解孩子非智力方面的因素、家庭教育背景等相关信息，最后确定自己的教学目标，构思完成"动态生成式"的教学流程设计。为什么说是"动态生成式"的教学设计呢？因为赵老师上课非常关注孩子们的一举一动，他会随时根据孩子思维参与的情况，作出适时调整，"顺学而导，润物无声"，始终使孩子们处在一种积极的、愉悦的学习状态中。

3. 开放、民主、平等的课堂。一位年近六旬的特级教师，始终以学生学习伙伴的身份出现，他引领着孩子们一起畅游作文王国，像一位慈祥的老爷爷，为孩子们出主意，为孩子搭设语文实践的舞台。

4. 深入浅出的教学风格。记得一位教育家说过，教师可分为四类，一类是深入深出型，即自己有很高深的学问，为学生讲解得也很高深，结果学生们如在云里雾里，一片茫然；第二类是浅入深出型，即教师自己胸无笔墨，却在学生面前故弄玄虚、舞文弄墨，把非常简单的知识、道理，人为地搞得很复杂；第三类是浅入浅出型，即教师本身不善学习，知识积累浅薄，也就只能教给学生一些浅显的知识；第四类是每一位教师追求的最高境界——做一个深入浅出型教师，即自己具有渊博的知识、丰富的内涵，善于把深刻的东西通过学生喜闻乐见的形式让孩子易于接受。而赵老师正属于第四类。他从不在孩子们面前讲解什么枯燥的术语、乏味的规律，而是把它们寓于活泼有趣的教学活动中，创设问题情境，让孩子自己提出困惑，让孩子自己去尝试解决，让孩子自己去感受体验，让孩子自己去反思总结。

（北京市东城区前门小学　刘燕君）

细品名师一招一式

——特级教师赵谦翔《早发白帝城》一课赏析

师:同学们,我昨天从远隔1900公里以外的北京来到重庆,有幸跟大家一起上一节语文课,真是人生的缘分啊!我很高兴。今天我们一起来学习唐诗鉴赏——李白的《早发白帝城》。有没有不会的?请举手。(生笑)

师:一起来背一遍吧!

生:(齐)朝辞白帝彩云间,千里江陵一日还……

尽管是第一次面对这些学生,但赵老师没有冗长的开场白,而是开门见山,引入新课。这样做既节省了时间,又体现了对学生的信任,展示了他独特的教学方法。

师:我们今天就来学习这首诗的鉴赏。我提几个问题,大家笔答。我准备了一个纸条叫"一言心得"。(出示投影:一言心得——精诚、精练、精彩)

师:它有三个要求。第一,精诚。所谓精诚就是要写真诚的话,不要虚假。第二,精练。所谓精练就是要尽量简短,言简意赅,说多了有时候会跑调。第三,精彩。所谓精彩就是你的话不但要说明白,而且要说生动。因为我们的"一言心得"同时是对你鉴赏水平和语言文字表达能力的一个检测。不要小看"一言心得",它的作用很大。虽然大家今天是头一次做这个练习,但这太简单了,没问题的。我现在提出几个具体问题,请大家思考,想好了就写"一言心得"。

师:(边讲边板书:一、情)第一,诗歌鉴赏的一个核心问题就是要理解诗的情感,体味它的情趣。如果你不知道这首诗具体是怎样的情感,就谈不上对诗的鉴赏。李白这首《早发白帝城》概括说的是怎样的情感?请用一个名词性的偏正短语概括。第二,有几个关键的词请你把它们的妙处说出来。(边讲边板书:二、彩云、啼不住、轻舟)比如第一句"彩云间"里的这个"彩云","两岸猿声啼不住"里的这个"啼不住","轻舟已过万重山"里的这个"轻舟",

这三个词语都有很浓厚的意味。现在你们思考。（学生思考，老师发写"一言心得"的纸条）

师：谁写完了举手示意，我就收。（学生开始在纸上答题。个别学生小声讨论，老师来回走动巡视。五分钟后有一人交卷，老师提醒别忘了写名字）

通过让学生自写"一言心得"，训练学生的思考能力。而随时提醒学生别忘了写名字，从小培养学生严谨细致的习惯，这是老师训练有素的表现。

师：（提示学生）不要思考太多，也不要太犹豫，现在是跟着感觉走的时候。（七分钟后陆续有人交卷，老师收卷，并加以分类）

师：（十分钟后提示学生交卷）没写完的同学也要交，白卷也要交。（老师开始集中收卷）

在5000多人的公开课上，赵老师用足够的耐心等学生花十分钟书写"一言心得"，这实属难得。

师：现在咱们开始讲评。有一句鉴赏的名言叫作"有一千个读者就有一千个哈姆雷特"听说过吗？

生：（小声齐答）没听说过。

师：那我告诉大家。《哈姆雷特》是莎士比亚的名作，哈姆雷特是剧中的主角。这句话是说由于每个人的思想、见解不同，一千个读者的心目中有各自不同的哈姆雷特形象。这句话揭示了文学鉴赏，包括艺术鉴赏的一个基本原理，那就是都是有主观性、有个性的。虽然看同一部作品，却都有理解上的差异。但是，话又说回来，这个鉴赏也都是有客观性的。如果你看《哈姆雷特》，你脑袋里反映出的是《奥塞罗》或者是中国的"贾宝玉"，主观性就脱离了原来的作品本身，那你的鉴赏就完了。所以刚才我看了部分同学写的这首诗的感情，有两个同学答对了，其他同学说出了种种的感情，我念一下。

通过一句通俗的与鉴赏有关的名言讲述文学鉴赏的基本原理，使学生听得明白，容易接受。

师：（念学生写的"一言心得"）周思琪同学说："李白当时兴奋，为获得自由的生活而高兴。"这就说到位了，非常精彩啊！（请周思琪同学起立）你的答案是说"李白当时兴奋，为获得自由的生活而高兴"为什么这么说？

生：（显得害羞）因为他当时看什么东西都觉得很美好，比平时别人看这些东西感觉要美好一些。

师：就这些啊？

生：嗯。

师：哎呀！那可不对劲了。你说李白为获得自由的生活而高兴，这话从哪儿来的？

生：因为他当时被皇帝冤枉了，然后又被"反平"了。

师："反平"了不对，是"平反"了。（众生大笑）哎呀！这个词可用得精彩。

尽管时间被耽误了，也没有忘记训练学生的胆量和表达能力，没有作秀，只有真实、有效的课堂。

师：这个同学不简单！她介绍了这首诗的背景。李白他为了报效国家，做了唐朝皇帝的一个儿子——永王李璘的参谋，后来朝廷给他下了"谋反"的政治结论，因而获罪被贬到夜郎。李白在赶赴夜郎的途中，在白帝城接到了皇帝平反的通知，可以免罪了，特赦，不用去夜郎了，可以回家了。所以李白从白帝城坐船一天就到了江陵。朝发白帝，暮到江陵，有这么一件事，大家知道吗？由于有这个背景，所以周思琪同学说李白为获得自由生活而高兴非常准确。我们很多同学不知道这件事，所以没有回答对。

概括作者的写作背景，简明扼要，与"一言心得"的要求吻合，对学生起到了良好的示范作用。

师：诗歌鉴赏有一个非常重要的原则，就是"知人论诗"。（板书：知人论诗）你不知道李白的这件事，不知道这个背景，你论什么诗呀？

师：张月答得也不错，她说："体现了作者急切回乡的喜悦心情。"张月，请你回答。

师：你知道这个背景吗？

生：听说过。

师：好，听说过，就是知道。请坐。我估计，其他答错的同学首先是不知道这个背景，所以答错了。如果有人说，我知道，那更糟糕。因为你知道这个背景，还不联系具体背景来分析诗，那更不好。如果你不知道，因为无知，所以没办法，那还好一点。（众生大笑）

师：看来今后咱们鉴赏诗歌首先要知道作者，了解作者性格，写这首诗的具体背景。否则就不要乱发言。

师：下面我们再读几个。比如这个同学说："这首《朝发白帝城》代表作者很想回家看看。"（生笑）

师：另外一个同学说："表现了诗人心里悲伤、寂寞的思想情感。"同学们，他被特赦了，还悲伤，送到夜郎去，他就不悲伤了？（众生笑）你说这四句诗，哪一句能看出悲伤呢？但是他下边说了："彩云、啼不住、轻舟三个词搁在一起衬托出了作者忧伤这一特点。"（众生大笑）

指出学生的错误，绝不含糊，让学生印象深刻；语言生动、诙谐，使学生听起来不感到刺耳，体现了赵老师娴熟的教学艺术。

师：显然我们的同学对语文的学习没有养成一个基本的好习惯，（板书：含英咀华）"含英咀华"这个"英""华"是指花朵，"含"指含在嘴里，"咀"指反复咀嚼。这个词是古文运动领袖——大家知道他是谁吗？（有生小声答：韩愈）对，韩愈发明的。他要求我们要对文章含英咀华，反复地琢磨和体会，这才叫文学鉴赏。可是我们这个同学把三个词搁在一起"忧伤"，这"啼不住"兴许跟忧伤还有点联系。（老师分析指出若干同学错误的原因，众生笑，气氛活跃）

引经据典，娓娓道来，让学生兴致盎然地进入诗歌鉴赏的艺术宝库。

师：我手上拿的一把单子，就只有两个同学把这首诗的感情鉴赏出来了，其余全跑调了。看来对一首诗歌，熟读也好，成诵也好，会默写也好，会填空也好，能得分也好，但不一定会鉴赏。这样就失去了诗歌鉴赏的本来意义。我们学一首诗的目的，是想通过它音乐般美妙的语言，去领会作者内在的、深沉的、细腻的、真切的情感。然后这个情感就潜移默化地陶冶了你，使你具有诗情画意，你做人的层次就不一样了，你就是"诗意地踽踽在大地上"了。

指出诗歌鉴赏的要旨，陶冶学生的文学艺术情操，让学生感受到诗歌的魅力所在。

师："我是为了得分去学诗，不考我才懒得学"，抱着这种心态的同学，中考也能得分，但不能得满分，因为中考主要是客观题；但如果抱这样的心态去高考，兴许一分也得不到，因为诗词鉴赏全是主观题，你得答出道理来。那好，回头我们再深入地研究一下这三个词是怎样体现刚才我们两个同学所说的获得自由生活的兴奋、欢快之情的。

让学生了解学习诗歌的目的是为了提高自己的修养，不是仅仅为了考分，联系现实，入木三分，展示了一位名师率真的品格和对学生高度负责的精神。

师：设想一下，假如不写彩云呢？比如用"白云"，"朝辞白帝白云间"，首先两个"白"不好，然后与生活不符，因为早晨朝霞出来，云彩是彩色的，没有白云。

师：五彩缤纷的"彩云"可以衬托出作者欢快的感情，可见这里的"彩云"是贴切的。它有两层含义，一是表明早晨；二是反映出白帝城在江陵的上游。因为白帝城在高高的彩云之间，这就为下一句作者乘船从高处往低处急流而下，一日到达江陵作了铺垫。"啼不住"不是表示三峡两岸猿猴不停地鸣叫（老师在此联系了现在猿猴锐减的情况，对学生进行了环保教育），而是衬托出船速飞快，第一只猴的叫声未绝于耳，第二只猴的叫声又穿透了耳膜，感觉就是一路猿猴不住鸣啼，反映作者"千里江陵一日还"的欢快心情。"轻舟"指轻快的小船(老师例举同学们对该词的一些曲解)，由小船的轻快写出了人心的愉快、欢快、畅快。（请学生齐声朗读）

紧贴课堂教学目标的要求，对本诗的妙处进行合理、细致的分析；同时进行知识的自然迁移，结合社会热点，寓德育于教学之中，生动有趣；使课堂教学进入高潮，教学的效果达到了较为理想的状态。

生：（齐读）唐肃宗乾元二年……

师：好。课堂上就读到这里。教材发给大家，回家好好地玩味它。另外这个鉴赏里提到的"万重山一过，轻舟进入坦途，诗人历尽艰险，重履康庄的快感"，这既是写景，又是写人，更是人生经验的总结啊！希望大家下去好好体会，这是我带给大家的一份礼物。

通过齐读老师的自编教材，训练学生的自我阅读能力。同时通过本诗的鉴赏，让学生或多或少领悟了人生的道理，是教书育人的成功体现。

（重庆市涪陵第十四中学校　黄克东）

在吟诵中咬文嚼字

——特级教师韩军《大堰河，我的保姆》一课赏析

特级教师韩军的示范课——高中语文第四册（旧版）第四单元的一首抒情长诗《大堰河——我的保姆》，以其声情并茂的朗读、新颖别致的教法、深刻透彻的分析、巧妙的引导等高超的教学技艺，给我们带来深刻的思考。

妙入主题　注重朗读

师：古人所说的"唱诗"的"唱"，实际就是吟唱，就是朗诵。诗歌本来就是拿来吟唱的。今天我给大家吟唱的是一首诗——《大堰河——我的保姆》。

（由唱转到吟，巧妙地切入了主题）

师：（微笑）我读得好吗？

生：好！

师：诗写得好，老师才读得好。这么好的诗就该好好地读，满怀激情地读，读出感情来。先看第一到第三节，写的是大堰河的身世和与诗人的关系。（板书：身世关系）"大堰河，是我的保姆 / 她的名字就是生她的村庄的名字 / 她是童养媳 / 大堰河，是我的保姆。"大堰河有没有名字？

生：没有。

师：说明了什么呢？

生：地位低下，身份卑微。

师：概括得很好！谁能说说什么叫童养媳？

生：从小被卖到别人家作媳妇的人。

师：是啊，大堰河就是这样一位身世凄惨的劳动妇女。诗人对这样一位妇女有怎样的感情呢？我们来看第二节。"我是地主的儿子 / 也是吃了大堰河的奶而长大了的 / 大堰河的儿子……"诗人说他是大堰河的儿子，他是吗？

生：不是，也是。

师：为什么？

生：大堰河只是诗人的保姆，所以不是；诗人把大堰河当作母亲，所以是。

师：说得非常好！第三节，诗人为我们描绘了四个画面，我认为这里语言太啰唆了。我这样改："大堰河，今天我看到雪使我想起了你／你的坟墓／你的瓦菲／你的园地／你的石椅……"，把那些修饰语"被雪压着的草盖的""关闭了的故居檐头的枯死的""被典押了的一丈平方的""门前的长了青苔的"全部省去，不是更好吗？

生：不好。

师：为什么？

生：这些修饰语营造了一种悲惨、凄凉的氛围。

师：诗的第二部分写了大堰河勤苦的一生。（板书：勤苦一生）看第四节。我觉得作者这第一句"你用你厚大的手掌把我抱在怀里"显得啰唆，"抱"肯定是用手了，"用你厚大的手掌"完全多余，对吧？

（生窃窃私语，师请一个女生说）

生：我觉得不多余。厚大说明大堰河干活干得多，突出她的勤劳，我们的手又嫩又小的，一看就知道没干过活。而且厚大的手掌摸着使人感到温暖，说明诗人从中感受到了温暖，所以不能去掉。

师：看看你们的手厚大吗？

生：（伸手）不厚大。

师：老师的手呢？

生：也不厚大。

师：你们是学生，老师是脑力劳动者，都没有干过很重的体力活，都不厚大。刚才这位同学说得好极了。其实我们还可以通过后面的内容来分析手掌的作用。"拍""放""补""包""掐""拿"这些动作都靠什么完成？

生：手。

师：诗人写这么多动作，是为了表现大堰河的什么呢？

生：勤劳。

师：看看大堰河干了多少活呀，像一台劳动的机器，没有一刻空闲的时间。用北方农村的话来说——放下笆子就是扫帚。如此劳碌，如此辛苦，但大堰河每每干完一些活之后，她有没有休息呢？

生：没有。

师：干什么呢？

生：把我抱在怀里，抚摸我。

师：大堰河一直在忙，她一停下活就去抱着诗人艾青，说明她对诗人——

生：疼爱。

师：好！无时无刻不关爱着艾青。我们再来读读这一节。朗读这节时要与前面不同。第一句要缓慢，突出"厚大"，"抚摸我"要读得轻柔，但是却强调。接下来连续八句的"在……之后"要读快一点，突出工作的多和忙。最后一句恢复缓慢、深情。先听老师示范一遍。（师朗读）

技巧分析　着眼字词

师：往下一节，"我被生我的父母领回到自己的家里"这一句，我觉得，肯定丢掉了一个字，丢掉了一个"我"字。应当说"我被生我的父母领回到'我'自己的家里"，是不是呀？这次，老师的见解肯定对了！

（有不少学生同意老师的观点，有的学生则不以为然，老师把不同意的学生叫起）

生："自己"是客观的，那确实是诗人的家，而"我自己"带有主观色彩，是在诗人心里承认的家，诗人在这里用"自己"，而不用"我自己"，说明诗人心里并不承认这个家。

生：我觉得，这里的"自己"不是"艾青自己"，而是"父母自己"。如果在"自己前面"加上"我"，就成了"艾青自己"了。

师：两个同学说的都有道理，家不是艾青的，而是"父母自己"的，艾青根本不认同父母的家是自己的家，他认同的是——

生：大堰河的家。

师：所以，这句话，诗人是不是丢掉了一个"我"字？

生：不是。

师：（似乎无奈地）还是老师的意见不对。（稍微一停顿）不过，老师又发现一个问题，有一句话写得不好，我要改一改。"我做了生我的父母家里的新客了"，如果改成"我终于回到父母的家里了"，就好了。（似乎颇为得意）老师不但会朗读诗，还会写诗、改诗呢！

（学生几乎都摇头）

生：老师改得绝对不好。

师：绝对不好？说说为什么？

生：你改的诗，情绪根本就不对！"我终于回到父母的家里了"好像盼望着急切回父母家一样，愿望终于实现了，非常高兴。而作者原来的意思是不愿意回去。

师：我的改句表明作者盼望着回去，非常高兴，而原句表明不大情愿回去，你能把这两种情绪通过朗读表现出来吗？

（生分别读，把老师的改句读得快而兴奋，而把原句也读得大体一样，区别不明显）

师：我的改句，你把重音放在哪个词上？

生：放在"终于"上。

师：你读"我做了生我的父母家里的新客了"，仍然十分高兴，仍然愿意回去，能重读一遍吗？

（生重读，读得已经低缓）

师：传达得不错。"我做了生了我的父母家里的新客了"一句，包含着一种十分复杂的辛酸的情绪。（师示范读，大家跟读）

师：这句话里有两个名词性的字，十分矛盾，是哪两个？

生：（沉思）"家"和"客"。

师：对！大家有谁在自己的家像做客吗？

生：没有。

师："家"和"客"本是对立的，谁在自己家里做客呀，能做客的地方不是家。诗人正是抓住了"家"与"客"这一对矛盾，才表达出一种复杂的辛酸。

师：往下看，仍然在这一节里，还能不能找出类似的矛盾的写法？

（生埋头边读边找）

生："我呆呆地看着母亲怀里的不熟识的妹妹"，这句矛盾。

师：怎么矛盾？

生：既然是妹妹，就应该熟识，可是作者却不熟识。

师：本是骨肉，却是陌路。

生："我呆呆地看着檐头的我不认得的'天伦叙乐'的匾"，这句矛盾。

师：可否这样说：上面挂着"天伦叙乐"，下面却根本没有"天伦叙乐"；虽认识"天伦叙乐"，却没有感受过"天伦叙乐"，这是强烈的对比的写法！

师：我再引申一下，这种强烈的矛盾对比的写法、用法，是诗人、艺术家经常运用的，大家在其他地方还看到过吗？比如，在初中课本里，有一首唐诗里面就有。

生：《卖炭翁》里面："可怜身上衣正单，心忧炭贱愿天寒。"

师：第三部分写大堰河死后的凄凉。（板书：死后凄凉）接着看这一句，"我是这般的忸怩不安"，"忸怩"什么意思？是不是"扭捏"的意思，即"扭扭捏捏"的意思？

（一时，学生感到困惑）

师：遇到问题，请马上查字典！

生：我查到了，"忸怩"是"形容不好意思或不大方的样子"。

师：那么"扭捏"或者"扭扭捏捏"呢？这个词最常用，不要查字典，就说出自己的理解。

生："扭捏"，我理解有点"矫揉造作"的意思。

师：艾青从一个破敝的穷家来到一个金碧辉煌的豪门，应当是哪种情绪？

生：显然是"不好意思或不大方"，不可能是"矫揉造作"。

师：接下来的一节中，诗人连用了六个"她含着笑"，有什么作用？

生：大堰河以苦为乐。

生：苦中作乐。

师：我们从"含着笑"三字，还能体会到什么？

生：她生活沉重，但却非常乐观。

生：她对未来抱着希望，抱着憧憬，想象着艾青长大成人后，会报答她。

生：她希望通过自己的劳动，全家都能过上好日子。

师：同学们说的都对。我问大家，我们读这一节时，能够同样"含着笑"来读吗？

生：不能。

师：我们感受到一种辛酸，感受到一份沉重。我们请刚才这位同学来读这一节，要读出这种辛酸与沉重来。

（一位男生站起朗读，读完，老师指出不当之处，范读，再带读）

调动学生　启发思考

师：老师和大家的讨论就此告一段落，下面的段落留给大家自己阅读、自己感受。有不明白的地方，请提出来大家共同研究，也就是进行研究性学习。

（一会儿有学生提出问题来）

生：我有个问题，那个"黄土下紫色的灵魂"，为什么是"紫色"的灵魂？

师：你是问我，还是问大家？

生：问大家。

师：好，大家谁帮助她回答一下。"呈给你黄土下紫色的灵魂"这个"紫色"到底指什么？

生：我以为紫色是一种痛苦的、压抑的颜色，紫色给人的感觉非常压抑，不痛快。

生：我认为紫色是一种高贵的颜色，比如有的足球队穿的球衣就是紫色的。

生：我记得古代的官服也是紫色的，也是高贵。

生：是指苦涩。我曾看过诗人的访谈录，他在谈到这首诗时说过"紫色"是一种冷色调，引起的人的心理反应是苦涩的。

生：我认为，紫色是红色和蓝色的混合色，红色表示大堰河活着时非常有热情，像火一样，温暖世界，是尊贵的，而蓝色表示她死后非常安详。

师：看来你对颜色非常有研究，你能说说各种颜色的含义吗？比方白色象征什么，绿色象征什么，蓝色象征什么，等等。

生：白色象征纯洁，绿色象征生命，蓝色象征海洋，也表示安静。

师：有道理，你的思路非常独特，并且真的抓住了问题的关键。也就是说，不能单纯强调紫色只代表一方面，紫色实际上是两种意义的综合。

生：老师您的意见呢？

师：老师补充一点学术界的观点，艾青诗中用了大量颜色，艾青用颜色的规律一般是，用暖色调代表光明、温暖、信念，用冷色调代表苦难、大地、忧郁等等。紫色是一种冷色调，所以不能仅仅理解为高贵。

师：我只不过是综合大家的意见。你们看看，刚才大家的全部意见，无非集中在两方面，一方面强调尊贵、圣洁、热烈，一方面强调的是苦涩、忧郁、压抑。慎思、深思一下，这两种意见矛盾吗？

生：不矛盾。

师：可以从痛苦角度去理解，体会一下全诗吧，似乎字字句句都在强调大堰河一生所承受的痛苦，紫色的灵魂，就是痛苦的灵魂。也可以从高贵的角度去理解，想想呀，一个人的灵魂，由于承受了太多太多的苦难、太多太多的凌侮、太多太多的折磨，那么，这个人的灵魂会是怎么样的呢？

生：承受的苦难越多，就越高贵。

师：所以，这里高贵与痛苦矛盾吗？

生：不矛盾。

师：这不统一了吗？请大家用一句话来概括一下对"紫色"的理解，这句话的格式是，灵魂因____而____！（板书：灵魂因____而____！）

生：灵魂因"痛苦"而"高贵"。

师：非常精彩，因"承受太多苦难"而"尊贵、伟大"！同学们，大家看看，这个结论是谁得出的呢？不是老师得出的，老师只不过是大家意见的概括者。结论是大家共同讨论、研讨、集思广益得出的。在学术界，这个问题仍然是一个悬案，没有一个统一的结论。今天大家得出的结论，也可以成为众多学术观点之一。这就是研究性学习呀！研究性学习并不神秘！

师：深入一步，我问大家，知道艾青在写诗之前是学什么的吗？

生：是学画画的。

师：所以他对色彩非常敏感。大家数一数，看看全诗中艾青用了多少颜色词语，一一找出来。

生：（陆续全部找出）"长满了青苔的石椅""把乌黑的酱碗放到乌黑的桌子上""我摸着红漆雕花的家具""我吃着碾了三番的白米的饭""大红大绿的关云长""辉煌的结彩的堂上""紫色的灵魂""泥黑的温柔的脸颜"。

师：共有多少处用了颜色词语？

生：八处。

师：说说各自的意义。

生："长满了青苔的石椅"表示一种荒凉、败落。

生："把乌黑的酱碗放到乌黑的桌子上"，显出大堰河家的生活十分穷困。

生："红漆雕花的家具""碾了三番的白米的饭"，显示艾青父母家里非常富有豪华。

……

师：大家可以写成一篇学术性的小论文，题目可以叫作《〈大堰河，我的

保姆〉中颜色词的运用》。大家一起来把最后两节,有感情地读一遍。(师生齐读)

师:今天的课就上到这里,谢谢!最后两节是唱给大堰河的挽歌。(板书:挽歌赞美)

纵观这堂课,我认为有三个特点:

1. 注重朗读,有开始教师的配乐朗读,将听者的情感调起,用语音使学生把握全诗感情基调;还有每学一节时老师的范读、学生的试读、老师的带读,"读"贯穿整堂课,表现诗歌教学的特点。

2. 在处理教材方面很有新意,教师不是从主题上进行挖掘,而是着眼于具体的字词,通过对字词的深入分析体会诗人的感情。

3. 善于引导学生思考,整堂课课堂气氛很活跃,老师和学生之间的问、思、启、答自然和谐,学生的主导性体现得很好,从这点上可见韩老师语文功底之深厚。韩老师的课不仅让我们耳目一新,更让我们学到了许多东西,过后回忆,仍有无穷余味。

总 评

这节课,从形式上讲主要是读:教师读,学生读,师生共读。韩老师没有给学生分析、归纳、总结大堰河的形象、大堰河形象的意义及形象塑造的方法。而我们的常规教学往往把这些内容当作重点、难点来讲。

一节课在诗歌的朗诵中开始,在诗歌的朗诵中结束。老师读,学生读,整个课堂充满了琅琅的读书声。有词语的推敲争论,目的还是为了读,为了明确怎样读,读出一种什么样的效果。读,成了课堂的主要活动内容。有道是,"让学生大声朗读,有利于帮助他们形成大胆开朗的性格。"韩老师的这节诗歌教学课,把朗诵作为课堂活动的主要内容,固然是为了培养学生的语感能力、大胆开朗的性格,但我觉得更重要的目的是为了通过读实现师生对诗歌情感的体验,实现师生之间情感的交流。

新课是在韩老师声情并茂的朗诵中开始的,这一读我以为可以实现以下四个目的:第一,展现诗人艾青之情感;第二,表现读者对这份情感的理解;第三,表达读者对这首诗的喜爱;通过这三点达到第四个目的,即触动学生之心。在韩老师的朗读中,我至少看到两位女生在抹眼泪,于我心亦有戚戚焉。韩老师没有说这首诗有多么好,这首诗是艾青的代表作、现代诗的经典,但学生完全可以通过这一读，领略到《大堰河，我的保姆》这首诗的逼人心灵的艺术魅力。这是一种强大的能使人泪流满面的力量。这种力量拉近了诗人与学生之心，拉近了老师与学生之心。进一步地体验诗中的情感，进一步地与老师同学交流这一情感的体验成了学生的心理需要。

通过读，在不断的情感把握与情感交流中，学生理解了诗人，理解了大堰河的苦难，理解了大堰河的伟大与高贵，理解了诗人情感之真挚，也看到了老师、同学心灵之美好。

课上完了，学生没有从韩老师那里得到大堰河的形象有什么意义等总结性的文字，但我相信，通过这节课，一定有学生懂得了对伟大的情感应该赞美，对苦难的生命应该学会关怀。

高中新教材说明中有这么一段文字"这次修订的指导思想是……在教学过程中，培养学生热爱祖国语文的思想感情和民族共同语的规范意识，提高道德修养、审美情趣、思维品质和文化品位，发展健康个性，形成健全人格。"我认为，韩老师这节课就很好地展现了这一语文教学的理念，并实现了这一教学效果。

韩老师这节课使我感受最深的就是教学的过程实际就是生命体验的过程。一方面，体验了教材文本所蕴藏的生命价值、生命意义；另一方面，体验了师生彼此生命的各种姿态。这样一来学生不仅是教师施教的对象，而且是和教师一起经历一段生命情感体验的伙伴。从而实现真正意义上的师生关系的平等。

（广东省湛江市徐闻中学　江海燕
安徽省淮南市凤台一中　杨云付）

平等对话　情理交融

——听特级教师赵志祥《地震中的父与子》一课有感

特级教师赵志祥执教的《地震中的父与子》一课，使我深受启发。赵老师那扎实的语言功底，深厚的文化内蕴，幽默、亲切的教学艺术深深地震撼着我。这堂课上，无处不见学生思维的火花，师生平等的对话。

课前创设轻松、愉悦的气氛，把学生带入平等对话的情境中

（课前互相认识时，赵老师让孩子们猜他今年几岁。孩子们纷纷猜测）

师：（风趣地）哈哈，温州的孩子爱拍马屁，看我这么老还说我35岁！

生：您任教了几年，哪一年参加工作？

师：你想让我钻进你设计的圈套！

（师生在欢乐和谐的气氛中进行着对话，为正式上课营造了良好的氛围）

交流中，赵老师经常说的话是"敢向老师挑战吗？""相信能战胜老师吗？"经常说的一个词是"孩子们"。在他眼里，学生就是一群可爱的孩子。正如他所说："爱学生的感觉应该就像初恋的感觉。"赵老师用独特的教学艺术为学生创设了一个师生平等对话的情境，为实现师生平等对话打下了坚实的基础。

创设问题情境，把学习的主动权交还给学生

（上课一开始，赵老师就让学生自由读课文，并在读的过程中思考课文中哪些地方可以提问，看谁提的问题最好。学生积极动笔动脑，思维在激烈地碰撞）

生：当父子相见的一刹那，父亲会想些什么？

生：两处"阿曼达，我的儿子！"有何关联？三次出现"不论发生什么，我总会跟你在一起！"，用意何在？

（学生提问后，赵老师开始深情地指导学生朗读）

师：孩子们，父亲还没有来得及看孩子一眼，就发生了地震，这是一种怎样的心情啊！

生：悲痛欲绝！

生：绝望的呼喊！

（生朗读）

师：当父亲再次看到阿曼达的时候，那种绝处逢生的喜悦之情，该如何去读？

（生朗读）

在师生共同的交流中，课文中父亲那强烈的爱跃然心间。尤其是指导朗读两处"阿曼达，我的儿子！"时，赵老师巧妙地设计了精彩的导语，把学生带到时而悲伤、时而惊喜的氛围中，将情感激发得淋漓尽致。

寻找最佳切入点，升华文章的主题

（在学生提出问题、解决问题之后）

师：人们认为这位父亲因为失去孩子过于悲痛，而精神失常了。你认为他失常了吗？（板书：失常？）

（随即引导学生去文章中寻找答案，阐述自己的观点。学生们在赵老师的组织下展开了一场精彩的课堂辩论赛）

生：我认为这个父亲的表现有些失常。他挖了 8 小时、12 小时、24 小时……挖这么久还没有挖到，可父亲还是坚持下去。从这点可以看出，父亲真的失常了。当一个人在同一个地方挖这么久，难道你不认为他失常吗？

生：我认为不失常。父亲心中有一股超凡的力量，他始终有一个信念：不论发生什么事，我总会跟你在一起！因此，精神上的信念支撑着父亲的行为，从这个意义上说，父亲是正常的！

生：我觉得他既失常又不失常。只要有一种信念的人，就会坚持到底，阿曼达的父亲就是这样，所以他完全是正常的！可是，在任何人都失去了信心之后，在随时可能发生大爆炸的情况下，父亲又独自一人在废墟中挖了 38 个小时，一个正常的人很难做到这一点，由此说明他失常了。

……

（在学生的"唇枪舌剑"中，父亲那超凡的爱、伟大的爱，以及阿曼达那

超凡的意志力全盘展现在我们眼前。随后，赵老师作了精彩的总结）

师：当父亲眼看着学校变成了一片废墟，当父亲想到孩子还在废墟下面，父亲那颗心绝望了。当父亲猛地想起他常对儿子说的一句话："不论发生什么，我总会跟你在一起！"他坚定地站起身，向废墟走去。在挖掘的38个小时中，父亲以惊人的毅力，坚持到了最后。与其说父亲"失常"，不如说"超凡"！正是用他那超凡的爱，赢得了孩子的又一次生命！多了不起的父亲啊！

赵老师的精彩总结，升华了文章所含的内蕴，让每一位学生在激烈的辩论中学有所得，辩有所得，品尝快乐，品尝成功，品尝父亲那强烈的爱。学生的辩论让课堂尽显高潮，让人性发挥到极致！让平凡而又伟大的父爱永存心中！

课外拓展，实现师生与文本之间真诚的交融

（精彩的辩论后，赵老师并没有马上结束课堂，而是把学生带到了另一种父爱、母爱当中）

（师出示三篇文章：朱自清的《背影》，孟郊的《游子吟》，根据自己亲身经历创作的作品《母爱》，然后分别朗诵。朗诵时，动情入境，在场的师生无一不被赵老师精彩的朗诵所打动。学生们落泪了。这时，赵老师还不失时机地让学生领悟习作时表达爱的方式）

师：在《地震中的父与子》中，作者把一个伟大的举动集中在一个小孩子的身上，寥寥几笔，真实感人。孟郊的《游子吟》中，作者并没有把母爱写得惊天动地，可分明让读者感受到母亲那慈母心肠、离别时的无尽盼望，尽情地流泻于30个字中。表达爱，不需要华丽的词汇。

（最后，赵老师让学生小组合作说说父母对你所做的特细小却表现出深沉的爱的事例。课堂交流时，又是一次情感的宣泄，体会母爱如海、父爱如山）

这堂课上，无处不见学生思维的火花、师生平等的对话。整堂课高潮迭起，掌声、笑声不断。我总结出赵老师课堂的七个"一点"与大家一起分享：环节简单一点，要求降低一点，范围宽泛一点，理解肤浅一点，情感投入一点，态度真切一点，课堂气氛轻松一点。

（浙江省文成县黄坦镇中心小学　朱一花）

网络信息平台让思辨更精彩

——特级教师钱梦龙《谈骨气》一课评析

钱先生执教的《谈骨气》一课,从现代教育技术的角度来看,可以称得上是钱先生"三主"——"学生为主体、教师为主导、训练为主线"教学的典型案例,体现着网络时代语文导读法的新特点。

这一课共计两个课时,教学的核心目标是"培养思辨的兴趣和能力"。借助网络信息平台,涉及的网上下载的文章(或片段)多达十几篇(段),从而极大地拓展了课堂容量。由于这些资料和课文的学习密切配合,巧妙和谐地贯穿在每个环节的讨论中,从而对培养学生思辨的兴趣和能力产生了不可低估的作用。

导入:激发学生思辨欲

师:有人在网上发表文章,对吴晗的《谈骨气》提出不同的看法,不妨先来看看那篇文章说了些什么:

近日查检以前的书时,不经意地翻到了初中语文课本中选入的吴晗的《谈骨气》。……又读了一遍这篇文章,我没有再次感受到什么"爱国主义"的豪情壮志,……吴老先生一开始就像一个天真的小学生似的写道:"中国人是有骨气的。"

请问,"难道那么多中国人都是有骨气的吗!"答案不说也知道。为了支持论点,吴老先生搬出了那个"不食嗟来之食"的乞丐,宁死不屈的文天祥和横眉怒视国民党反动派的闻一多,我真为这三个不屈的灵魂感到不值。人家不屈,说明人家的人格高尚,凭什么拿人家高尚的精神往那些麻木的人,那些坐享其成的伪君子的脸上贴金?还说这是"中华民族的传统"……说吃饺子是一个民族的传统有人信,可硬把"有骨气"当成所谓"传统"塞到本国本民族的腰包里,稍明智一些的人都会嗤之以鼻。这与中国封建统治者宣扬的"普天之下，莫非王土，率土之滨，莫非王臣"的妄自尊大有何区别呢？

师：这位作者对《谈骨气》的批评究竟有没有道理？老师没有"标准答案"？现在请同学们暂时把这些批评的意见放在心里，慢些下结论，先按常规读懂、读好课文，然后再对两篇文章的是非作出自己的判断。相信这个问题会引起同学们思考的兴趣的。

这篇网络文章的引入，有利于激发学生的认知冲突，唤起思考、讨论的兴趣，这的确是一步好棋。但在缺乏经验的老师看来，也是一步险棋：如果同学们普遍认同了这位作者的观点，否定了吴晗的观点，老师该怎么收场呢？钱先生则认为，教学本是教师、学生、作者、文本之间的多重对话，同一个文本也可以有多元的个性化的解读，课堂应该呈现一种开放的态势。我们过去的语文教学中"求同"太多，非要把大家的看法统一到唯一的答案上，这是扼制学生的个性发展，是不合理的。老师应该告诉学生没有标准答案，这样有利于学生放开思想各抒己见，培养发散性思维能力。当然，这并不等于说老师心中没底，老师心中是有底的，至于能不能引导同学们获得较为接近真理的认识，那就要看教师是否能正确发挥主导作用了。即使最后没有统一的意见，大家"公说公有理，婆说婆有理"，那也是教学的成功，因为学生的思维被激活了。所以这算不上是险棋。

全程：环环相扣拓展思辨

接下来的课堂让我们看到，学生同样在不着痕迹的导读程序中自行实现着认识上的步步推进，每个环节都紧紧围绕课文展开，而且时时借助网络提供的资料进行拓展性思辨。

第一课时，在学生充分感知课文的基础上，布置的课后作业是要求学生在网上查找相关资料，为第二课时进行探究性阅读作好资料上的准备。

在第二课时的讨论中，教师不提供答案，只是不断鼓励大家提出问题、探究思考，同学们表现出了独立思考的精神和敢于向名家挑战的勇气。教师还适时提供了有关吴晗的资料，使学生理解"文品即人品"，理解了作者写此文的初衷。当分歧集中在对"中国人"这个概念的理解上的时候，教师依然没有提供答案，而是不失时机地演示了两则鲁迅文章中的资料：

一篇出自《记念刘和珍君》，北京女子师范大学学生刘和珍等到段祺瑞执政府前请愿,卫兵开枪,死伤数百人,刘和珍不幸罹难,接着又有人放出流言,污蔑她们是受人利用的。鲁迅就此事发表议论说:"我向来是不惮以最坏的恶意,来推测中国人①的,然而我还不料,也不信竟会下劣凶残到这地步。"

另一篇是《中国人②失掉自信力了吗》,文中有这样的说法:"我们从古以来,就有埋头苦干的人,有拼命硬干的人,有为民请命的人,有舍身求法的人……这就是中国的脊梁。……要论中国人③,必须不被搽在表面的脂粉所诓骗,却要看看他的筋骨和脊梁。"

师:鲁迅的文章中用到了三个"中国人",请同学们比较一下,三者所指的对象是一样的吗?然后再回到我们刚才讨论的问题上,看能不能取得一点共识。

生:鲁迅的文章中,中国人①指的是杀害刘和珍和制造流言的那一类坏人,而中国人②指的是没有失掉自信力的中国人,③则指中国人中的"脊梁"。三个"中国人"都不是指中国人的全体。

师:这对我们解决刚才的问题有什么帮助吗?

生:我们在用"中国人"这个概念的时候,如果前面不加任何表示限制的词语,既可以指全体中国人,也可以指某一部分中国人,主要看它出现在什么语言环境中。可见网上那篇文章对吴晗的批评是没有道理的。

生:……"我们中国人是有骨气的",这样的句子铿锵有力,很有鼓舞人心的作用,如果改为"有一些中国人是有骨气的",还有这种表达效果吗?

生:……世界上任何一个民族,都有优秀分子,也有败类,但优秀分子总是处在主流的地位,否则这个民族就不可能生存和发展,他们也许人数不多,但却是一个民族的代表人物,也就是鲁迅说的民族的"脊梁"。

我们注意到,钱先生提供的并不是问题的答案,而只是供学生思辨的资料,学生完全是在对新材料的类比、归纳、推理中,茅塞顿开,找到了开锁的钥匙。在整个"寻钥匙""开锁"的过程中,学生积极体验着思辨带来的审美愉悦。

尾声:将思辨向课外延伸

最后的作业,是阅读来自网络的另外两篇文章,然后就"中国人的骨气"问题谈谈自己的看法。

这两篇文章都以"第二十七届奥运会"为话题,观点却截然相反:一个认为这次悉尼奥运会"让所有的外国人都知道中国人的骨气、中国人的精神,让所有对中国人有偏见的外国人重新认识了中国人",一个则认为"把奥运会看成关乎国运的大事,是一种典型的弱国心态"。

作业附带的要求是:完成作业前,可以从网上或到图书馆查找有关的资料(如媒体对第二十七届奥运会的报道、报纸社论等),使自己的议论像这篇《谈骨气》一样,有具体的事实作支撑,尽可能做到有理有据。

针锋相对的观点,将再次激发学生的认知冲突和思辨兴趣,将课堂上的学习、思考向课外作了更为广阔的延伸。

从整个课堂来看,钱先生通过网络信息技术与语文导读法的整合,使这两节课的阅读教学呈现着极大的互动性、开放性。由于网络信息介入是与课文的学习、学生思辨能力的培养完全匹配的,所以和"鼠标一点,万事大吉"的僵化的多媒体演示式语文教学方式有着天壤之别。它们不是材料的生硬堆积,更不是多媒体课件的简单演示,而是在特定的教学活动中,在解剖学生、课文、目标、方法、媒体、环境等因素的基础上,利用网络资源,将各种教学因素按照各自的特性,有机和谐地对应起来。在这样的课堂上,往往充满竞争气氛,每个学生都想找机会展示自己的才华,课堂上不时发生争论,思维在不断碰撞中迸溅火花,不断实现新的超越,从而使整个教学活动始终处于一种良好的循环提升的状态之中。

钱梦龙先生曾在一个语文教育研讨沙龙上说,现代教育技术给语文教学搭建了两个平台,一个是多媒体演示平台,现状并不能令人满意,如出现了用课件代替板书等违反教学规律的现象,这是"教学圈套"的"现代化生存",是穿新鞋走老路;另一个平台是网络信息平台,这是一个重要的学习平台,尤其是在研究性学习中,网络作为辅助手段逐渐走向主导手段。信息技术的介入必然会改变教学模式,这将会是革命性的变革,在网络信息平台上,学生的主体性和教师的主导性都得到了加强,我们不应该抗拒它,而是要把它作为扩展语文教学容量、提高语文教学效率的重要手段。

(河南省焦作市第十二中学　窦爱君)

语文教学的"实"字落脚点

——听特级教师薛法根《我们家的猫》一课有感

特级教师薛法根《我们家的猫》一课，以"听说读写"的整合训练为板块展开教学，通过教师的引导、点拨，积极鼓励学生发出自己的声音，培养学生不同的思维，让学生的各项语文能力在思维的变换中得以集中培养，使每个学生都有不同程度的提高。综观全课，笔者认为有以下几方面特点：

特点一：以听为凭借，感受、领悟学习内容

片段一

师：谁来听写几个词语？
（听写"淘气""耍""遭殃""责打""生气勃勃"）
师：（重点评价"耍"字）谁"耍"？为什么"耍"？
生：小花猫"耍"。
生：因为很淘气。
师："耍"的结果如何？
生：让花草们遭了殃。
生：还有老舍爷爷并没有责打它。
生：因为它很可爱，生气勃勃……

片段二

师：我们注意听这一段话，听后回答问题。
一根鸡毛，一个线团，都是它的好玩具，耍个没完没了，一玩儿起来，不知要摔多少跟头，但是跌倒了马上起来，再跑再跌，头撞在门上，桌腿上，撞疼了也不哭。后来，胆子越来越大，就到院子里去玩儿了，从这个花盆跳到那个花盆，还抱着花枝打秋千。

师：谁说说，这段话主要围绕哪句话写的？

（生交流讨论）

生："一根鸡毛，一个线团都是它的好玩具，耍个没完没了。"

师：谁能说说这段话中描写小花猫动作的词语？

生：摔、跌、跑、跌、撞、哭、玩、跳、抱、打。

师：你们看，这只逗人喜爱的小花猫真够淘气的，谁能不看课本说说这只小花猫？

（生练习说）

听的训练，既可以锻炼记忆力，又能为理解能力的提高奠定基础（理解要靠记忆的基础来支撑）。而听出重点句、重点词，听出词句之间的内在联系，这不仅仅是语感的另一种表现，更是文本的语言文字内化为抽象画面、形象产生的具体过程。

学生们通过听，再将听到的用画面、语言存储、内化起来，一方面可以培养学生快速思维的能力，另一方面可以加深对文本的感悟力度，培植语感，丰富语感。这正是真正的阅读教学所体现的。

特点二：以说为主线，营造自主学习氛围

片段一

（师生共同学习大花猫的性格这一部分）

师：谁能将花猫这些性格连成一句话？

（生讨论）

师：(提示)可以采用"说它……可是它……""尽管……是……"等词语。

（生自由练习）

生：我们家的大花猫实在有些古怪，说它老实吧，可是很贪玩；说它尽职吧，可是……

（生说不上来了）

师：还有更好的说法吗？

生：我们家的大花猫又老实，又贪玩，又尽职，你说怪不怪？

生：要说起大花猫，那么你会毫不犹豫地说它老实，夸它尽职，批评它贪玩。对了，这就是大花猫的性格——古怪。

片段二

师：谁说说自家的花猫或者自己观察到的花猫有什么特性？
（生讨论交流）
生：我们家的花猫除了贪玩还好吃懒做。
生：才不呢，我家的花猫是温柔可亲、老老实实的。
生：我们家的花猫脾气很暴躁。
生：我们家的花猫很通人性，你说什么仿佛它都能听懂。
……
师：你们能说说其他动物的特性吗？
（生讨论交流）
生：我们家的大黄狗，真是又老实又忠厚。
生：邻居家的白鸽非常可爱。
生：（边做动作边说）乖巧又灵活，这就是咱大叔家的小白兔。
生：我们家的两只画眉鸟贪吃，虚荣心强。（试着学鸟叫）
……

本节课上，薛老师巧借文本，有意识地在课堂帮学生构建了自主学习的空间，自然而然地为学生创设了说的情境。一是说文中猫的性格，二是说自家的猫或其他小动物的性格，积极营造了自主学习的氛围。在说的过程中，还能做到尊重学生的个体差异，尊重学生在学习过程中的独特体验，实在难能可贵。

特点三：以读为载体，注重个性化学习

师：读读课文，说说老舍爷爷写了花猫的什么？
（生自由读课文）
生：写了大花猫的古怪，小花猫的淘气、可爱。

师：哪句话最能概括出大花猫的特点？
（生略读课文）

生：我们家的大花猫性格实在有些古怪。

师：古怪写了三个自然小节，谁愿意帮老师来细细地读一读？
（生精读课文）

师：大花猫还会丰富多腔地叫唤……你能边读边表演吗？
（生表演读）

师：读读课文中自己最喜欢的段落，并试着背诵。
（生诵读有关小节）

阅读是学生的个性化行为，不应以教师的分析来代替学生的阅读实践，应让学生在主动积极的思维和情感活动中，加深理解和体验，有所感悟和思考，从而受到情感熏陶，获得思想启迪，享受审美乐趣。全课通过自由读、略读、精读、表演读、诵读等，既全面实现了学生、教师、文本之间的对话，又使学生在读悟、体验、积累的过程中增强了语感。

特点四：以写为延伸，内化语文综合素养

师：老舍爷爷很喜欢这只猫，他是怎样来写的？
（生讨论交流）

生：先写了大花猫的古怪，后写了小花猫的淘气、可爱。重点写古怪，分别从三方面作了叙述。

师：既然喜欢，他为什么还要写猫的缺点？
生：实际上就是这种情况。
生：这是猫本身的特性。
师：这就是我们常讲的真实，一篇优秀的文章必须是真实的再现。
师：现在谁说说，我有什么特点？
生：比较幽默。
生：认真、严肃。
生：读书不好。
师：这是能力。

生：两只大门牙很醒目。

师：这是外貌。

生：好动。

师：愿意写一写《我们的新老师》吗？如果你想写其他的，如《我们家的小白兔》《邻居家的白鸽》也行。

（生动笔练习写）

真实是文章的生命。这节课教师很好地运用范文，帮助学生理解了真实之具体意义，努力引导学生习作时写真话、实话、心里话，不说假话、空话、套话，这是内化综合语文素养的基本保证。

对小学生来说，语文实践、语文运用、语文素养的形成（这里指习作），都要有一定的依托，而名家名篇是最好的蓝本。这节课，教师让学生在感悟了文本内容，领略了作者语言的精妙后进行习作，真正体现了学以致用。这是内化语文素养的过程体现。

（江苏省宝应县射阳湖镇潘舍小学　陆友松）

"自主、合作、探究"的好课

——品味钱梦龙《死海不死》一课

释题——通过启发、讨论明确"死海不死",造成悬念

师:今天要和同学们一起阅读的是一篇说明文。先请同学们打开课本,这篇文章的标题很能引起人们阅读的兴趣,你们猜是哪一篇?

生:《死海不死》。

师:完全正确!但你能说明一下为什么你猜是这一篇呢?

生:这个题目叫《死海不死》,既然是"死海",可又为什么说它不死?这就在读者心里造成了悬念,引起了阅读的兴趣。

师:(指一同学)那你同意刚才那位同学的意见吗?

生:同意。我认为这个标题本身包含着一对矛盾:"死海"和"不死",使读者产生疑问,急于去读文章,弄明白究竟是怎么回事。所以这个题目对读者有吸引力。

师:有不同意见的同学请举手。(无人举手)有补充意见的同学请举手。(无人举手)哦,"英雄所见略同",看来你们一个个都是小英雄!(笑)不过,我还有个问题想考考各位英雄:标题上有两个"死",它们的意思是一样的吗?

生:前一个"死"字指没有生命,第二个指淹死、死掉。

师:完全正确。

"'英雄所见略同',看来你们一个个都是小英雄!"这里的夸奖可不能小看,它调动了学生的积极性,消除了师生之间的陌生感,撤去了阻碍学生畅所欲言的心理屏障。这令我想起《论语》里的《子路、曾皙、冉有、公西华侍坐》,可以说这也是一篇教学实录,一开始孔子就向他的弟子们打了一声招呼:"以吾一日长乎尔,毋吾以也。"意思是不要因为我年纪比你们大一点,你们就因此而感到拘束。这个招呼的效果与钱先生的夸奖有着异曲同工之妙!

入题——从地理位置、得名原因、海水趣事三个方面简要介绍死海

师：现在请同学们暂时不要看课文，大家回忆一下地理课上学到的关于死海的知识，比一比谁的记忆力好。（指一个在偷偷看书的同学）哈，你违规了，不许偷看！

（学生思考、回忆，片刻后陆续举手）

师：为了使回忆有条理，请按以下几点逐一来说。（板书）

　　1. 地理位置：

　　2. 得名原因：

　　3. 海水趣事：

生：死海的位置在约旦和巴基斯坦（众插话：巴勒斯坦）中间。

生：死海的海水含盐量特别高，水里各种动植物都不能生存，所以叫死海。

师：哦，死海的海水含盐量高，这是它的特点。由于有这个特点，就出现了一些有趣的现象，谁能说说是什么现象？

生：（七嘴八舌）人不会淹死。

师：为什么会出现这种现象？

生：人在死海里不会下沉，即使不会游泳的人也淹不死，因为……因为海水含盐量高，所以人不会下沉。

师：（追问）那如果扔进海水里的是一块铁呢？它会下沉吗？

生：我想会下沉的。

师：那么人为什么不下沉？

生：（思考片刻）海水的质量比人体的质量大。

师：那么铁块为什么会下沉？

生：因为海水的质量小于铁块的质量。

师：好！"大于""小于"的"于"怎么解释？"大于""小于"一般用在什么情况下？

生："于"是"比"的意思，一般在两个数作比较的时候用。

师：说得真好！我说你有学问嘛，果然没看错人！（众笑）

好的习惯能够让人受用终身。不失时机地培养学生的口头表达能力，让他们逐步养成能"说"的好习惯。接下来钱先生在讲授中反复夸奖学生"说得真好"和"言之有理"就是明证。

讨论——通过列数字讨论"确数"和"约数"的区别

师：在决定这篇课文里哪些知识需要老师教之前，我先请同学讨论一下"什么知识可以不教"。现在请同学们打开课本，把这篇《死海不死》看一遍，然后根据课文后面练习题的要求想一想：练习题要求我们掌握的知识哪些可以不教？

（学生看课文，小声议论后纷纷举手）

生：我认为课文里用到的列数字的说明方法可以不用教。课文里为了使说明更加具体准确，用了一些数字来说明海水含盐量高，如"135.46亿吨氯化钠、63.7亿吨氯化钙、各种盐占死海全部海水的23%～25%"等等，这种说明方法一看就知道，完全可以不教。

生：我完全同意他的意见，但还有点补充。课文在说明海水含盐量高的时候用了很多数据，使用这些数据的作用是使读者对死海海水的含盐量究竟高到什么程度有了更加明确的认识。这些道理也很简单，不教也懂。

师：是啊！你们看，"135.46亿吨""63.7亿吨"，这简直都是一些天文数字！我在读到这些数字的时候，对死海海水的含盐量的印象就特别强烈。这两位同学说得都有道理，课文里的这些数字说明和它的作用，的确一看就明白。不过如果不教的话，有关的一些知识是不是能够掌握，我还是有些不放心。例如，课后练习中还要我们区别"确数"和"约数"，并且要求知道什么情况下用确数，什么情况下用约数。这些知识不教行吗？

生：我认为行。

生：我想教一教不会有坏处，再说我也不大有把握。

师：确数和约数你能区别吗？

（生点头）

师：那你说说看，刚才那位同学从课文里找出的那些数据是确数还是约数？

生：确数。

师：你能找一个约数的例子吗？

生："传说大约两千年前""最深的地方大约有400米"，都是约数。

师：找得很对嘛！约数在表达上都有一些明显的标志，你知道吗？

生：一般都用"大约""左右""上下"这类词。

师：如果不用这些词，能表示约数吗？

生：（思考片刻）这条鱼有七八斤重。

师：刚才有同学说用"确数"可以使说明更加准确，那么用约数是不是说得不准确了呢？

生：约数和确数相比，当然不够准确。

生：我认为不能这样说，主要看在什么情况下用，有时候用确数反而不准确。

师：怎么会用确数反而不准确？能举个例子来说吗？

生：（思索片刻）比如要我现在说出您的年龄，我只能说大约六七十岁，（笑声）因为我不知道您的实际年龄；如果我肯定地说您65岁，而您实际上不是65岁，那不是反而不准确了吗？

生：我认为课文里有个地方运用确数和约数有点自相矛盾。46页上有这样两句："海水平均深度146米，最深的地方大约有400米。"既然平均深度是个确数，那么最深的地方也应该是确数，否则怎么算得出平均深度呢？如果最深的地方用约数，那么平均深度也只能用约数，因为平均深度是根据从最浅到最深不同的深度计算出来的，根据约数怎么可能计算出确数来？

师：说得真好！我同意。同学们这样会动脑筋，真让我高兴。我看关于列数据的说明方法，同学们掌握的知识比我预料的还要多，完全可以不必教了。

教的目的是为了促进学生在学习知识的过程中养成主动学习的良好习惯。钱先生通过引导学生思考"练习题要求我们掌握的知识哪些可以不教？"激发了学生主动学习的热情，并使其在讨论中养成了"大胆质疑"的思维习惯。

辨析——从"知识性""科学性""趣味性"三个方面了解文体特点

师：下面是不是让我们换个角度思考一下：你们认为要学好这篇课文，哪些知识还是需要老师教的？

（学生看书，小声议论）

师：（继续启发）你们知道这篇文章是什么文体？

生：是说明文。

师：说明是个大类，包括产品说明书、书籍的出版说明和内容提要、词典的释文、影剧内容介绍、除语文以外的各科教科书及讲义、知识小品，等等。

凡是以说明事物或事理为主要表达方式的文本都是说明文。（指一学生）你说说看，这篇课文是说明文中的哪一种？

生：是知识小品。

师：（问全班）他说得对不对？同意的请举手。（多数学生举手）你说对了。但什么是知识小品？你知道吗？

生：不知道。

师：你都不知道？（生点头）那你怎么知道这篇课文是知识小品呢？

生：我是瞎蒙的。（笑声）

师：不，你肯定不是瞎蒙的，你心里肯定有一个关于知识小品应有的"样子"，而这篇课文正好符合你心里的这个"样子"，是这样吗？

生：我心里没有样子。（笑声）

师：那你为什么不说它是产品说明书或别的什么说明性文体，而偏偏要说它是知识小品呢？你在说的时候心里肯定有过一些选择的，是不是？

生：是的。

师：好好想想，你在各种文体中选定知识小品，当时是怎么想的？

生：因为它是介绍关于死海的知识的，文章很短小……所以是知识小品。

师：说得对呀！知识小品就是介绍科学知识的，文章篇幅又很短小，所以叫"小品"。你看你说出了知识小品的一些重要特点，你明明知道，怎么说不知道呢？

生：这是我看了课文后临时想出来的。

师：这更了不起，说明你的思维很敏捷，很有判断力。我早就说过你不是瞎蒙的嘛！（笑声）下面请大家再来看看知识小品除了篇幅短小、具有知识性以外，还有些什么特点？

生：知识小品写得比较生动有趣，能吸引读者。

师：说得很好！刚才那位同学的意见如果可以用"知识性"三个字概括的话，你能不能把你的意见也用个什么性来概括？

生：趣味性，生动性。

师：他说了两"性"，但我们只要一个"性"就够了，请同学两个中选一个，要说出选择的理由。主张选"趣味性"的同学请举手。（绝大多数学生举手）看来大多数同学主张用"趣味性"，谁来说说理由？

生："生动性"一般指语言描写方面，"趣味性"好像指文章内容方面。比如这篇《死海不死》，在介绍死海海水的特点和死海形成的原因时，插进了一些历史故事和民间传说，内容很有趣。

师：说得真好！同意的请举手。（全班举手。教师板书：趣味性）知识小品除了具有知识性、趣味性以外，还有一点十分重要，就是它介绍的知识必须是正确的、符合科学原理的。请大家也用一个"性"来概括。

生：（七嘴八舌）科学性！

师：完全正确！（板书：科学性）现在我们请一位同学把刚才讨论的内容总结一下。谁来？

生：知识小品是说明文的一种，是一种文艺性说明文，它具有知识性、科学性、趣味性。知识小品的作用是向读者普及科学知识。

师：非常好！看来同学们的悟性都很高，知识也掌握得很好，学习这篇课文原本要求重点学习的"列数据"的说明方法、确数和约数的区别和作用等等，都可以不教；关于知识小品的文体特点，同学们也自己从课文中悟出来了，也不用我再喋喋不休地介绍了。就是说，同学们在有些方面已经达到了不需要老师教的地步，我真为同学们高兴！不过，关于知识小品的特点，尤其是知识性、科学性、趣味性问题，同学们大概是第一次遇到，因此建议同学们接下来再花点时间深入讨论一下。限于时间，我想从"三性"中选择一个来讨论，就作为这堂课学习的重点。同意吗？

孟子曰："君子引而不发，跃如也。中道而立，能者从之。"就是说教师施教，要像射箭一样，张满弓，搭上箭，而暂不发射，作出跃跃欲试的样子，中道而立，站稳架势，以此来启发诱导学生学习，让他们认真领会"习射"的关键，再自己试着张弓发矢进行学习。钱先生了解学生的知识面，也了解学生掌握知识的过程，更了解学生的心理，所以钱先生不急不躁，耐心启发、诱导，连用了"而这篇课文正好符合你心里的这个'样子'，是这样吗？""你在说的时候心里肯定有过一些选择的，是不是？""你能不能把你的意见也用个什么性来概括？"等多个问句，这里的"是不是""能不能""是……吗"都是一种选择问，这种问法让学生有了思考的余地，有了自主性，有了一个主动学习的过程。同时教者有意识地把课堂当作师生对话的平台，在这个平台中，教者不断强化师生之间的人格平等，并以此来激发学生在语文学习中独立思考的精神。

品味——从设置悬念、引用故事、组织材料等方面品味该文的趣味性

师：三性中选择哪一个？

生：趣味性。

师：为什么选趣味性？

生：因为我们自己写作文要能够吸引读者，也应该有点趣味性。看看作者是怎样引起读者兴趣的，也许对我们自己作文有启发。

师：请把课文再好好看一遍，边看边想：课文的哪些地方引起了你的兴趣？现在请大家看书。

（学生看书，偶有小声议论）

师：都看好了吗？现在请发表意见。要求每人至少准备一条意见。

生：课文的标题"死"与"不死"互相矛盾，使读者产生悬念，引起阅读的兴趣。

生：还有课文最后一个"死"字。死海要干涸了，课文却不说"干涸"，而说真的要"死"了，这个"死"字用得很巧妙，能引起读者兴趣。

生：课文为了说明死海海水含盐量大的特点，写了个罗马统帅狄杜处死奴隶的故事，后面又讲了个关于死海形成的民间传说，这些都增强了文章的趣味性。

师：这几位同学说得都很好，但他们说的都是比较明显的趣味性的表现。有些趣味性要用心体会才能发现，这就要用点心思了。谁再来说？（教师继续提示）建议大家从材料的组织和语言表达两个方面好好琢磨琢磨。邻座的同学可以议论一下。

（学生看书、思考，小声议论）

生：我想从语言表达方面来说。作者用了一些设问句，如"那么，死海海水的浮力为什么这样大呢？""死海是怎样形成的呢？"引起了读者的思考；还注意前后呼应，如前面说"真是'死海不死'"，文章结尾却说"那时，死海真的要死了"。前后两个"死"字互相呼应，可是意思却不一样。这些都会使读者觉得很有趣味。

师：好！体会得很准确。大家再一起体会一下：作者是用了哪些词语产生这样的效果的？请把这些词语圈出来。注意了，这对我们运用语言是很有帮助的。谁来说？

生：作者连续用了一些表示转折的词，还用了表示出乎意料和惊讶的词。

比如，第一段里"但是，谁能想到……竟……甚至连……"，第二段里"然而，令人惊叹的是……竟……即使……也……"。

师：瞧，这位同学对语言的感觉多敏锐！现在再请位同学分别把这两小段各读一遍（指定一位同学读）。请大家一起比较一下，两种语言表达的效果有什么不同。

生：第一种表达显得平平淡淡，第二种表达引起了读者的惊讶和好奇，所以，所以就……（语塞）

师：所以就增强了——

生：趣味性和吸引力。

师：这样比较一下，我们发现，同样的意思，可以表达得平平淡淡，很一般，也可以表达得很有趣，很有吸引力。可见选择怎样的语言来表达就会有怎样的效果。这正是语言的王国为什么总是充满魅力的原因所在！

除了语言表达，材料的组织也很有关系。哪些先写，哪些后写，也往往会影响阅读的兴趣。课文里有个很典型的例子，谁能找出来说一下？

（学生翻书、寻找）

真所谓"不愤不启，不悱不发"，钱先生深得孔子教育思想的精髓，在洞察学生的"愤悱之意"后，再去提出问题，更激活了学生的思维。从后文看，这个问题有一定的难度，钱先生没有包办学生的思考学习，其目的就是发挥学生的主体作用，促进其思维能力的发展。若自己把死海最终结局教给学生也未尝不可，但是如此则"不愤而启，不悱而发，喋喋然徒劳而无益也"。

引申——结合读课文，引导学生提高写作能力

师：同学们，这堂课我们着重学习了知识小品的文体特点。在学习过程中，同学们的聪明和自信给我留下了很深的印象。最后还有一点时间，我还想出个难题考考大家，这可是个"高精尖"的大难题，你们如果连这个难题也能解决了，我就真正佩服你们了；如果你们怕难，那我们来读几遍课文就算了。

生：（七嘴八舌）我们不怕难……

师：课文最后这一段说死海数百年后可能干涸，我先问你们，作者的根据是什么？

生：近十年来，每年死海水面下降40～50厘米。按照这样的速度下降，

死海数百年后自然会干掉。

师：那么，死海水面下降的原因是什么？

生：因为这里炎热干燥。（师插问：你怎么知道？）地理课上学到过，课文里也说"艳阳高照"。因此死海海水的蒸发量大于约旦河输入的水量。蒸发多，输入少，所以海水每年下降。

师：说得很对！现在请大家听好了，我出的难题是：按照作者这样推算的思路和方法，死海真的会干涸吗？

生：我认为死海数百年后不可能干涸，因为到那时科学比现在更加发达，人类肯定有办法救活死海。

生：我认为他把老师的问题理解错了。我理解老师的意思……（语塞。**师插话：我知道你理解我的意思，不要急，慢慢说**）老师是问按照课文作者的办法推算，是不是一定会推算出死海会干涸的结果。

师：对，我就是这个意思，感谢这位同学把我的意思解释得十分准确。那你能回答这个问题吗？（生不语）看来有点难为你了。这样吧，我把问题再具体化一些：死海海水的蒸发量大于约旦河输入的水量，是作者认为死海将会干涸的原因，你认为死海的蒸发量是不是一个不变的常量？

生：不是。（师插问：为什么？）在雨水多的年份蒸发量就会减少。

师：请注意，天气变化或地壳的变动等等这类偶然的因素不在我们考虑的范围以内，何况死海盆地的气候干燥少雨，全年的降水量加在一起不过50～60厘米。刚才你把我出的难题解释得很好，怎么自己倒忘了？请你从作者计算的思路这个角度去思考：即按照作者的计算，死海的蒸发量会不会变化？

生：死海的蒸发量也就会变小。海水每年会下降，死海的面积也会逐渐缩小。

师：既然死海海水的蒸发量随着死海海面的逐渐缩小而减少，那么结果会怎样呢？

生：当蒸发量小于约旦河水输入量的时候，死海就死不了了。

师：对啦！当死海海水的蒸发量小于约旦河水的输入量的时候，死海就死不了。当然啰，那时的死海也不会像现在这样无边无际，波涛起伏，而是死也死不了，活也活得不像样，这是一种什么状况？

生：（齐）半死不活！（笑声）

师：对！就是半死不活！同学们果然智商很高，这个难题也没有难住你们。

不过，死海究竟会不会死，恐怕不是一个计算的问题，而是一个现实问题。事实上，造成死海海水量连年下降的原因，不全是因为海水的蒸发量大，更主要的是人为的原因：以色列和约旦大量截留约旦河水用于灌溉和城市用水，致使约旦河输入死海的水量越来越少。这一严峻的事实已引起不少科学家、环境保护主义者的忧虑，一项名为"让死海继续活下去"的活动已经开始。死海处于地球陆地的最低点，人称"地球的肚脐"，它不仅是独特的旅游景观，而且蕴藏着极其丰富的矿物资源，尤其是氯化钾和溴。

同学们虽然没有去过死海，但我相信大家都关心地球的命运，为此我建议大家用我们的智慧参与到"让死海继续活下去"的活动中去。请回去做两件事：一、上网搜索关于死海的资料；二、参考、运用网上的资料，以《救救死海》或《死海不能死》为题写一篇文章，为拯救死海进行呼吁，或提出拯救死海的办法、建议。当然啦，我们的文章救不了死海，但至少可以表明我们关心地球命运的立场。我希望每一位同学长大后都能够成为一名自觉的环境保护主义者。

毫无疑问，钱先生是有其科学的教学原则和独特的教学风格的。充分尊重学生的主体地位，教给学生科学的读书方法和正确的学习理念是钱老师这节课最为引人注目的闪光之处。

总 评

以上片段体现了这篇课文的教学重点与难点，是我们这些语文教师过去每天都在做现在也仍在做着的事情。从这个意义上说，我们在做着与钱梦龙老师一样的事情，但我们绝大部分人都没有成为"钱梦龙"，这到底是为什么呢？

其一，充分尊重学生。著名教育家叶圣陶先生说："课文无非例子"，"教是为了不教"。教学活动的全部意义在于"有目的地引起学习"，我们要努力激发学生学习的兴趣，教会学生学习的方法，绝对不能包办一切。不教之教才是教学的最高境界。这节课上，钱先生有一句问得最为重要也最为精彩的话："练习题要求我们掌握的知识哪些可以不教？"同学们因此提出了许多他们认为可以不教的知识，钱先生因势利导，进一步要求他们说一说可以不教的理由，这就有目的地引起了学习，实现了"不教之教"。

其二，努力帮助学生。新课程标准提倡"自主、合作、探究"的学习方式，但就我们教师而言，"自主、合作、探究"又绝对不是可以信马由缰、放任不管的。

学生是学习活动的主体，同时又是受教育者。毫无疑问是需要加以组织、启发、引导的。纵览这节课的教学过程，钱先生几乎没有主动教给同学们任何东西，"可以不教的"自然不会主动去教，"需要老师教的"，钱老师也没有先入为主，强为人师。他总是循循善诱，启发引导学生一步步探究知识的真谛。对于较有难度的问题，钱先生组织大家讨论、争鸣，对确有疑义的地方，钱老师又鼓励大家大胆质疑，执著求解。钱先生始终掌握着课堂教学的方向和节奏，总是能够及时地给予学生恰到好处的帮助。

其三，真诚赏识学生。"完全正确！""哦，'英雄所见略同'，看来你们一个个都是小英雄！""说得真好！我说你有学问嘛，果然没看错人！""这更了不起，说明你的思维很敏捷，很有判断力。我早就说过你不是瞎蒙的嘛！"诸如此类表扬鼓劲的话是钱先生课上说得最多的，一节课里说了不下几十次。就是遇上有学生一时回答不上来，钱先生也是适时加以鼓励："我估计同学都知道，只是暂时还没有找到合适的语言来表达，是吗？"对于我们的学生，怎么夸奖也不为过，虽然他们有时候还难免十分幼稚，甚至会时常犯些错误。学生是最少经验负累、最具创造力的，我们的鼓励对于他们至关重要，学生创造的火花、探究的精神应该是教师最为珍视的东西。钱先生在这节课里教给了学生乐观自信，教给了学生执著求解，教给了学生不迷信、不盲从，还教给了学生与时俱进的时代精神和悲天悯人的人文情怀。

显然，我们与钱先生最大的区别不在于语文教学所必需的各项基本功，而在于教学的理念。我们是否能够充分重视学生的主体地位，是否能够有效地组织学生实践"自主、合作、探究"的学习方式是其中最为关键的因素。

（江苏省盐城市射阳县明达中学　吴杰明　郜建梅）

从生活中获取写作的灵感
——优秀教师刘桦《话题作文的个性立意》课堂教学评析

导 入

师：同学们好！古人曾说过这样两句话，请大家看黑板。（板书：千古文章意为高。意犹帅也。）请同学们告诉我，这说的是什么意思？

生：这里讲的是写文章立意的重要性。

生：它告诉我们：观点明确是写作的首要因素。

师：分析得很对。我们经常提到的"立意是文章的灵魂"，说的就是这一点。一篇好文章要有新奇的观点，独到的见解，让读者能从你的文章中得到启迪，受到震撼，悟到真谛。我们不能回避高考作文选拔的功能，要想让自己的答卷被评为佳作，首先要在文章立意上求准、求新。

交 流

生：老师，说到这里我想问您：几十万个考生同考一题，确立什么样的中心能使自己的文章标新立异？能使自己走向成功？

生：我也想知道什么样的立意会使文章具有审美意义或鉴赏价值？

师：问得好。请同学们看高考《考纲》中对"立意"的要求这一段。（板书：个性特征——见解新颖，材料新颖，构思精巧，推理独到）这十六个字涵盖了写文章在立意上的几个方面的要求，在表述观点时，你对生活的认识、对是非的判断、对事物的分析是不是符合这其中的要求。其实也就是说，它要你不人云亦云地重复别人的观点，能让读者感受到文章里有一个鲜活的"自我"。这就是具有个性特征的"立意"表达。

生：我很关心这样一个问题：个性表达怎样把握这样一种尺度？万一阅卷老师不喜欢怎么办？

生：老师，我觉得在考场上时间过得特别快，一时想搜寻出有新意的素材不知从哪做起?

生:我喜欢逆向思维,这是我的个性,可老师看我写的东西总是说我的立意有些偏激,我想知道这种个性发挥会不会影响到作文考试的成败?

点　拨

师:我正准备和同学们一块探讨怎样在同一话题中从不同角度去把握文章立意高低这样一个问题。从日常联系中我们知道,话题作文所给的话题,只是一个思维逻辑起点,你可以由此叙事状物,阐发议论,也可以借此抒情达意,表露心声。在这么大的选择空间里,你有扬长避短的自由,但要注意到这样几点。(板书:选择自己熟悉的内容从小口子切入)

师:话题不是标题,它仅仅是射线的一个端点,围绕这个端点你可以做无数条射线。同一话题切入角度不同,文章中心也各不相同,在立意构思上没有标准答案,关键是要选取自己能驾驭的内容,自己擅长的形式,别盲目跟风。比如说《赤兔之死》成功后,很多考生学写文言表述,但因功底欠佳,反而弄巧成拙,而且选材大多雷同,缺少个性,读后让人感到乏味。

生:我看过一篇探讨五角大楼对付恐怖事件的想象作文,文笔挺流畅,有些情节还借用了反恐游戏中的片段,但怎么看都是"戏说",感受不出重大题材的严肃性,如果在考场上,这恐怕应算是"失败作文"吧?

师:谴责暴虐、呼吁和平的主题,可写的有很多,像受战争残害的难民和家园、饱经风霜的社会经济、每况愈下的人民生活等等。但涉及很尖端的军事机密你能了解多少?写出来的东西又能够有多少吸引力?所以写不熟悉的内容,是考场作文的一大忌。(板书:少用否定话题行文构思)

师:我们提倡求异思维,反弹琵琶的优秀作文每年都有不少。比如:2002有一篇以《历史,从那一夜开始》为题的满分作文,把笔触聚焦在司马迁受刑前的那个"暮秋之夜",点明"真正的勇敢不是为小事死去,而是为大事卑贱地活着"的主题,这种把勇敢和卑贱放在天平一侧的构思既大胆又独特,给人耳目一新的感觉。但年年都会有一些"抬杠"作文对考生起着误导的影响,以为这是逆向思维,这是个性张扬,比如:你说诚信不可抛,我偏说"美丽的谎言"不可少。这种以偏概全地否定话题的做法是冒险行为,是偏激的观点。(板书:个性的创意来自丰富的想象)

师:我这里有个苹果,请一位同学上来咬它一口。(一同学将苹果咬下一口)

面对这样一个被咬过一口的苹果。你们能想些什么呢?

生:我想到牛顿。如果他当年仅仅是把砸在头上的苹果狠狠咬上一口,就出不来万有引力定律了。

生:我想到了"横看成岭侧成峰"这句诗。从这个角度看苹果破损了,从那面观察,却是一个又大又圆的苹果。不同的角度能得出不同的结论。告诉我们认识问题有好多种办法。这对我们学习有启发。

师:这个苹果就是"新概念作文"复赛时的话题。很多参赛者面对这个被咬过的苹果产生的奇思妙想让人耳目一新。韩寒就是在这次大赛中崭露头角的。他把一张被水浸湿的白纸想象成一个广义的人,想象这个人从出生到成长的过程会受到方方面面的浸染和伤害,借此表达出他对人生、对社会的看法。

导　练

师:我准备了一则话题材料,请大家看后试着分析一下,谈谈你的立意构思。(课件出示话题材料)

一个生物学家在一家农场见鸡群里有只老鹰,于是问主人为什么鸟中之王会落魄到与鸡为伍的地步。主人说:"因为我一直喂它鸡饲料,在鸡舍里长大,所以它一直不想飞,而且它根本不认为自己是一只老鹰了。"生物学家说:"不过,它到底是一只老鹰啊,应该一教就会的。"经过一番讨论,两人准备将鹰放飞。第一天失败了,第二天又失败了,第三天,生物学家把老鹰带到山上再次鼓励它说:"你是一只老鹰,属于蓝天和大地,张开翅膀飞翔吧!"奇迹出现了,老鹰慢慢张开了翅膀,最后发出了胜利的叫声,冲向了天际。请以"找回真实的自己"为话题写一篇文章。要求略。

生:我对这个话题特别有感触,因为我妈老是说我"不想当将军的士兵不是好士兵",可是我觉得像将军这一类伟人以及其所担任的工作并不是普通人随随便便就可以担任的,我们作为一个好学生、好公民只要能在平凡小事中不断完善自己,磨炼自己,其实也是很快乐的,我们给自己定的起点低,只是说明我们容易满足,容易感到充实快乐,不是说我们不进取。

师:(板书:我平庸但我很快乐)你说的是一种很朴素的想法,"大丈夫先扫一屋,再去扫天下",社会需要这样的好学生、好公民。这种逆向思维的观点更贴近生活。

生:我想以"赞美的力量"作为切入点,谈谈这个话题。尽管生物学家认为它是一只会飞的鹰，可它一直受冷落，孤独地待在那个它并不喜欢的鸡群里，那里没有关爱，没有理解，更没有激励。所以它根本不可能在那里找回真实的自己。我觉得这个话题可以和我们成长、学习、生活的过程相联系，在这个过程中，我们和鹰一样都需要那种理解和支持，我们更盼望的就是每个老师和家长都像那位生物学家一样，也许几句不经意的赞美、夸奖就能挖掘出我们内在的全部潜力。而这就是我所说的赞美的力量。我们每个人都可能是那只老鹰，但是缺少的就是送我们上蓝天的那位生物学家。

师：（板书：赞美的力量）你的观点震撼了我，它让我知道了"赞美是教师点石成金的法宝"。我会向那位生物学家学习，让我的学生都能飞上蓝天。因为赞美产生动力，动力创造奇迹，奇迹源于激励。

生：看了这个话题，给我第一感觉就是它十分切合生活实际，前面那位同学提到了"赞美的力量"，我却不这样认为，我觉得是环境影响了这只"鸡"。话题中也提到了"科学家把它带到山上放飞"，大家知道如果这次不成功便成仁了，在这生死关头，鹰挑战自我，不言放弃，最终成功了。在生活中我们都会找到自己的一片蓝天，都会使生命绽放出灿烂的火花，只要我们"不言放弃"。

师：（板书：不言放弃）石权同学告诉大家"人生价值在于不言放弃"。鹰的成功印证了这一点，非常鼓舞人的主题……

生：根据刚才的话题材料，我也想说说自己的看法。我不是很喜欢2003年的高考作文话题。因为它让奋斗了12年的学子狠狠地栽了个跟头。它的哲学思辨性很强，不好把握，令很多高考考生陷入了哲学的陷阱。我认为高考作文的目的，是要考察同学的文字积累和文学底蕴，让考生真正发挥出自己水平，否则也就失去了考试的意义。所以我比较喜欢那些内容新颖、贴近生活的话题。

师：哦，你竟然说出这样一番感受，肯定会引起很多同学的共鸣。高考是我们毕业生最敏感的话题，同学们可以就此谈一谈。

生：我不同意刚才这个同学的观点，我认为这种思辨性较强的话题挺好的。我们都这么大了，也学会了许多哲学知识，应该从哲理的角度来分析问题。之所以有一些同学觉得这题目难写，我想，也许是因为在平时的学习中，没有养成从理性角度来分析问题的习惯吧。

生：我不赞同他的观点。我认为文学就是文学，语文是艺术化地表达我们的听说读写的能力、让我们学会享受生活的学科。我们不应该把文学染上哲学的颜色。考场上面对一张语文试卷，我们应该从文学的角度出发，展示自己的才华。

如果加上这么多的哲学大道理，就好像穿上了一件外衣，是否有所失真呢？……

师：我很惊奇大家对这样一个很难表述的问题竟然理解得如此到位。2003年作文题强化了思辨和哲理的内容，这一冷峻的话题给我们日常的教学猛然一击，厚重的理性沉思暴露了我们课堂上缺乏的东西。刚才很执著朴素的追问反映了同学们思维的敏锐，这是备考中我们应当追求的闪光点。

小　结

师：从大家的交流中我感到写好思辨性文章应该做到"理性观点形象化，形象材料理性化"。一次多角度立意的练习，我发现了每一个同学的思维火花是那么的独到、有创意，我很佩服你们。我期望着在你们的作品中再有新的发现。课后请大家根据这则材料按话题作文要求形成文章，下节课再点评。

这堂话题作文课把关键点放在引导学生热爱生活、深入生活、思索生活，从中获得写作灵感上。"话题作文"训练也要遵循辩证唯物主义的认识规律，从生活出发，从实际出发。这个问题看似简单，但实际上关系到写什么、走什么道路、前进方向正确与否的问题。过去，很多老师指导学生作文时常挂在嘴边的一句话是"天下文章一大套，看你套得妙不妙"。这实质上是鼓励学生模仿、抄袭。这样套来套去，拾人牙慧，没有自己的发现和见解，既不能得高分，也不利于写作能力的提高。这样的作文训练，短期内可见速效，长远观之则有害无益。刘桦老师深深懂得要把生活看作土壤，作文就是幼苗，只有放在生活的土壤里才能长成参天大树。

另外，这堂"话题作文"课把重点放在了训练思维方法和开发学生智力上。思维是智力的核心，思维是根，作文是果。学生的观点鲜明新颖，就反映了思维的敏锐灵活；学生作文结构严谨，条理分明，就反映了思维的系统性、条理性、周密性。思维发展了，学生的作文水平也就自然而然地提高了，学生思维开放了，也就不会再人云亦云了。同时，也就意味着雷同的概率小了。

通过这堂课，我们不难明白，作文课必须引导学生看待问题要全面系统、正确深刻，要避免片面化、教条化、单一化、绝对化；注重培养学生多向思维和发散思维的能力。做到这些，学生的作文才会从头到尾都充满新鲜感。

（江苏省如东县马塘中学　李剑）

平等、创新、实践

——听特级教师靳家彦《有这样一个小村庄》一课有感

听了全国著名特级教师靳家彦执教的《有这样一个小村庄》一课，让我受益匪浅。靳老师的教学以学生最喜爱、最容易接受的方式，把语文教学演绎得出神入化，使人如沐春风，如饮甘霖，让我充分领略了语文教学艺术的魅力。现将感受归纳如下：

平等的对话，引导探究的基础

（靳老师在揭题时，先请同学们默读课题，随即板书：有一个小村庄）

生：老师，你的板书有误。

（靳老师深深地向学生鞠了一个躬，学生很惊讶）

师：（笑着）老师给大家鞠躬是因为我们都要服从真理。同时，同学们敢于指出错误的精神也让我很感动。

（掌声）

"语文教学应在平等对话的过程中进行。"语文教学是一个平等沟通、真诚互动的过程。只有师生之间实现真正意义上的平等，教师的教学才会走进学生的心灵，引发他们探究的欲望。老师给学生鞠躬真的让人很意外，但正是这一个简单的动作拉近了老师与学生之间的距离，使学生能真切感受到自主的尊严，感受到自身的价值，感受到情感的愉悦。赞可夫曾说过：如果班组里能够创造出一种推心置腹地交流思想的氛围，孩子们就能把自己的各种印象和感受、怀疑和问题带到课堂上来，展开无拘无束的谈话。靳老师以他的真诚营造出了一种平等、和谐的课堂氛围，从而走进了学生的心灵，为引导学生进行探究性学习打下了良好的基础。

形象的方式，引发创新的灵感

（导读早先的小村庄）

师：请大家先根据课文的描述，联系自己的生活体验，想象早先山坡上很像样的小村庄，并用简笔画在黑板上画出来，并说说为什么这样画。

（几位同学按书中顺序上前分别画了山坡、人家、树林、小河，在画"这里的空气格外清新"一句时）

师："空气清新"该怎样画呢？空气是无色无形的，看不见，摸不着，怎样表现它？这可要有些创意了。我们先来讨论一下好吗？

（学生讨论后发言很踊跃）

生：画上蓝蓝的天空，雪白的云朵，这就能说明空气很清新。

生：可以画绿草和鲜花，只有空气清新它们才会更加鲜艳。

生：可以画蝴蝶、蜜蜂。空气好，小昆虫才会高兴地飞来飞去。

……

师：同学们真不简单，一会儿就把这个问题解决了，这些创意都不错，我们画上去吧！

在这一教学片段中，靳老师引导学生抓住"空气清新"这一关键词句进行探究，通过咀嚼词句含义，运用简笔画这一生动形象的方式，使学生思维活跃，灵感迸发，敏锐地从生活中寻找答案。靳老师在教学中善于运用学生喜闻乐见的方法，引导学生进行探究性学习，引发他们创新的灵感、独到的见解。

多样的实践，培养能力的桥梁

（在导读完"小村庄的现在"后）

师：（惋惜地）早先的小村庄变成了现在这样，真令人惋惜。为了让这样的情况不再重演，请同学们写一些话语警示21世纪的人们。

（学生们文思如泉，奋笔疾书。有的写："救救森林吧！还给小动物一个美丽的家。"有的写："保护大自然，让我们的生活更美好。"）

师：你所处的环境有没有不好的地方。

（学生结合生活中的所见所闻，纷纷发言。最后，靳老师请同学们课后作社会调查）

"语文的外延与生活的外延相等。"这就要求教师重视语文资源的开发和利用,引导学生走向更广阔的语文学习空间,沟通课内外,更生动、更开放地学习语文、学好语文。靳老师这堂课的教学设计,使语文从课内延伸到了课外,实现了读写迁移,扩大了学生研究阅读的视野。靳老师的教学灵活机智、亲切自然。在与学生平等对话的基础上,重视学生实践能力的提高,珍惜每个学生独到的见解和富有个性的发现,向我们展示了语文教学艺术的无穷魅力。

(江苏省兴化安丰中心小学　许洁　周应太)

完美和完美中的遗憾

——优秀教师周晔《狼》课堂实录及评点

步骤一：设置情境，导入新课

师：狼的出现，是动物版图上最奇妙的一笔，是生命交响乐中最富华彩的乐章。它不像羊那样温顺地吃草，它是以别的生命为生命依托的猛兽，凶残是自然界赋予它的本性。

（周老师边说边放了两段录像：一段是狼对天嚎叫；另一段是"这是美丽的阿拉斯加大草原，春天到了，可爱的小白兔出来觅食，狼发现了自己的猎物，开始追击……"）

师：问题是狼的凶残之中，又渗透着智慧的成分，这就给狼的故事包裹上了重重叠叠神秘的色彩，使它成为与其他猛兽相比更令人们更感兴趣的话题。古今中外，有关狼的故事非常多，今天我们也要来欣赏一个关于狼的故事……

步骤二：疏通字词，读顺句读

师：请同学们自由朗读课文，再参照注释，或者运用已经掌握的一些文言文知识先尽力自行解决文字障碍问题。若难以解决，可以"合作攻关"，也可向老师提问。

生：文中多次出现的"之"和"止"这两个词分别怎样解释。

（对"之"，周老师引导学生回顾旧知，然后提示他们可以根据具体语境，对文中的"之"一一作出辨别、解释；对"止"，周老师依然坚持让学生先说，多说，她只在难点或关键的地方稍作点拨）

生：为什么书上把"投以骨"解释为"把骨头丢给狼"？

（周老师要学生从比较原句和翻译句词义和顺序之异同的角度入手，自行发现"省略"和"倒装"的规律，并提醒学生重点注意"恐前后受其敌""狼

不敢前""一狼洞其中""其一犬坐于前""意将隧入以攻其后也"中的加点词的特殊用法）

步骤三：变换角度，读评故事

师：这篇课文用181个字写了一段波澜起伏的人狼生死搏斗的故事，它的情节可以分为几段？我们试着用最简洁的语言概括各段内容——

师：（提示）屠夫遇狼—惧狼—御狼—毙狼。

师：请同学们展开丰富想象，从中任选一段，用第一人称"我"来描述屠夫当时的心理。

（经过一番酝酿后，学生纷纷举手要求"表演"）

生：（"遇狼"）天这么晚了，快半夜了吧！怎么这路上一个人也没有，真有点阴森森的，听说这儿常有狼出没，可别让我碰上了！还好，今天生意做得不错，肉都卖完了，只有点骨头了。啊！前面有个黑影子，不会是狼吧？（语气惊恐）啊！天哪，真的是狼，而且是两只，我的妈呀！

生：（"惧狼"）怎么办，怎么办？！对了，扔块骨头给它们吧，求求你们放过我吧……我这儿还有几块骨头，给……我给你，我给你，都给你，求求你放过我吧！怎么老是有一只狼跟着我？呀，天呀，我的骨头没了，天要绝我了，我要死了！

生：（"御狼"）老天啊，难道我今天真的要命绝于此吗？它们跑得真快，跑过来了……我的腿抖得真厉害。看起来它们要对我前后夹攻，怎么办？我不能坐以待毙啊！哎，那里有个麦场，我不如跑过去靠在草垛下和它们拼了。呀！我的刀呢？嗯，在这儿，（持刀状）看你还敢不敢吃我！（语气惊魂未定）

（对"御狼"一段"惊魂未定"心理的"表演"，另一同学认为：屠夫已经没有前面两段那么惧怕了，他要准备自卫反攻。书上说"弛担持刀"，此时他应该是沉着坚毅、从容不迫的。这位同学"表演"时没有较好地表现出屠夫的机智勇敢。师生对他的评说予以充分肯定）

生：（"毙狼"）嗯，它们好像有点怕了。咦？那只狼怎么走了，这只狼好像困了，不会吧！到底是怎么回事？不管他了，先杀了眼前的这只！咔嚓咔嚓……（一些调皮的男生也在下面模仿以刀劈狼时的声音）总算好了，不对，听别人说狼是很狡猾的动物，还有一只狼肯定有什么花样，让我找找看。（作寻找状）啊，在这儿，想打洞钻进来从后面来吃我？没门儿，你的末日来了，我先砍断你的后腿，看你还神气！咔嚓！原来前面那只狼困了只是假象啊，它想让我放松警惕，然后来个前后夹攻呢，好险啊，幸亏我没有犹豫。

师：如果要大家来揣摩狼当时的心态，又该怎样描述和表演呢？

（一波才平，一波又起，周老师再次点燃学生表现的欲望）

师：仍然要扣住几个主要情节（板书：缀行甚远—并驱如故—眈眈相向—假寐诱敌），挖掘出狼的性格。请大家两人一组作准备。

（学生准备毕，周老师请其中一组同学进行全程表演）

饿了想找点吃的→见到人很高兴，想吃人但又因他的高大壮实而惧怕→心生轮流吃骨头，轮流盯梢屠夫，使屠夫疲于"奔命"最终力竭而懈怠的鬼胎→定下前后夹攻、咬死屠夫的歹念→想以"假寐"来迷惑屠夫……（两生扮两狼"对白"）

师：太逼真了，让人身临其境，我仿佛看到狼紧追不舍、步步紧逼的贪婪；又好像看到狼轮流吃骨、假寐诱敌的狡诈。可是，狼再聪明也敌不过万物之灵的人啊！无怪乎作者写完故事后，很自然地发出"一声浩叹"——

步骤四：读出情境，整体欣赏

师：这篇精彩的故事，不同的人，会从不同的角度、不同的层次去理解，相应的，朗读起来也会有不同的味儿。让我们在理解了的基础上，用朗读进行一次再创造——

（周老师请一名同学用讲故事的语气朗读全文，并配上一段背景音乐；要求其余同学跟着他默诵，尽可能随着情节的推移，想象和进入故事所营造的情境之中）

步骤五：拓展迁移，思维创新

师：我们能不能改变一下审视问题的传统视角，从狼的角度说一说，它们听完故事后会有什么想法？作为狼，它从同类失败的遭遇中，又能汲取哪些教训呢？

生：知己知彼才能百战百胜（不应与身强力壮并手持快刀的屠夫为敌）。

生：机不可失，时不再来，抓住时机（在屠夫"弛担持刀"之前下手）最重要。

生：不要贪小便宜，因小利而失大利。

生：不要自作聪明，聪明反被聪明误，贵有自知之明。

（紧接着，周老师还要学生以狼的身份向人类诉说一下自己的苦衷。此前，请学生看两段片子，一是狼"一家四口"相亲相爱，共进午餐的情景；一是狼为看望被敌人抓走的人类朋友，冒着枪林弹雨，久久不忍离去的情景）

生：人是生命，动物也是生命，都有生存的需要，也都有生存的权利。

生：人类不能滥捕滥杀各种动物，某些动物种类的灭绝也会给自然和人类带来危害，恶待动物朋友，也就是恶待自己。

师：同学们谈得真好，老师也从中受到不少启发。记得一篇童话中，一只小鸟对人说："我知道这世界是你们的，可是没有我，你的生活也没有这么美。"是的，如果人和动物之间能够多增进沟通，我们就会发现，所有的生命之间都可以架起一座桥梁，所有的生命都可以成为朋友，而我们的生活也将变得更加美好。

这堂课冲破了陈旧的文言文教学模式，渗透了新课标精神。1.导入新课，新颖生动。教师对狼既残酷、又灵慧的神秘性进行了虚实结合的描述，激发了学生的审美情趣，扩大了学生的想象空间。2.疏通字词，读顺句读，实实在在。一般情况下，是由教师或请学生在黑板上给生字词注音、解释，然后请学生读、记。周老师却先让学生以"个人解决"和"合作攻关"相结合的方法自行解决文字障碍，然后提出疑问。例如对虚词"之"，周老师引导学生结合以前学过的"之"，再根据具体语境，作出辨别和理解。这就是"授之以渔"。同样对"止""投于骨"等问题，都是让学生自己思考，自己提出问题，集体解决问题。学生的自学能力得到有效提高，主体作用得以充分发挥。3.读、评故事，整体感知，精心设计，匠心独运。教者绝不带任何表演成分，而是充当导演；让学生积极表演，努力参与。尤其是让学生以第一人称"我"来描述屠夫当时的心理，更有不少出彩之处。学生个个进入了角色，对"遇狼""惧狼""御狼""毙狼"四段情节想象丰富，描述准确生动，表达和表现都十分传神，可谓精彩纷呈、高潮迭现。4."拓展迁移，思维创新"中，周老师让学生正反思考，分别从屠夫和狼的不同角度来总结经验教训，从而顺理成章地引导学生加深对动物的认识，对自然的认识。保护动物也即保护自然，保护人类自己，所有的生命都可以成为朋友——这就是这堂课的人文性所在。

当然，对某些文言语句适当让学生翻译一下，或者用较少时间让学生复述一下故事情节，也未尝不可，这样或许会使本堂课的教学更加充实一点。

整堂课着力贯彻了"学生是学的主体，教师是教的主体"的教学思想，充分调动了学生的学习积极性。学生既掌握了文章的生字词和主要内容，又学会了解决问题的思路和方法。（俞祖平）

这堂课一反文言文教学"师授生受"的传统模式，较好地体现了新课改关于课堂教学的新理念。

1. 自主研读，夯实基础。对字、词、句的疏通全无教师串讲之弊，放手让学生解决。（1）自由研读，参照脚注；（2）回顾旧知，新旧比照；（3）结合语境，自我揣摩；（4）辨析阅读，探寻规律；（5）读顺句读，读中悟义。教师只是组织者、引导者。学生口诵心惟、触类旁通，以自行研读为主，辅以伙伴学习，合作攻关，很快就疏通了全文，效率比较高。新课改要求教师以科学方法让学生自主牢固掌握基础知识，这一点，本堂课做得较为到位。

2. 情境学习，趣味变式。教师充分注意课文情节曲折的特点，注意初中生心理特点，设置诸多学习情境，让学生披情入文，含趣细品，收效显著：开头语言描述、录像呈现，使学生顿生"愤悱"之情，兴趣陡涨；然后对屠夫心理活动进行变式叙述，生动形象，自然熨帖；再后来，让一个小组全程表演两狼对话，惟妙惟肖，逼真逗人；最后播放背景音乐，改用讲故事的方式串读全文。课堂全程都溶于特定的情境之中。本课将极易滞重刻板的古文学习转换成飘逸灵动的情景短剧，学生学在其中，也乐在其中。

3. 个性阅读，独特体验。作品的内涵、主旨应由读者在阅读鉴赏中自行发现，自主建构。周老师从故事表层宕开一笔，抛开传统的也是唯一的主题，启发学生从狼的角度说出自己的独特感受，诸如，"知己知彼百战百胜"，"抓住时机方能取胜"，"小利勿贪"等等。让学生积极地、富有创意地建构文本意义，交流自己的个性化理解。这是本课的又一大亮点。（袁菊）

这是一节真正让学生动起来的课，体现了"阅读教学是学生、教师、教科书编者、文本之间对话的过程"的新课程理念，反映了教师对自我在课堂教学中应有角色的准确定位。

要让学生真正动起来，真正走进彼此的世界，达到共生共进的目的，没有民主、宽松的氛围是做不到的。周老师不仅做到了,而且做得很出色。学生对屠夫和狼的心理揣摩与演绎等富有张力的主动参与和课堂表现,就是周老师教学民主、人格平等的反映。

关于多媒体辅助手段的运用,我以为,语文课不同于其他学科,学生由文字所引起的理解、联想、想象往往超出语言本身。而很多教师用多媒体演绎文本的语言形象,表面上看热热闹闹,其实窄化了学生的想象空间,使学生丧失了许多再造语言形象的机会,干扰了学生的阅读体验,长此下去,学生的想象能力和创新能力将会日渐萎缩。

而周老师运用得可谓恰到好处,她没有用多媒体来代替学生的语言感悟、体验和理解,凡涉及语言揣摩、品味的环节,都由学生自主探究、合作交流完成。严格地说,课件在整堂课上只用了两次:第一次是上课伊始,放了两段狼嚎叫和狼追击猎物的录像,这一设计使学生真切地感受到狼的声音和形象,拉近了学生与文本的距离;还有一次是课的最后放了两段狼作为地球生命个体存在的另一种生活画面,把学生引向对自然生命的关注,拓展了学生的视野,使学生对"狼"有了新的认识。这两处既发挥了多媒体课件具象化、情境化的特点,又使之成为师生沟通交流的桥梁。

我觉得"步骤五"值得商榷。周老师想把学生的思维引向深入,由对屠夫和狼的文本认识转向对人类生存环境的关注,引导学生热爱生命,热爱大自然,但是这样一来,冲淡了学生对文本主旨的深刻把握,游离了文本作者、教材编者的意图,不无舍本逐末的意味。新课改反对"教教材",强调"用教材教",但并不是说可以放弃教材,或者对教材作蜻蜓点水式的学习。对于教材,首先要进入其中,去理解它、感悟它,然后才是走出教材,拓展它、生成它。对文本的拓展延伸不是没有边际的,必须立足于文本,依从文本作自然生发。这堂课最后的延伸拓展似乎显得牵强了些,与文本的勾连少了点。在我看来,周老师完全可以把这段时间放到读通、读顺、读懂的训练和质疑评读上来。(张永林)

1. 文言文教学尤其要重视"因材施教"。我这里所说的"材",不是指教学对象(学生),而是指教材,即文章本身。《狼》一文情节曲折动人,对这一类叙事性特别强的文言文本,我们不能因为"夯实基础"的需要,而一味地进行字、词、句的教学;应该充分发挥情节引人的优势,赋予教学过程以情节性、生动性、趣味性,也就是张永林老师所说的,要"让学生动起来",要让课堂动起来。失此,所谓的"扎扎实实"就会"演变"成僵化、呆板，就是一种"只见树木，不见森林"式的片面和偏颇。也可以换一个角度看，如果不是《狼》这篇、这类（情节生动的）文言文本，而是其他的或者以情感感人、或者以事理晓人等类型的文本，我们也让学生像这堂课一样频繁地、热闹地动起来，就很有可能背本趋末，很有可能"外强中干"，很有可能陷入形式主义的误区。从这个意义上说，这堂课的成功也应归因于教师对文本文体特征的充分体认，对文本文体特征淋漓尽致的演绎和发挥。

2.这是一堂完美得几乎没有什么缺陷的课，也正因此，听课之中、之后，我反而生出一丝缺憾感。如，学生提出的问题（如"之""止"的意义和用法，"投以骨"的译法，等等），都是本文的重点或难点所在，一俟学生提出，屏幕上立刻显示出来，而且有着重号、下划曲线等标记；此后学生的表演也几乎"天衣无缝"……可以看出，教师是有备而来的，或者说，师生都是"有备而来"的——曾经"预演"过。从"常理"上说，对于一个如此规模的公开教学活动，对于一位执教才几年的青年教师，情有可原；但如果从新课改的理念，从自然真诚的教风要求来衡量，这又是应该努力加以摒弃的。（冯卫东）

（江苏省南通市教科所特级教师　冯卫东　袁菊

江苏省通州市教研室语文教研员　俞祖平

江苏省海门市教研室语文教研员　张永林）

第三篇 名师教学艺术

德国教育家第斯多惠认为,教学艺术不在于传授的本领,而在于激励、唤醒和鼓舞。教学艺术绝非一种简单的教学技能,它是教师综合素质的全面体现。我们不能仅重视训练教师的教学技能。教师应追求一种全面、和谐的发展,只有德、识、才、学各个方面都提高了,教学艺术才能有良好的表现。

在教学活动中,一旦具有了创造性和艺术性,就进入了教学的理想境界。听名师讲课,汲取他们课堂上的精华,是青年教师成长的必由之路。

从精美到朴素

——解读窦桂梅的教学艺术

这些年来,窦桂梅先后在全国各地上教学观摩课及作师德报告近千场……教学艺术日益成熟的窦桂梅已成为全国小学语文界一面鲜艳的旗帜。

我们曾不止一次地置身于窦桂梅的课堂教学中,我们也曾不止一次地听过窦桂梅的公开课。每一次,我们都会有不尽相同的发现;每一次,窦桂梅都会给我们以越来越多的艺术享受。如果说,窦桂梅前期的课是一道道苦心设计的精美的艺术品的话,那么随着时间的流逝,她的教学艺术也一天天地成熟起来了。那种返璞归真的艺术魅力,那种激情四溢的审美取向,使我们每每在窦桂梅的课堂教学中,能够越来越多地体会到一种艺术的自然和流畅。

特点一:三情共振

窦桂梅的课堂教学每每是在一种充满真情的氛围中进行的。无论是听她的正常授课,还是听她的公开课,这种艺术感染力都会分外鲜明地体现出来。她全身心地投入,讲到激动处,激情飞扬;讲到愤慨时,扼腕长叹。可以说,每次课堂教学就是她和学生进行的一次心灵的共振——

课始激情情始生

讲《麻雀》一课时,她从备课起就认真地体味这一感人肺腑的故事,在老麻雀壮烈举动的画面与作者倾诉的情感中找到师生能够产生共鸣的激情处。

上课一开始,窦桂梅就自然地导入了新课:"同学们,俄国有一位闻名世界的大作家,叫屠格涅夫。他写的《麻雀》,同他的其他作品一样脍炙人口。在预习中,课文一定给你们留下了较深的印象,请同学们谈谈哪些地方的描写最精彩,哪个地方让你最感动?"

在激发起学生的学习兴趣之后,她趁热打铁,要求学生再读课文,进一步增强对课文的整体认识，了解课文重点所在，画出文章的精彩之处，提出自读时不懂的问题，之后，教师与学生一起对提出的问题进行适当梳理，引导学生把感情与注意力集中到以下问题：为什么老麻雀飞下来，像一块石头似的落在猎狗面前？为什么老麻雀扎煞起全身的羽毛，绝望地尖叫着？一种强大的力量指的是什么？这些问题，为突出教学重点、突破教学难点作了铺垫。这样，课堂教学伊始，学生就产生了深入探究课文的激情，为下一步的情感深化进行了充分的预热。

窦桂梅认为，课堂教学是师生之间一种最直接的知识对话，而课始的情能否激发则是一节课成功与否的关键。因此在每次备课时，她都格外注重对学生的情的调动。

在外地上公开课时，窦桂梅从来不事先和学生见面，在她看来，这种初相识的激情使她能和学生在瞬间接近。

下面是窦桂梅讲《曼谷的小象》的一段课前激情"实录"：

（某省一公开课现场，窦桂梅正与学生通过一些游戏进行简单的沟通交流，学生们积极踊跃地发言，说出自己的想法）

窦：刚才会场主持人介绍我，看谁注意倾听了。现在请同学们回答三个问题，好吗？看谁在老师没有发问之前就勇敢地举手！（在老师的鼓励下有些学生举起了手）相信自己行，才会我能行！第一个问题：看看老师的脸，猜猜老师今年多大了？

生：18岁了。（众笑）

窦：哎呀，那老师也太年轻了！

生：28岁了。

……

窦：老师的女儿已经是小学四年级的学生，不过她提前上了一年学，我女儿的年龄和你们一样大，我的年龄也和你们的妈妈差不多，老师今年已经34岁啦！（生笑）第二个问题：猜猜老师姓什么？

生：姓窦。（窦桂梅马上板书这个字，并教学生认读）

窦：那么怎么跟我打招呼哇？

生：窦老师好！

窦：同学们好！最后一个问题：猜猜我从哪里来呀？

生：吉林市第一实验小学。

窦：同学们了解得真多。现在我们开始上课，但我有个条件，课堂上你们不光要痛痛快快地玩，还要仔仔细细地体会，把见闻讲给在座的老师听，回家后，讲给爸爸妈妈听！（板书课题）

窦：我们说去就去，快快把书打开。

……

这短短的课前激情，使我们不得不叹服于窦桂梅驾驭课堂的能力。让学生猜自己的年龄，主动告知自己女儿的年龄，再引出"我的年龄也和你们的妈妈差不多"，这种设计无形中拉近了和学生的距离，让学生们把内心深处对妈妈的情感移情到教师身上；板书自己的姓，让学生在学会一个新字的同时还能真切地感到，窦老师是多么愿意和他们交朋友啊，学生们也会同时产生想让老师来了解自己的冲动，为整节课学生的主动配合奠定基础；最后，通过介绍自己来自哪里，自然地导入新课，让学生在不知不觉中进入课文的情境之中。

课中悟情情更浓

《难忘的一课》讲的是"我"在50年前，目睹台湾一所普通乡村小学里师生共同学习祖国语言文字的情景。小学高年级老师普遍认为这是最难讲的一课，全文没有更多的故事情节，没有值得学生去背诵的精段美句，该课的教学重点就是让学生去体会那种强烈的爱国之情。用这样的课来上公开课，而且面对的是从没见过面的学生，这种选择，确实是一次真正的考验和勇敢的挑战！

上课伊始，伴随着张明敏的《中国心》，窦桂梅就以当时发生的中美撞机事件巧妙导入新课，学生们的情感在她的一步步调动下正一点点地被激发出来。

"我是中国人，我爱中国！"在课文中出现了三次。这是整篇课文的要旨，窦桂梅紧紧抓住这一要点，调动多种教学手段让学生逐次仔细领悟。在体悟课文情感的时候，她让学生齐读、默读、自读、领读。

一节课里，"我是中国人，我爱中国！"就在这种不同层次的感悟中让学生读了十几遍，看得出，学生的情感一次次得到了升华，他们不仅领悟到了作者的思想感情，重要的是自己也在情感的世界里走了一趟！

从开头窦桂梅和学生在黑板上、本子上一笔一画、认认真真地书写着"我是中国人，我爱中国！"，到最后她又和学生用颤抖的笔再一次书写着"我是中国人，我爱中国！"，那几个鲜红的大字已经映出学生的情感，已经镌刻在学生的心灵。在悠悠的《思乡曲》中，她把余光中的《乡愁》适时地引入，并饱含深情地，用优美而哽咽的声音表达了"乡愁是一湾浅浅的海峡，我在这头，大陆在那头"这一句诗所寄寓的台湾人民强烈的民族精神和爱国情意。当孩子们含着泪水再次高声朗诵"我是中国人，我爱中国！"时，全场900多位教师也含着泪水跟着学生朗读。她感动了听课的师生，也感动了自己……

在上《葡萄沟》一课的时候，出现了一个小插曲，也从一个侧面体现出窦桂梅课中悟情的教学魅力。因为上课时才和学生第一次见面，窦桂梅对学生不熟，当师生陶醉在"葡萄沟真是个好地方"时，她发现一个女孩趴在课桌上哭了，窦桂梅毫不犹豫地停下课，问："孩子，你怎么哭了？可以告诉老师吗？"那位女孩委屈地回答说："老师，你为什么不叫我啊？我都举了好多次手了！"童真的、充满真情的回答让在座的老师们都深深地感动了。窦桂梅特意安排她当了一次导游介绍葡萄沟。课后，女孩的任课老师深有感触地说，这孩子原来在课堂上很少发言，今天居然会为争取一次发言的机会哭了，窦老师真不简单！

听窦桂梅的课，自始至终都会被一种浓浓的感动包围着。她对课文的倾情投入，她对课堂氛围的激情营造，她对学生情感的自如调动，都体现出一种完美的教学艺术。当窦桂梅把全部的真情和挚爱都融进课文时，她的课堂就成为一种艺术的熏染——这就是窦桂梅课中悟情的内质，这种内质丰厚、自然，延绵不绝。

课终谙情情未了

让我们回头再看看窦桂梅在执教《麻雀》一课时的课终谙情。

全课学完了，学生们被老麻雀的爱子之情感动了，被作者的仁爱之心感动了，情感正处于沸点状态。如何抓住这一契机，给学生以情感的余韵？

窦桂梅在教学结束后，有意布置了两个作业：一是带着对课文的感受去选读屠格涅夫的《猎人日记》等其他作品，做到更深透地理解《麻雀》蕴含的主旨及作家的创作倾向，初步体会作品中人道主义和民主思想的表现。二是结合自己的理性认识，思考今后如何用同情之心、仁爱之心等去感染人、影响人、教育人，从而成为一个富有激情的对生活充满爱的活生生的人，把真善美作为人生追求的主题。

如果说一节课是教师与学生进行双边活动的一座桥梁的话，那么教师对学生课后的教学启迪则应是这座桥梁的基石，因此，要抓住课终时机，使学生的情感得到进一步的升华。不难看出，窦桂梅的教学艺术不仅仅局限于课堂45分钟的共鸣之中，她把这种艺术魅力延伸到了课外，延伸到学生的成长中。余音绕梁，是对学生的一种审美感动；真情永伴，是窦桂梅课堂教学艺术的真正魅力。

特点二：审美共享

语文素质包含语文审美能力。如果把语文教学比作一汪清泉，那么，没有富有诗意的情感和审美激流，就不可能有学生身心的愉悦和陶冶，更不可能有学生综合能力的发展。课堂教学把审美作为教学的目标之一，就是要在短短的45钟内，达到怡人、感人、育人的教学效果。

听窦桂梅的课，我们感受到的就是这些无处不在的美——

语言美

窦桂梅讲课的语速较快，她能够恰到好处地把这种语速控制在一种学生思维可以跟进并能充分理解的速度中。

课始，她的语速一般是最快的，这种"快"流露出她想把新知传授给学生的急切之情，更多时候她甚至明确地告诉学生，"同学们快把书打开""同学们快读呀""同学们快抓紧时间表现自己呀"等等，这是她在课堂上最常用的话，也是她最真实的内心表达。

这种较快的语速，在更多时候，对调动学生学习的主动性，对学生的思维，都有着较为直接的影响。在教学过程中，窦桂梅又会随课文所表现出的思想感情而对语速进行适度地控制。舒缓，轻灵，让学生的思维随着自己的语速渐入佳境。把课堂的语言通过不同的语速艺术化，使整节课具备了一种美的价值取向。

窦桂梅的课堂教学语言美丽而生动，听她的课，仿佛置身于一个音乐的舞台之上，控制自如的语速，抑扬顿挫的语调，亲和温婉的语句，这一个个语言的音符，宛如一件件乐器，任窦桂梅随意弹拨，自如运作，彰显出其特有的艺术魅力。

在教《王二小》一课时，当学生理解到王二小壮烈牺牲一段时，窦桂梅抓住这一契机,结合幻灯片用低缓而深沉的语调进行描述:"王二小被敌人用刺刀挑起来,摔死在大石头上,他的血染红了这块石头,染红了周围的草地,染红了蓝蓝的天空。小鸟为他哀鸣,秋风为他哭泣,我们的王二小却躺在这块冰冷的大石头上……"教者话音未落,学生早已泣不成声了。

如此声情并茂的诵读,窦桂梅就是通过这种对融入深情的语调的把握和变化,自如地调动了课堂的教学效果。

窦桂梅也同样注重语调的把握。或抑扬顿挫、悲愤激昂,或娓娓而谈、润物无声。讲到高兴处,她慷慨陈词,学生也会随着她的情绪而跃跃欲试;讲到感人处,她气定语咽,学生也会随之真情萌动。窦桂梅用她的艺术手段弹拨着学生的心弦。

不仅如此,窦桂梅在课堂教学中对语句的选择也极具匠心。她的语句一般较短,使整个课堂的节奏控制都极为有效。"有进步""你真棒""你能行""你真聪明",等等,这一句句赞美的语言都给受众以美的享受。

窦桂梅还善于在教学中引用一些美文佳句,或古典诗词,或流行歌曲,只要是美的,只要对学生理解课文有所帮助,她都会信口道来。美的语句使窦桂梅的课堂教学独具一种可贵的审美品格,宛若雨后的彩虹,生动而不做作,美丽而不浮华。

视觉美

听过窦桂梅课的人都说,她往那儿一站,她的眼里就有课,她的教态,俨然有种大家风范了。窦桂梅知道,恰当地把体态语言运用到课堂教学中,会使师生的双边交流变得更为轻松而直接。

无论是哪个同学回答问题,她都要求学生必须看着老师的眼睛来回答,她希望在这种对视中,能给学生更多的关怀和自信;她常常会在学生自读时,摸摸他们的小脑袋,让他们享受这种教师的关爱;她有时也会把身子俯下,来回答学生提出的问题……举手投足间,她带给学生的,是一种学生们能够感到的蕴涵着真情和真爱的美。

窦桂梅写字从来都是一笔一画,横平竖直,每一个字,都力透纸背。她喜爱那种板书的工整和运笔行文间的昭示,因而她的板书也每每给人以一种美的享受。窦桂梅对板书的设计力求形象和整饬之美。因为她知道,美的板书,不仅能体现出一个老师的基本功力,而且能使学生更直观地来欣赏美。

一次，她在河北邢台讲《庄稼的朋友》一课，借助几根彩色粉笔，她用娴熟的笔法一下画出了八种活灵活现、惟妙惟肖的小动物。在短短的40分钟内，把人们带入恬静而多彩的境界中。课后，与会的全国反馈教学学会会长刘显国老人按捺不住激动的心情，不等掌声平息，就走上台去，用颤抖的手在黑板上画了一个大大的圆圈，中间写了一个美字，之后一口气写了"姿态美""语言美""图画美""创意美"等12个大字……

窦桂梅认为，语文教学就是让儿童具有"解语言、赏语言、储语言、用语言"的能力。从"美"入手进行语文教学，恰恰有利于儿童从感知语言到理解语言，从欣赏语言到积累语言，从储备语言到运用语言的过程优化。可以说，在有意的创设中学生无意识地进入角色，在提高语文能力的同时，又培养了学生主动发现美、追求美的能力和情趣。

空灵美

窦桂梅深知，实实在在的、能看到的那种美，只是美的一种浅层的表现，更高层次的美是建立在理性基础上的，这种美，能给人以更多的想象空间和创造空间。

"飞流直下三千尺，疑是银河落九天"，这是壮丽之美；"翠叶松枝遮去路，未见花色先有香"，这才是一种空灵之美。窦桂梅喜欢这种空灵之美，她在课堂教学中也努力营造着这种美。

就老师而言，一节课能讲的毕竟有限，语文课堂就是要在教给学生知识的同时，更注重教给学生正确而有效的学习方法；就学生而言，老师在课堂上能教给他们的毕竟是他们一生所需知识的一小部分，更多的还需要他们自己去学习。

听窦桂梅的公开课，许多老师深感无法记听课笔记；而在听完窦桂梅的课后，许多老师又说心情久久不能平静。事实上，这种现象是正常的，这也正是窦桂梅高超教学艺术的一个集中体现。

在湖北黄石市召开的全国中小学整体改革委员会"学科素质教育研讨会"上，窦桂梅应邀为大会作观摩教学。

教学伊始，她鼓励学生当"小画家"，再现文字中所表现的空间与时间的色彩形象，孩子们画出了《小蝌蚪找妈妈》中多彩的"群游图""寻母图""捉虫图"；窦桂梅又鼓励学生当"小音乐家"，让学生从文字音韵、内容体会音乐的节奏与协和。这样，课文中原有的逻辑的、抽象的、符号化了的内容，一下子变得那样生动、形象、真切。"纸上的字迹"被孩子们能动地表现成了空间、时间中复杂的"美"。

紧接着，窦桂梅又让学生伴着一幅幅内容各异的画面，随着一曲曲跌宕起伏的乐曲，去反复朗读与背诵课文，引导学生逐步地感受语言的内蕴和文章的气势，体会语言文字表达的思想感情。接着，窦桂梅又让学生自愿到黑板上根据画面内容写出图意，这样，一个个学生冲到前面进行了"板书设计"。

最后，窦桂梅鼓励学生当"小戏剧家"，于是学生争先恐后地扮演了"小蝌蚪""鲤鱼""乌鸦""青蛙"。这个童话故事的内容和意境，被完整、生动、创造性地表现了出来。这种以语言文字为工具，使学生的认识、情感、审美、操作等诸因素有机统一的综合效果就是窦桂梅语文课堂教学艺术的生动写照。

在窦桂梅的课堂教学中，从来都没有重点，窦桂梅从来都不会按照课后或大纲要求给学生刻意去讲本课的重点。她总是淡化重点，弱化学习目的，让学生在愉悦的审美过程中完成课堂教学目标。

对此，窦桂梅曾作过一个形象的比喻：课堂的美是不可分割的，我们老师一定不要在课堂教学中把一节课分成几个部分去讲，在备课时，精心设计这里该细讲，这里该略讲，这种做法的效果其实会适得其反。如果我们老师在讲林黛玉的美时，把她也分成几个部分，然后就告诉同学们：这是林黛玉的眼睛，你看她多么有神！这是林黛玉的双手，洁白无瑕！这是林黛玉的脚，你看她多美……最后，老师总结说，现在，我们知道林黛玉是多美了吧？如果我们老师这样讲，那么再美的东西也不会让人产生美感了。

把课堂还给学生，把差异还给学生，让学生成为课堂的主体。这就是窦桂梅精心营造这种空灵美的真正目的。给学生以感受的空间、想象的空间、创造的空间。

当我们解读窦桂梅的课堂教学艺术时，我们仿佛又体会到了这种情的激昂和美的熏染。永远都充满真情的窦桂梅，永远都追求美的窦桂梅，正用她的全部才华和真情营造着属于她自己的教学艺术的辉煌殿堂。

（《吉林教育》杂志社　范书君　毛临宙）

名师"对话"教学的魅力

——赏析薛法根等四位名师的交流艺术

新课标指出：阅读教学是学生、教师、教科书编者、文本之间对话的过程。这里的"对话"已不仅仅是语言的交际方式，而发展成为一种全新的教学方式。很多著名的教师在自己的教学实践运用着"对话教学"，让我们走近名师，感悟"对话"的魅力。

薛法根的魅力：活泼幽默，沟通心灵

师：哪个小朋友认识我？我姓什么谁知道？（板书：薛，并注上拼音）大家可以叫我薛老师。我们第一次见面，好好看看老师的样子，看看我有什么特征，谁来说说看？

生：您戴着一副眼镜。

师：对，近视眼。

生：您的头发比别人酷一点。（众笑）

师：你说我酷，我很高兴。

生：您的眼睛笑起来像月亮。（众笑）

师：女人的眼睛才用"月亮"形容，你这不是夸我。

生：您的牙齿前面两颗露出来了。（众大笑）

师：很难看，是不是？

生：您有两颗大门牙。

师：特征抓得很准确。

生：您笑起来有两个酒窝。

师：有酒窝的人可爱。

生：您的头有点尖。

师：再看看（指指头），比较小，是不是？可我智慧多。（众露出会心的微笑）

生：您特别爱笑。

师：微笑会使人更可爱。

生：您的个子长得很高。

师：长得高，所以我看得远嘛。

生：您的脖子比较短。

师：再仔细看看，我的脖子短吗？我的脖子比较长。长脖子高雅，你看天鹅的脖子多长。

生：您的脸比较瘦。

师：现在最时髦。

生：（看到薛老师说话时一只手经常靠在肚子旁边）您一直喜欢用手捂着肚子。（众大笑）

师：我肚子里都是知识，我怕它漏出来。（众大笑，鼓掌）

生：您一直皱着眉头。

师：我是在思考。

生：您的字写得好。

师：我的字练了20多年了。谢谢你第一个夸我。

生：您给人带来快乐。（掌声）

师：谢谢你，你给我带来了信心。（掌声）

整个对话过程在轻松愉悦的氛围中进行，课堂几乎笑声、掌声不断。薛老师机智幽默，一点没有高高在上的架子，交谈之中充满了对学生的关爱。孩子夸他："您的字写得好"，他真诚地感谢学生；有的孩子用词不当，说："您的眼睛笑起来像月亮"，他微嗔地指出；有的孩子说："您喜欢用手捂着肚子"，他解嘲"我肚子里都是知识，我怕它漏出来"。薛老师以一颗平常心融入到课堂中，与孩子们展开心灵的对话，真诚亲切，不知不觉地拉近了师生间的距离。

孙双金的魅力：平易亲和，带出课题

师：今天非常有幸与宝应实小的同学们一起上课，大家知道我是谁吗？我姓"孙"，"孙悟空"的"孙"，你们知道孙悟空有哪些超人的本领吗？

生：孙悟空神通广大，有七十二般变化，让妖魔鬼怪捉摸不定。

生：孙悟空一个筋斗云能翻十万八千里。

生：孙悟空武艺高强，善使如意金箍棒，取经路上令妖怪闻风丧胆。

师：同学们对孙悟空真是了如指掌，但孙悟空毕竟是神话传说中的人物，谁知道孙家祖先中有什么出名的人物？

生：伟大的革命先行者孙中山，他推翻了封建王朝2000多年的统治。

生：我国古代的军事家孙武、孙膑。

师：谢谢你记得这么多孙家祖先中著名的人物，让我脸上也增光不少。你们能介绍一下自己姓什么，祖上有哪些伟大的人物吗？

生：我姓王，我的祖上有王昭君，书圣王羲之、王献之父子。

生：我姓林，我的祖上有虎门销烟的爱国英雄林则徐。

……

师：刚才大家列举了很多著名的人物，有的还是伟人。可是，伟人是怎样诞生的呢？

生：他们从许许多多的普通人当中诞生。

师：对，今天我们就来学习一篇讴歌普通人的文章——《天游峰的扫路人》（板书课题）。看一看普通人的身上到底有什么不普通的地方。

现代心理学研究表明：儿童在无拘无束的时候，在轻松、愉快、和谐的环境中，思维活跃，想象丰富，记忆力增强。孙老师在新课伊始，就努力构建新型的师生关系，通过交谈，通过师生间和谐、民主、平等的对话，放松学生的心灵，凸显学生的个性，放飞学生的思维。老师由姓"孙"说到"孙悟空"、孙家祖先中出名的人物，再让学生介绍自己的姓氏和本姓中出名的祖先，进而话锋一转，谈到名人产生于普通人之中。这种对话导入新课之法，浑然天成，不露一丝雕琢的痕迹。

贾志敏的魅力：朴素自然，训练口语

在《两个名字》的教学中，特级教师贾志敏为了迁移课文"我有……你也有……哈哈，我们都有……"这一表达形式，信步走到学生中间，和学生展开对话。

师：你好，我有一支铅笔。（贾老师主动和一位小朋友握手，并举起一支铅笔）

生：您好，我也有一支铅笔。（生高兴地站起来，也举起自己的铅笔）

师：（亲切地示意学生和自己一起说）哈哈，我们都有一支铅笔！

师：你好，我有一副眼镜。（贾老师又走到一位戴眼镜的学生跟前，并取下自己的眼镜，高高举起）

生：（有些意外，但迅速作出反应，认真地取下自己的眼镜，学着贾老师的样子）您好，我也有一副眼镜。

合：哈哈，我们都有一副眼镜！

（轻松愉快的对话，引起了孩子们的兴趣，大家纷纷争着和贾老师对话。这时，贾老师却让小朋友先说，自己后答，不知不觉中使对话增加了难度）

生：您好！我有一件衣服。

师：（摇摇头）一件衣服有什么稀奇的？

生：（顿悟）我有一件漂亮的衣服。

师：（高兴地）我也有一件漂亮的衣服。

合：哈哈，我们都有一件漂亮的衣服！

生：您好！我有一头乌黑的头发。

师：（犹豫片刻）你好！我也有一头乌黑的头发。

合：哈哈，我们都有一头乌黑的头发。

师：不过，老师的头发是染黑的。老师头发白了还没有什么成就，你们可要努力呀！

师：你们能不能说说看不见、摸不着的东西？

（教室里静极了，突然，一只小手高高举起）

生：您好！我有一颗爱心。

师：（激动地竖起拇指，并深情地）你好，我也有一颗爱心。

合：（快乐地）哈哈，我们都有一颗爱心。

生：您好！我有一个幸福的家庭。

师：（与学生双手相握，激动地说）你好！我也有一个幸福的家庭。

合：哈哈，我们都有一个幸福的家庭！

"教学本身就是形形色色的对话，拥有对话的性格。"（克林伯格）在这个片段的教学中，看似平常的一句话，贾老师对学生的训练却从简单到复杂，从具体到抽象，从平淡到饱含真情。他用朴素的话语，自然而流畅地引导学生说话，锻炼学生的口语。孩子们越说越好，时时妙语连珠，精彩不断。"随风潜入夜，润物细无声"用来形容贾老师的对话教学艺术再恰当不过了。

于永正的魅力：和蔼机智，熔铸情境

（特级教师于永正老师教完古诗《草》后）

师：小朋友，放学回家，谁愿意背给妈妈听？

（学生纷纷举手，于老师请一名小朋友到讲台前）

师：现在，我当你妈妈，你背给我听听好吗？想想，到了家里该怎么说。

生：妈妈，我今天学了一首古诗，背给你听听好吗？

师：好！

（生背）

师：我女儿真能，老师刚教完就会背了。（众笑）

师：谁愿意回家背给哥哥听？（指一名学生到前边来）现在我当你哥哥，你该怎么说？

生：哥哥，今天我学了一首古诗，我背给你听听好吗？

师：哪一首？

生：《草》。

师：哦，这首诗我也学过，它是唐朝大诗人李白写的。

生：哥哥，你记错了，是白居易写的！

师：反正都有个"白"字！（众笑）我先背给你听听：离离原上草，一岁——

生：一岁一枯荣！

师：野火烧不尽，春——春——哎，最后一句是什么来着？

生：春风吹又生！

师：还是弟弟的记性好！（众笑）

师：谁愿意背给奶奶听？（指一名学生到前边来）现在，我当你奶奶。你奶奶没有文化，耳朵有点聋，请你注意。

生：奶奶，我背首古诗给你听听好吗？

师：好！背什么古诗？什么时候学的？

生：背《草》，今天上午刚学的。

师：那么多的花不写，干吗写草啊？

生：（一愣）嗯，因为——因为草很顽强，野火把它的叶子烧光了，可第二年又长出了新芽。

师：哦，我明白了。背吧！

（生背）

师："离离原上草"是什么意思？我怎么听不懂？

生：这句诗是说，草原上的草长得很茂盛。

师：还有什么"一岁一窟窿"？（众笑）

生：不是"一岁一窟窿"，是"一岁一枯荣"。枯，就是干枯；荣，就是茂盛。春天和夏天，草长得很茂盛；到了冬天，就干枯了。

师：后面两句我听懂了。你看俺孙女多有能耐！小小年纪就会背古诗！奶奶像你这么大的时候，哪有钱上学啊！（众大笑）好，今天的课就上到这里，小朋友，放学回家后请把《草》这首古诗背给家里的人听。

于老师借助于语言，使自己变身为多种角色，创设出一个个情境，检查学生的背书情况。这种寓庄于谐、寓教于乐的方式极大地激发了学生背书的积极性，令人不禁拍案叫绝。老师在对话中考查学生对诗作者、字音、思想的掌握。学生兴趣盎然，全身心地投入到师生的对话中去。

（江苏省翔宇教育集团宝应县实验小学　沈建中）

情感和智慧相得益彰

——特级教师孙双金教学特色反思

语文课的魅力在哪里？在课堂所激发的师生的情感和智慧中。

刘勰在《文心雕龙》里说："夫缀文者情动而辞发，夫观文者披文以入情。"情感是连通读者和作者关键点。如果在阅读教学中学生和文本对话不能"披文入情"，从而和作者在情感上产生共鸣，经历一次心理历程、情感洗涤，那还有什么魅力可言呢？

语文课仅有情感、魅力就够了吗？不是，好的语文课要能启迪学生的心智，点燃学生智慧的火把，让学生智慧的潜能被开发、幽闭的心智被开启、创造的天性被唤醒！唯有情和智的和谐共生，语文课的工具性和人文性才能得到有效统一，语文课堂才能焕发出勃勃的生命活力，才能闪耀出动人的魅力。

怎样让语文课堂充满情感和智慧的魅力呢？

在导入新课中显示教师亲和的魅力

我试以 2003 年 4 月 17 日在浙江温岭剧院借班上苏教版五年级《天游峰的扫路人》一课来作阐释。

课堂实录略，可参见《让学生充分说、尽情读、自由想、快乐写》一文中片段一。

因为是借班上课，所以课前谈话就包括两层内容：一层是师生情感沟通，缩短因为师生不熟悉而产生的心理距离和隔阂，以较少的时间让学生接纳教师，让教师走进学生心里。我借用孙悟空这一学生喜爱的人物一下拉近了彼此的距离，向零距离心理教学靠拢。另外一层内容是导入新课。优秀的导入或自然、或新颖、或曲折、或意外，但不管形式如何，导入语言必须在内容上与教学内容有必然联系。否则，不是哗众取宠，就是喧宾夺主；不是教师卖弄，就是故意做作。因此，一个好的"揭题谈话"或"新课导入"，在内容选择上应有以下要求：一要选择学生有话可说的话题；二要能和教学内容有机联系，自然相关；三要能消除学生的紧张心理，充分激发学习热情。

在质疑问难中显示教师启发的魅力

课堂实录略，可参见《让学生成为课堂真正的主人》一文中片段一。

如何让学生提出有价值的问题？我认为要解决两方面的问题，即让学生敢问、善问。敢问，是心理问题、勇气问题。教师要培养学生不唯书、不唯教、不唯上的意识，敢于说出自己的所思、所想、所疑、所感，敢于向书本和教师挑战。从低年级开始每节课留出一定的时间让学生提问题，不走过场，不搞形式。善问，是方法问题、能力问题。学生掌握提问的方法、思考的方法，就能提出有水平的问题。

从教学片段之中我们能看出学生提问能力不是很强，学生问不到点子上，提出的问题也有语病。但我没有否定学生，而是充分肯定学生提问的积极性。从问"扫天游峰的人是年轻人，还是老头？"逐步引导到问"天游峰风景那么美，作者为什么不写美景，而写天游峰的扫路人呢？"从"扫路人身上有什么伟大的事"逐步打磨到"扫路人身上有什么高尚的品质？"这些过程体现的是教师的耐心、教师的启发、教师的循循善诱。

在朗读体悟中显示教师指导的魅力

语文教学的核心是培养学生的语感，吕叔湘先生说："语文教学的首要任务是培养学生各方面的语感能力。"朱作仁先生指出："抓住语感的培养，语文课的特点才能充分体现出来。"叶圣陶先生也认为，语感是人们对语言文字符号刺激所发出的一种直觉。既然如此，教师培养学生的语感就应该从语言文字符号的刺激入手，而朗读就是最积极最有效的"刺激"。

当前阅读教学中学生在课堂中读起来了，听到了琅琅的读书声，但暴露出来的问题是朗读教学停留在较浅的层次。朗读教学时，教师有读无导，学生有读无效，有走入"死读书、读书死、读死书"怪圈的倾向。出现这样的状况，从理论上讲，存在着"书读百遍，其义自见"的误导。多读确实有利于语言的积累、感悟和理解，但多读绝不是一遍又一遍不加思考地读，也绝不是排斥教师应有的引导、指导和讲解的读。

宋代学者朱熹提出的"熟读精思"符合阅读规律。"读"而不思则惘，有些深奥的课文，如果离开教师适当的引导和精讲，不要说读一百遍，就是读一万遍也搞不懂。真理再向前走一步就成了谬误，我们要把握朗读教学中读的度，要有辩证的思维，而不是盲目地读读读。朗读教学出现效果不明显的状况，从实践层面上讲，原因主要是教师自身朗读水平不高，缺乏朗读指导的方法，因此只能在一个层面上读，不能让学生读出滋味，读出情味，读出韵味来。

如何指导学生朗读呢？试举我执教《落花生》时指导读父亲一番话为例：第一步，让学生理解对比的写法，知道是把落花生与苹果等对比起来写的。第二步，让学生找出对比方面，学生找到了"埋"与"挂"，"枝头上"与"地下"，"高高"与"矮矮"，"一见就生爱慕之心"与"必须挖起来才知道"等四组对比词语，体会落花生与苹果的鲜明区别。第三步，让学生自读自悟，体会落花生不炫耀自己，默默无闻、朴实无华的品格。第四步，师生相互品读，先由学生朗读、师生评议，然后教师范读、学生品赏，体会出师生读的好在哪儿，哪儿需要改进，从读的情感和技巧两方面品析，在品析中感悟，在品赏中提高。

从以上课例可以得出：朗读教学要读思结合，读导结合，教给方法；要在读中理解，在读中品悟，在读中体验情感，在读中掌握技巧。

在随机点评中显示师生智慧的魅力

课堂教学中教师的评价语言十分重要，往小里说，它能影响课堂教学气氛和活动，往大了说，它有时能影响学生一生的发展。但是当前课堂教师点评语言现状实在不容乐观，有的死板生硬，有的信口胡扯，有的不着边际，有的照搬标准答案，有的是板着脸训人，有的是廉价的表扬，所有这些均不能体现新课标下课堂教学中的人文关怀和平等对话。

下面我先摘录一些我执教课例中的评价语言：

1. 刚才你说孙悟空有一双火眼，我说你有一双慧眼。他们看到的是人，而你看到的是鸟。是啊，写人不就行了吗？怎么还写鸟呢？而且还说鸟飞回原处。你拥有一双锐利的眼睛啊！

2. （学生质疑：作者为什么要写笑声一直伴随他回到住地？）笑声不可能伴随着回到住地，为什么要这样写呢？你读书真会思考，我认为你像个小小思想家。你叫什么名字？

3. 同学们提的这个问题我觉得真了不起啊！这是三个思想，三朵智慧的火花。

4. （生读书声音太小）你们都是悄悄地赞美，（生笑）我们放声赞美一遍，好不好？

5. 我们班同学一放开就了不得！我真喜欢你们放开，不要拘束。（师指黑板上三个学生的名字）我看到这三个名字，就觉得温岭是有文化之地。陈奔腾、王思渊、陈涛涛……思想的源泉，涌出来的是奔腾的流水，汇合起来是涛涛的江河啊。（全场大笑）是不是啊？了不起！

6. （学生问为什么作者要分两次写扫路人的外表）为什么分两次写扫路人的外表？何意？这个问题连我老师都没有想过。第一次写的是什么？第二次又写什么？请把问题写到黑板上。你虽然是男同学，但比女同学都要细心。

……

一位优秀的语文教师，不仅需要能出口成章，还应具备嬉笑怒骂皆成妙语的功夫。教师在课堂之上点评妙语连珠，看似信手拈来，但皆是教师文化底蕴和教育智慧的结晶。怎样提高教师点评语言的水准和品位呢？我认为，一是要提高教师的文化底蕴和品位；二是要增加对学生的人文关怀，由衷赞美；三是要掌握一定数量的评价语言，以便在课堂上灵活、恰当地运用。下面试着结合自己的教学体会说几点建议：

1. 评价语言要发自内心。当学生提出了别人提不出的有价值的问题时，我会走上前去，握住他的小手，注视着他的双眼，赞美道："你有一双慧眼哟，能发现别人发现不了的问题，多了不起呀！"

2. 评价语言要多样，富有变化。当有学生品评教师范读，讲得有理有据，不仅说出教师读得好，还说出教师读得好在哪里时，我会动情地对他说："你说得太好啦，真是我的知音啊！"学生听了这样的评价语言，内心肯定比吃了蜜还要甜。

3. 评价语言要有针对性，要反映出学生发言好在哪儿，错在哪儿。如教《落花生》时我设计了让学生辩论的环节，一学生在辩论时引用名言，举出名人事例来证明自己的观点，我当即评价："好，很会辩论，引用名人名言，举出名人事例来证明自己的观点。"

4. 要善于从学生错误的发言中捕捉正确的因素。记得斯霞老师上课时问过一个问题："党的十大在哪儿召开的？"一生回答："在收音机里召开的。"这显然是错误的答案,但斯老师没有否定,而是启发道:"你是从收音机听到的吧?"学生点点头,老师接着启发:"收音机里说十大是在哪里召开的呢?"学生回答:"在北京召开的。"看,让学生从错误走向正确靠的就是老师的循循善诱。

5. 评价语言要充满激励性。学生成长发展走的是"成功是成功之母"之道,教师充满真情的激励语言能让学生不断获得走向成功的动力。"真能干""多聪明""就是与众不同""多么富有创造性的思考啊",这一句句话语就像蜜汁一样流进学生的心田,化作前进的不竭源泉。

6. 要调动体态语言参与评价。除了上面说的有声语言外,教师要善于调动体态语言,丰富评价的内涵。握握手、拍拍肩、摸摸头这些亲热温暖的举动能给学生身心带来愉悦,教师那灿烂的笑容是开在学生心中永不凋谢的鲜花。

(江苏南京市北京东路小学特级教师 孙双金)

他山之石，如何攻玉？

——对特级教师于永正教学艺术的反思

一招一式地学

打开于永正老师的教学实录，不得不为于老师精湛的教学艺术所折服。崇拜之余，我也在课堂上学起了他的一招一式。

以前我班学生作文水平大多在低谷中徘徊，我动了不少脑筋，可收效甚微。当看到于老师的教学实录——看图作文:《四毛故事》，我才发现学生作文短小的原因：作文题大多假、大、空，学生大多在做无米之炊。题目《一次难忘的教训》《记一个你敬佩的人》《一件难忘的事》等等，让学生为作而作，难免会有学生应付了事，真难为了学生。

"同学们，今天，我给你们介绍一位新朋友，他是谁呢？请看——"

我学着于老师用粉笔勾勒出一个扎着红领巾，头上只有四根头发，神采奕奕的小男孩。"这是四毛,是三毛的弟弟。"顿时,教室里惊奇的赞叹声、笑声四起。

同样，我也让学生比较三毛、四毛的不同之处。发言的人很多，很热烈。

比较完了，我说:"四毛很聪明，成绩也很好，可是有个毛病——粗心马虎。有一天，发生了这么一件事——"

我又学着于老师画了一个愁眉苦脸的四毛，手持一张倒着的试卷——从倒着写的"试卷"二字可以看出来。乍一看，上面的分数是"99"，再细一看，学生都会心地笑了。

接着，我引导学生推想事情的经过，并拉下架子扮演四毛的妈妈，与两个学生配合，演了一个有头有尾的四毛故事。这节作文课的效果果然很好，连几个平时总写兔子尾巴文章的学生也洋洋洒洒写了几大张。我跟学生都兴奋了好一阵子。

"兴趣是最好的老师。"由于于老师笔下的"四毛"形象深入学生的心，而且"考试趣事"也有极大的趣味性，因此能激起学生的写作兴趣。我想，我那微不足道的"成功"也大多得益于于老师的"重情趣"这块他山之石吧。

在摸索中用

于老师的教案,我运用起来,成功的虽然不少,但更多的是不尽人意。

《我的伯父鲁迅先生》第二个小故事中,鲁迅先生语带双关地和侄女笑谈了一句:"四周围黑洞洞的,还不容易碰壁吗?"我也试着和学生表演了一遍故事,学生对我们的表演报以热烈的掌声和哈哈大笑,乘着兴致,我问:"'四周围黑洞洞'什么意思,'碰壁'又是怎么回事?"学生的回答真是无奇不有。有的说:"当时条件艰苦,生活贫困,没有电灯,所以鲁迅先生撞到了墙壁,把鼻子碰扁了。"还有的说:"'黑洞洞'是指社会太黑暗,鲁迅先生被捕了,被敌人把鼻子打扁了。"……有的答案还能沾边,有的简直让我哭笑不得。

我这才记起了:我忘了备学生了。如果我事先简要介绍一下当时的社会背景,以及鲁迅先生光辉战斗的一生,是不是就不会出现这么尴尬的场面了呢?我不得不叹服于永正老师的见地:"教学——一门遗憾的艺术。"

特级教师驾驭课堂的能力远胜于我们。教材、教案只是他们用来领航的船帆,他们上课就像带领学生在茫茫的知识海洋上遨游,而又不偏离轨道,让学生在快乐中喝下知识的乳浆。而我们由于经验不足,遗憾往往接踵而来。如我在照搬于老师教案的过程中,由于没有充分地考虑到自己学生的具体情况(没有充分"备"学生),只是亦步亦趋地照搬,由此造成了被动局面。可见,我们在学习大师的长处时,应该学的是大师高超的艺术技巧,而不是盲目照抄照搬。只有这样,才能真正做到学以致用。

在失败中思考

除上述教"碰壁"失败之外,我又尝到了另一种失落。《我的伯父鲁迅先生》执教完后,我同样地让学生用"饱经风霜",以"这位车夫才三十多岁"开头,写一段描写车夫外貌的话,效果却远不及于老师的执教效果。

我想,除了备学生备得不够外,我是不是在教学细节的安排上也欠火候?同样的教法,同样的内容,怎么结果迥异?反复思索,我才意识到自身的感染力不足。有人说,语文教师不是演员,但应该有演员的素养;语文教师不是诗人,但应该有诗人的气质。于老师正是具备了演员的素养和诗人的气质,所以,同样的教学环节由他操作起来就炉火纯青,恰到好处。

这让我想起了小品表演艺术，演员在关键处的"抖包袱"，是决定小品是否具有娱乐性、可观性的重要因素。"抖包袱"，也就是演员在演出过程中出彩的一句话、一个动作，表演得恰到好处，自然赢得满堂喝彩——这得看演员的表演功力。我想，课堂教学高潮迭起时，绝不亚于小品表演的风趣幽默，两者的共通处就在这里。新奇巧妙的教学环节，于老师"抖"得恰到好处，自然出奇制胜。

教学的主阵地是课堂。名师们之所以能在这方寸之地上创出光辉的业绩，得益于他们平时的"修炼"。他们具备宽容的品格，善良的心地，宽广的胸怀，豁达的气度，开朗的性格，丰厚的知识，诙谐的谈吐，端正的教学思想……更重要的是他们有一颗热爱学生的心。我们要学的太多了。

唐太宗李世民说过：以铜为镜，可以正衣冠；以史为镜，可以知兴替；以人为镜，可以明得失。只要我们以名师为镜，从点滴抓起，从小事做起，一日三省吾身，并谨记于老师的教诲：像我者死，学我者生。"正如登山，只要奋力向上，我们离于老师的教学境界就会愈来愈近"。

（江苏省兴化市沈伦中心小学　王以璟）

记忆每一个精彩的细节

——在日记中感悟特级教师王崧舟的教学艺术

4月19日　　星期一　　晴

今天,盼望已久的王崧舟老师课堂实录的光盘,终于几经辗转送到了我的案头。

初次听王老师的课是前年,我有机会听了他上的一堂语文课——《我的战友邱少云》。我为他所创设的情境深深地折服了,他那富有感情的教学语言,气势如虹的导入语,把我们所有听课的老师带入了一个充满激情的别样的语文世界。印象最深的是,当王老师轻轻地说"下课"时,全场1000多位老师和学生居然没有一个人反应过来,大家还沉浸在王老师创设的课文氛围中久久不能"醒悟"过来!这样的语文教学境界,真的让人难忘,让人感慨,让人留恋!

这次拿回来的光盘中《鸬鹚》一课的课堂实录,让我再次感受了王老师娴熟的教学技艺、游刃有余的教学机智,真的是一种美的享受!

王老师在讲授中对"一抹"这个词眼的巧妙处理,使学生的理解与感悟不是单纯地停留在表面的文本上,而是丰富了词语的内涵,读活了课文的语言,走入了学生独特的精神世界!由"一抹"读出了这么丰富的东西,有物质上的表面的东西,也有"喜气洋洋""丰收的喜悦"等精神面貌上的东西,一个平时不被我们放入眼中而被忽略了的"渔人"的形象变得丰满起来!

我反复品味、思考着课堂上的每一个精彩环节,深刻地领会到了教无止境的喻义。

4月20日　　星期二　　晴

午夜的时钟刚刚敲过,我收拾整理好王崧舟老师上的《荷花》一课的光盘,开始敲下下面这些零零碎碎的文字。

王老师上的《荷花》,有三个地方让我印象深刻,不由叫绝:

第一，通过"看荷花"，感受语言，触发语感。

学生读了两遍课文，王老师问学生："作者是怎样看荷花的？"学生的答案很多，有的说是"认认真真地看荷花"，有的说是"有滋有味地看荷花"，有的说是"仔仔细细地看荷花"，有的说是"如痴如醉地看荷花"……每说一个答案，王老师总不忘让他们说说原因，结合课文内容读读课文。

一个小男孩在读课文第二节时，读错了很多地方，而且读得磕磕绊绊，很不连贯，从下面同学们有点"幸灾乐祸"的表情看来，这是应该一位平时学习成绩很不理想的学生。王老师耐心地倾听他的朗读，并且耐心地纠正他读错的地方。好不容易读完了，我也跟着舒了一口气，心想：终于可以进行下一个环节的训练了！没想到，王老师又让同学们将这一节反反复复读了好几遍，直到同学们完全把它读通顺为止！这样做，真的大大出乎我的意料，如果是我，肯定不会花这么多的时间从容不迫地让学生一遍又一遍地读这段话；而王老师的阅读训练扎扎实实，没有走过场的痕迹！学生在这样的朗读训练中初步感受到了课文中优美的语言，触发了属于自己的语感。

第二，通过"冒"字，品味语言，领悟语感。

王老师通过抓住课文中的词眼——"冒"，让学生品味到了语言文字的独特而丰富的内涵，增强了语感的训练。王老师首先让学生将"冒"字改换成"露、钻、长、挤、升、窜"等，接着让学生读课文，明白怎样的长出来才叫"冒"。学生的思维一下子活跃了，思路一下子被打开了，答案真是丰富多彩。

有的学生认为荷花"迅速"地生长叫"冒"，有的学生说荷花"悄悄"地成长才叫"冒"，有的学生说仿佛看到了荷花在"争先恐后"地生长，等等。王老师又进一步启发学生："荷花此时的心情会怎样？"这样一来，学生说了很多，用"急切""迫不及待""高兴""喜悦"等词语来形容，又从本质的、深层次的方面去感悟了荷花迸发着"勃勃生机"的精神状态！我又一次叹服于王老师引导学生对课文进行多层次、多角度感悟的教学艺术，从而让学生体味到了"冒"字包含的丰富的内蕴。

第三，想象写话，深化情感。

学生学习了课文，观赏了一幅一幅优美的荷花图后，肯定有很多话想说，王老师为学生创设了这样的情境与心境。学生的想法闪现着他们独特的个性，每一句话都闪动着智慧的思想。有的说："我仿佛听见荷花在自豪地说：'我是多么娇艳美丽呀！'"有的说："千姿百态的荷花正在相互比美呢！"有的说："荷花要出来看看这个世界真精彩!"有的说:"荷花为夏天增添了一抹亮色!"……这一个个精彩的答案,这一句句话语,就像出自天使之口,仿佛是一首首优美动人的诗,让我看到了一个个美丽的童真世界!而这一切,让人觉得王老师手中仿佛有一根神奇魔棒激发出了这样灵动的课堂!

4月22日　　星期四　　晴转雷阵雨

昨天中午,我利用午休时短短的几十分钟的时间跑到了家里,看了王老师上的《草船借箭》一课。

王老师这一篇课文的教学,最让我自叹不如的是他不仅仅是把重点放在理解诸葛亮的神机妙算上,而且让学生去感受人物,去走近人物,把诸葛亮读活了,读得有血有肉了,让人物形象鲜活地呈现在我们眼前。我看了之后觉得有三点特别传神:

第一,深入人物内心,读出不同的感受。

王老师能将文本的学习深入人物的内心世界:如学习"这时候大雾漫天,江上连面对面都看不清"时,学生从这一句话中理解了诸葛亮的神机妙算——熟知天文,但王老师对学生说了这样一句话,让我很受触动,很受启发:"学语文光有理解没有感受可不行,你能通过读课文将你的感受读出来吗?"接着,王老师一遍又一遍地引导学生将"雾大"的特点读了出来。本以为王老师关于这一句的学习到此为止了,没想到王老师通过创设情境巧妙地将学生化作了"鲁肃"和"诸葛亮",让学生说说两人会有怎样不同的心情?学生说,鲁肃看到这样一场大雾肯定会很吃惊,甚至有一点点害怕;学生说,诸葛亮看到这一场大雾,心情和鲁肃截然相反,他一定会暗暗高兴、得意。学生因为有了独特的感受,读这句话时也就能深入人物内心世界了,读得也就有滋有味、有声有色了!

第二,前后联系课文,理解人物的特点。

王老师带领学生学习课文时,还教会了学生一个重要的方法——前后联系理解课文,从多个角度理解人物特点与个性!学习感悟了"这时候大雾漫天,江上连面对面都看不清"这一句后,王老师的讲授并没有戛然而止,而是进一步启发学生:"光读这句话,就能看出诸葛亮神机妙算吗?不能!为什么?因为这场大雾也许是凑巧碰上的呢?所以,你得再往前读一读,你得联系联系上文。谁找到了可以联系的句子了?"这样一来,学生很快找到了这一句:"第一天,不见诸葛亮有什么动静;第二天,仍然不见诸葛亮有什么动静;直到第三天四更时候，诸葛亮秘密地把鲁肃请到船里。"通过联系上下文，真正地体会到了诸葛亮的神机妙算、运筹帷幄。学生掌握了这一学习方法后，王老师又趁热打铁让学生体会了诸葛亮的"识人心""懂地利"等，一个"神机妙算"的诸葛亮跃然纸上！

第三，抓住"笑"字，体会丰富的内涵。

通过前面的学习，诸葛亮的特点——神机妙算已水落石出了，一般的老师就认为这课的学习任务应该算是圆满地完成了！但王老师没有这样草草收兵，他的高明之处就在于抓住了一个"笑"字，使人物形象在学生的头脑里鲜活了，在学生的心中站立起来了。王老师告诉学生："课文写诸葛亮说话有11处之多，但只有这个地方在说前加了个'笑'字，你觉得诸葛亮在笑谁？"真是一石激起千层浪，学生的思维马上被拓宽了，学生的感受马上变得多姿多彩起来了，学生的灵感也忽然"扑棱棱"地上下翻飞起来。一阵激烈的交流后，学生领悟了这"笑"的内涵，对鲁肃而言，这是一种善意的、幽默的笑；对曹操而言，这是一种讽刺的、轻蔑的笑；对诸葛亮自己而言，这是一种自信的、胜利的笑；对周瑜而言，这是一种潇洒的、自豪的笑！这一"笑"，笑出了诸葛亮的大度宽容，笑出了诸葛亮的神机妙算，笑出了诸葛亮的机智潇洒，笑出了诸葛亮的运筹帷幄，真是一"笑"值千金！

我相信，不管是听课的老师还是上课的学生，听了王老师的这一课后，文中的诸葛亮已成为一位有血有肉的"活的"诸葛亮了，在王老师的课堂上，诸葛亮已从神坛上走了下来，走入了所有人的心灵深处了！

4月23日　　星期五　　阴转晴

从星期一到今天，我已经不知不觉整整看了五天的光盘了！今天看的是王老师上的《威尼斯的小艇》，这是美国作家马克·吐温描写威尼斯风土人情的一篇美文，写得相当美，王老师在执教这一课时，主要是通过读来引导学生理解课文，感悟语言的美。

第一，以拍照的形式读课文。

为了激发学生对课文的兴趣，初步领会课文所展现的美，王老师设计了这样一个情境："同学们，你们想去威尼斯吗？假如你去威尼斯时带了照相机，你最想把哪个地方拍下来？"学生自由地大声地读了课文后，在交流时，每个人都有自己独特的感受。比如有的学生说要把小艇如新月般奇特的样子拍下来，王老师就启发他："你在拍这个镜头时有何感受？"于是，学生带着自己的感受读出了喜悦的、激动的心情。王老师通过这样的启发，使学生不仅仅停留在读通课文这一简单层面上，而且还读出了自己的体验，使语言变得生动起来了！有的学生说，要拍下船夫驾船的画面，特别吸引人，因为太刺激了。学生因为有了独特的体验，果然把这段话读得特别传神！

第二，以读来感悟文字之妙。

王老师在带领学生学习小艇外形这一部分时，从两个方面使学生理解了词语的丰富内涵以及不同的表达方式。一是"仿佛""有点像""像""像……一般"等比喻词的妙用。当有一些学生在王老师巧妙的点拨下，通过前后联系读课文，明白了运用比喻句时要避免重复使用比喻词，使句子富有变化这一道理后，王老师没有急着让学生直截了当地说出答案，而是提醒站起来回答的那位学生通过朗读来暗示大家。那位学生心领神会，读到这些比喻词时特别卖力，声音特别响亮，其他学生很快地明白了个中一二了！在朗读中他们知道了"同一个意思可以用不同的形式来表达；同样的话语，可以用不同的词汇来形容"，增强了他们的写作技巧！

更为高明更为巧妙更为含蓄的是，为了让学生更好地体会到小艇"轻快灵活"的特点，明白简洁传神的写作方法，王老师通过增加"既……又……"这一关联词改造句子并引导学生与原句比较的方式帮助学生理解。王老师同样没有直说，而是让学生通过自己的朗读，在自读自悟中豁然开朗：如果增加了"既……又……"这一关联词就不能读出船的"轻快灵活"了，反而显得啰啰唆唆、拖泥带水，有画蛇添足之嫌了！"倾之速悟，不如引之自悟"，王老师把自己藏了起来，不动声色地引导学生自己弄明白了道理。

第三，通过表演，内化语言。

如何学习船夫的驾驶技术这一部分内容呢？王老师大胆采用了让学生扮演船夫和游客的方法，将课文的语言内化为自己的语言。这也是一种独特的朗读方法。当"船夫"上台吆喝时，他们将小艇那独特的外形、舒适的皮垫子以及高超的驾驶技术等都一一作了介绍，同时通过让游客提问这一方式，为课文解疑，解决了文中的难点问题！学生学得兴致盎然，气氛相当活跃。

最后，学生评选出了"最佳船夫"，这一环节也就到此为止了。其实这不是王老师的用意所在，形为表演，神为感悟，通过这样一种形式，学生在不知不觉中将威尼斯的小艇深深地融入了自己的心底，同时也把课文中优美动人的语言积累在了自己的头脑中，将书上死的语言变作了活的生活语言了，这比一遍又一遍直接朗读更为深刻，更为实用！

4月25日　　星期日　　晴

看完了王崧舟老师课堂实录的最后一张光盘，此时此刻我的内心涌动着一股难以言说的激情，同时也忽然产生了一份深深的遗憾，多么希望明天还能聆听这样精彩的课堂！美好的时间真是太短暂了！

《丑小鸭》是丹麦伟大的作家安徒生的童话。学习这篇课文，王老师用他那富有感染力的教学语言一次又一次地打动了学生的心灵，把他们带入了那个美丽动人的童话故事！课堂留给我印象最深的有两个地方：

第一，反复诵读，渲染情感。

王老师的设计相当巧妙，他没有把语文课上成思想品德课，没有进行说理性的教育，而是让学生一遍又一遍地诵读课文的最后一节："丑小鸭太高兴了，它扬起翅膀，伸长脖子，从心底里发出最快乐的呼喊：'我做梦也想不到会有这么幸福的一天。'"

每学习完课文的一部分，学生的感悟就更加深一层，他们读这段文字时的感受也就有所不同。而这一遍又一遍地诵读，不是简单的反复，不是枯燥的重复，不是机械的复制，而是使丑小鸭这一形象在学生头脑中不断鲜活，不断生动，不断丰富，不断完美，一只可怜、孤单、无助的丑小鸭，一只不气馁、自信的丑小鸭走入了学生的心灵深处。学生的情感在这样的反复诵读中不断地强化，他们对丑小鸭的同情在这样的渲染中油然而生，他们为丑小鸭变成了白天鹅而高兴地呼喊着。一次又一次的朗读，学生读得越来越饱含激情，越来越富有美感，激动之情书写在他们红扑扑的脸上，流泻在他们生动的眼神里，倾吐在他们稚嫩的声音里！学生仿佛陶醉在童话般的世界里了！

第二，拓展知识，浇灌思想。

如果说前面的学习是感性层面的话，那么王老师在学生学完这个故事后对课文的处理就趋向于理性化了！他没有简单地停留在对学生情感的熏陶中，而是通过提供课外阅读材料《安徒生的故事》，让学生了解了安徒生苦难的童年以及艰难的奋斗史，然后让学生将丑小鸭的故事和安徒生的故事联系起来理解！思想的浇灌会使语言变得深刻起来。这样做使学生自然而然地明白了原来这个故事是安徒生的自传，安徒生其实是在借丑小鸭讲述自己的故事，他们都纷纷谈了自己的很多看法,有的说:"安徒生和丑小鸭一样遇到困难不气馁,能坚持下去!"有的说:"一切都会变美好的,幸福的一天终于来临了。"有的说:"他们俩尽管吃了很多苦,但他们都很自信!"最后,课堂在王老师的一段富有哲理饱含深情的叙述中落下了帷幕:

"同学们,不管遇到怎样的苦难,你们一定要相信自己。总有一天丑小鸭会变成白天鹅,安徒生成了伟大的童话作家。相信自己,奇迹就会发生;坚持到底,幸福就一定会降临!"

我想,课虽然结束了,但丑小鸭的形象、丑小鸭的故事一定会像"安徒生"这个名字一样深深地镌刻在学生童年的记忆中!

(江苏省苏州市吴江区梅堰实验小学　孙惠芳)

给学生一个飞跃的跳板

——学习特级教师于永正的教学艺术

4月26日　　星期一　　雨

打开光盘，我选了《小稻秧脱险记》，因为我身边正好有读三年级的儿子的语文书，上面就有这篇课文。在外面做作业的儿子听到了，也被吸引了过来，他津津有味地和我一起认真听起了于老师的课。于老师的课可真有趣，当儿子看到于老师扮演杂草时的那副怪模怪样时，直喊"有劲"；当儿子听到于老师声情并茂的朗读时，直夸这位爷爷读得好，也情不自禁地跟着读了起来；当儿子看到于老师那丰富多变的表情和富有激励的语言时，儿子觉得自己仿佛也成了于老师的学生，他好几次都不由自主地举起了手，恨不得能钻进电脑里大声回答于老师的问题！

于老师真是太神奇了，居然让多动的儿子就这样端端正正地坐在我身边连续看了一个小时而没跑动一步。

我不得不佩服于老师精湛纯熟的教学技艺，不得不佩服于老师对孩子们所产生的无法言喻的吸引力！于老师教学这一课时，始终抓住"读"这条主线展开教学：在读中学习生字；在读中提出问题、解决问题；在读中感悟课文、表演故事；指名学生读，学生一起读，老师示范读，一遍又一遍。我大致数了一下，这篇课文完整地读了七遍。最让我叹服且难忘的是，面对学生板书在黑板上的理解起来有困难的词语，于老师没有急着通过烦琐的讲解来解决问题，而是让学生反反复复地朗读课文，每读一遍，学生对这些词语的理解就明朗了一层，就这样，在读中，这些词语的含义也逐渐地显山露水了！

"一切尽在不言中"，于老师说，词语的意思他说不出来，但放在心里可能大家会懂得，还可以将它表演出来，汉语的妙处就在于一个"只可意会不可言传"！我想，如果换成是我，肯定会如层层剥笋、抽丝剥茧般地"启发"学生：这个词语什么意思？可以换成哪个词？课文为什么要用这个词？这说明了什么？——就这样将语言文字剥筋扒皮、无血无肉地袒露在学生面前，而忘记了语文的本义；就这样进行琐碎的分析，而忽略了语言文字的含蓄美！

4月28日　　星期三　　晴

学习名言，撰写名言

于老师上的《全神贯注》一课给我印象最深的是他对名言的处理相当自然巧妙，由课始出示书上的名言到课终训练学生自己写名言，一气呵成，形成了教学的连贯性、整体性。

一上课，于老师首先请学生背诵一些以前学过的名言，如"人生自古谁无死，留取丹心照汗青"等，接着于老师出示了书上结尾的那句话："那一天下午，我在罗丹工作室里学到的，比我多年在学校里学到的还要多。因为从那时起，我知道人类的一切工作，如果值得去做，而且要做得好，就应该学会全神贯注。"这是茨威格内心的想法，也是文章的内核。于老师紧紧抓住这句话展开教学，他说："这是一句名言，读了这段名言，你脑子里一定涌现出了很多问号，你想要问什么？"学生提了三个问题：1.那天下午，茨威格看到的比学校里学到的还要多，那么他看到了什么？ 2.罗丹是什么样的人？ 3.茨威格又是什么人？于老师依次在黑板上板书了三个大问号。然后，于老师对同学们说："读了这篇文章，所有的答案都会知道的。"这样一来，不仅激发了学生读书的欲望，而且学生能够带着问题去读书。于是，教室响起了琅琅的读书声。

课文学完了，学生对书上结尾的这句名言有了深刻的感悟，于老师深情地说："罗丹已经把那女像改得很满意了，对着它痴痴地笑了，他还要把湿布盖上，还要修改。茨威格看了能不感动吗？所以写下了这样一句话。你们能将这句名言背出来吗？"学生背出了名言后，于老师又说："其实名言也不一定是名人说的，老百姓说的，只要有道理也行。如'三个臭皮匠，胜过诸葛亮'等等。"接着，于老师自己也写了一句名言："做什么事都得全神贯注！"署名是"特级教师于永正。"于老师告诉学生，你们也可以写名言，怎么署名呢？可以是"未来的科学家""未来的诗人""未来的××"等等，在名人"头衔"的诱惑下，学生可乐了，他们写得可欢了。有了情感的激励，灵感如泉涌，学生写了很多有趣味有哲理的"名言"。有一位学生写道："好是无止境的，我以后干事也要用湿布盖起来。"多绝妙的联想啊！正是于老师高超的教学艺术才激发了学生的智慧！

反复朗读，逐步悟理

于老师的课很注重朗读，然而他不是为读而读。每次读，他的教学目标又是不一样的，在读中明理，在读中悟文，在读中激情，不仅要读通课文，而且要读好课文，最后要明白道理！

一读课文，解决问题。于老师在学生读第一遍课文时，要求学生将课文的生字读准，将课文读通，然后解决了上课开始时所提出的三个问题。

二读课文，读通课文。接着于老师又让学生读第二遍课文，检查学生读书的情况，在指名学生读时，为学生清理了朗读上的一些障碍，如课文第一句太长，读时要多读几遍；如课文中罗丹认真修改女像这一部分中的省略号要读好；如课文中的一个破折号读的时间要长一些。在检查课文是否读通时，于老师又因势利导，指导学生写好"扰"和"醉"字等。虽说是只读了一遍，但学生其实已在于老师的引导中反反复复地读了好几遍了！

三读课文，读好课文。课文读通了，于老师又组织朗读比赛，以此训练学生读好课文。首先于老师对班长耳语了几下，班长心领神会，马上喊了组内朗读基础教差的四个学生，然后以小组帮助出谋划策的形式让这四名学生生认认真真地读了课文。比赛时那些学生发挥出了很好的水平，居然读得还不错，因为他们感受到了集体的温暖，他们觉得自己责任重大，要为自己所在的小组争口气，把课文读好。于老师很会激励学生，评他们为并列第一！然后于老师采用了老师和学生比赛的方法，学生读得也很起劲。

课文读了很多遍，每次读完课文，于老师便会出示课文结尾的那段"名言"，反复咀嚼，感情朗读，使学生逐层地理解了它的含义。最后，于老师指出：最应该记住的是"全神贯注"这四个字。本以为对于课题的理解已相当透彻了，但于老师的高明之处在于他通过"用湿布盖起来"这样一个不为人注意的细节，使学生对全神贯注有了更深刻的感悟，赋予了更高意义上的理解：原来面对这么完美的塑像罗丹还是不肯满足，要继续修改啊！——这就是对"全神贯注"最好的注解啊！

4月30日　　星期五　　晴

于老师的作文课最大的特点是充满情趣，他善于通过表演等形式在不知不觉中把学生带入要写想写的境界，写作文在学生眼中已变成一种轻松愉悦的享受！

在《四毛》这堂作文课上，于老师扎实的教学功底让我难忘。

第一，高超的简笔画技术。

于老师在上课伊始寥寥数笔，一个戴着红领巾神气十足的男孩"四毛"就呈现在黑板上了，让人看了不由觉得颇有趣味！当学生将四毛与三毛进行了对比后，于老师又一次快速地勾画几笔，于是黑板上一个垂头丧气手拿66分试卷的四毛映入了大家的眼帘。看着于老师潇洒自如的动作，心底禁不住赞叹他高超的简笔画技术！这就是教师的基本功啊！

第二，精湛的表演水平。

于老师天生就是一位有着高超的表演天赋的演员，你看他在课堂上扮演和蔼慈祥的奶奶，有板有眼，丝丝入扣，妙趣横生；扮演身系围裙的妈妈，姿态逼真、形象生动，颇为传神。在这堂作文课上，于老师就分别根据故事情节的需要，表演了四毛的老师和妈妈！你看，于老师演严肃的老师时，皱着眉毛，板着面孔，一副威严不可侵犯之相，演活了生活中的严师形象，让学生感到站在他们面前的这位老师跟他们平时遇到的严师形象相差无几！你看，于老师演一个关爱孩子的母亲时也是那样的活灵活现，把那望子成龙的母亲形象呈现在了学生面前，让学生感到父母的不易与父母对孩子深深的期望！

第三，善于启发学生的想象。

于老师通过"推前想后"这样两个情节的创设，启发学生大胆想象，使作文有内容可写，有话可说。于老师挑选演员这一环节富有创意，设计巧妙。于老师通过三个环节的考核，让学生选出最佳演员，表面上是简单的推荐演员，其实于老师创设了故事发展的情境，不露痕迹地引导学生产生了合理丰富的想象，推想故事情节！如选一位男同学做四毛时，于老师就首先让学生表演一句话："老师，我错了！"这其实暗含了一个四毛为自己马虎的毛病认错的情景；接着于老师进行了形体动作表演的挑选，请四毛在老师的厉声喝问下战战兢兢地走到老师跟前，这也是让学生揣摩想象当时四毛是怀着忐忑不安心情的；最后的一个环节更有趣，于老师别出心裁，让学生表演放声大哭的情景，想象四毛悔痛的心情，两位学生的表演把大家逗得乐开了怀！让人感动的是，于老师挑选时很注意维护学生的自尊心，不打击学生的积极性，他对那位表演技能略逊一筹的学生诚恳地说："请你来做导演，这可比演员重要得多了！"那位落马的学生不但不丧气反而高兴极了，带着满足回到自己座位，表演时果然出了很多点子，煞有介事地指点起来！于老师就是这样使每位学生享受到了成功的喜悦！正因为有了这样想象的铺垫，学生的作文写起来也就顺手多了、鲜活多了！

5月4日　　星期二　　晴

　　于老师上《水上飞机》一课的第一课时，主要训练学生读好课文，感悟课文；第二课时，主要解决课后思考练习3中两个词语的造句问题。听了这一课，我发觉于老师上课的风格已有变化。他一再强调要静心思考，强调不要急于仅凭直觉回答问题。记得以前于老师上课说得比较多的一句话是："老师最喜欢讲错的小朋友！"如今于老师说得最多的一句话是："读书要静下来仔细思考！"我冒昧地揣摩，大概是现在新课程的理念深入人心的同时也带来了很多负面效应，最明显的是学生学得很浮躁，双基的训练已严重缺失，学生难以做到静思默读。因此好老师应该像于老师这样"让课堂去除浮躁回归沉静"！

　　这一课有两个地方让人耳目一新、印象深刻：

　　一是"喂"出了精彩。课文中水上飞机和小海鸥有一段对话，为了引导学生将对话读好，体会领悟当时的情境，于老师别出心裁地透过一个"喂"字，带出了一段精彩的教学。这是个很不起眼的字，一般的人都想不到要注意它，但听了于老师的处理，就不得不佩服于老师对文本理解之深之巧妙！请看下面的教学片段：

　　师：（板书：喂）从这个字可以看出它俩的距离吗？如果你发现了，你能读出这段话的语气是高还是低吗？

　　生：它俩距离很近！

　　（这明显是不对的，通常老师会赶紧换个学生来纠正错误，但于老师没有这样做。当时于老师什么也没说，而是笑着把学生请到自己身边，然后在他耳边大声地"喂"了一下，学生吓了一跳，但随即明白了水上飞机和小海鸥距离应该很远，难为情地走了下去）

　　师：我现在请两位学生分别站在讲台前面和座位最后一排朗读这段对话。

　　（学生读得不太理想时，于老师耐心地提醒与示范，学生果然读得越来越好了）

　　师：（大声地问对面和他配合朗读的学生）听到了吗？

（这一环节激发了学生强烈的参与感，所有的学生都大声地回答着："听到了——"）

于老师把在场的每个人都带到了水上飞机与海鸥对话的场景中去了！

二是两个"究竟"。课后练习要求学生能用"究竟"造句，于老师设计得比较巧妙！他首先让学生明白了课文中的"究竟"是"明白"的意思，接着分别板书"问个究竟""看个究竟""探个究竟"让学生造句。然后，于老师逐步让学生理解了"究竟"的另一层意思与用法，即表示"疑问"，学生也能顺利地回答出来。可于老师又进一步提高要求，板书了"外星人"与"恐龙"，请学生选择其中一个词语，用上"究竟"造句，如果能用两个"究竟"更好。由于于老师能够逐层引导，逐步铺垫，学生居然对这个高难度的要求也能轻松完成，造出了很多精彩的句子，如"恐龙究竟是怎样灭亡的？我想探个究竟！"等。于老师对学生双基的训练之扎实可见一斑！

5月5日　　星期三　　晴

国内有关专家概括于老师的语文教学艺术有五个特点，其中第一条是"重情趣"，连续听了于老师的几堂课，觉得于老师身上布满了幽默的细胞，每堂课学生总是学得很轻松、愉悦；我呢，听得也是心情舒畅，课堂里总是笑声不断，趣味无穷！

今天，听六年级作文课《爱鸟》，简直是一种享受，聆听优美的音乐，观看精彩的表演，于老师就像一位魔术师，用他的点金之手把课堂装扮得魅力十足，吸引了所有学生的眼球，难怪学生在下课前发出了"多么希望能再让于老师给我们上两节课"的心声！

播放音乐——想象

于老师在上课时播放了一段优美的音乐，声音柔和、轻灵，听者仿佛看见了众鸟欢唱的热闹场景，隐隐约约还能感受到泉水叮咚、动物鸣叫的情景……然后于老师请学生想象：你在聆听音乐时，眼前仿佛出现了怎样的一幅景象？学生说了很多。通过说话，大家一致认为这声音一定来自春天的大森林中。于老师又请学生将这幅美好的画面通过合理的想象写下来。因为有了音乐的熏陶与说话的训练，学生的想象力被释放了，他们写得特别的美，语言文字精彩生动不说，读得也相当入神动人！于老师听了不断地含笑赞赏着："真美，诗一般的语言啊！""我被你的朗读陶醉了！"

这一教学环节显然是为下面的情节作了巧妙的铺垫，既使学生感受到百鸟争鸣的美好，也反衬出了捕鸟行为的可恶！果然，于老师接着通过表演创设了一幅"猎人捕鸟"图！他在表演打猎时，穿插了一段旋律紧张的音乐，让学生体会到了截然不同的气氛，内心深处隐隐约约地萌发了要保护益鸟的念头。

学习材料——跳板

当于老师扮演猎人打鸟时，学生在于老师的启发下纷纷上台劝说猎人，可由于缺少关于鸟儿的一些知识，他们劝说的话语显得很是贫乏，没有说服力。于是，于老师停止了精彩的表演，请学生静思默读学习材料《鸟是人类的好朋友》，为学生接下来的表演与写作提供了很好的素材，巧妙地降低了学习难度，搭了一块"跳板"！果然，有了这块"跳板"的帮助，学生在劝说猎人时就底气十足了。他们主要根据材料说了三点：1.鸟儿是大自然的音乐家；2.鸟儿是捕虫能手；3.鸟儿还是环境保护的监测员。这样做，不仅使学生很好地复述了课外材料，锻炼了他们的说话能力，而且使学生身临其境地明白了要爱护鸟儿、保护我们人类的朋友。

于老师的表演一举手一投足都像一位专业的演员，但如果没有学习材料的提供，学生的认识只是流于表面，再精彩的表演也难以深入学生的心灵，唤醒学生强烈的爱鸟意识，激发学生写作的欲望！因此，这节课给了我很大的启示：我们的课堂表演不能简单地停留在热热闹闹的表演层面上，表演应该为教学服务，为明理服务，为写作服务；当学生遇到障碍时，老师就应该千方百计地为学生搭设"跳板"，引导他们轻松地通过！

5月17日　　星期一　　晴

早就听说过于老师的《我的伯父鲁迅先生》上得很精彩。今天看了他的教学录像，真切地感受到于老师授课的精妙之处。通过学习三个小故事层层深入地感悟课文，这一巧妙设计有几个值得我学习揣摩的细节：

两次师生分角色表演

于老师在引导学生学习"谈水浒"与"论碰壁"这两个故事时，都采用了师生分角色朗读共同表演的形式。但二者又有不同，第二次表演并不是第一次的简单重复，于老师增加了难度，要求学生不看书也能读好对话，在于老师的引导与"配合"下，学生果然做到了。更妙的是，于老师并不只是贪图课堂的热闹为表演而表演，而是通过创设这样一种手段与氛围，恰到好处地自然而然地引导学生理解感悟故事中的难点问题。

如第一个小故事，于老师在学生扮演完周晔之后，顺势设计一个提问的环节，他对扮演周晔的同学说："我只是说我记性好，为什么你听了比挨打挨骂还难受？"我不由得为于老师这样精彩的设计而暗暗叫好，如果是我，肯定想不到为学生创设这样的氛围，我肯定不会让学生设身处地地以课文中小主人公周晔的身份来揣摩其心思，我会直接地问学生："为什么周晔比挨打挨骂还难受？"

再如第二个小故事，于老师的设计就更妙，他请其他学生扮观众发出"哈哈大笑"声，我本以为他这么做是仅是为了烘托课堂气氛而已；他和学生表演好后，我以为他会让学生评价表演得怎样，然后让学生理解伯父的那句深奥难懂的话："你想，四周黑洞洞的，还不容易碰壁吗？"然而，我全想错了，于老师的高明之处就在于，他所做的一切都是精心安排的，他充分利用了表演时学生的"笑"声，请学生说说为什么笑？学生的回答很精彩，在回答中，这一个很难理解的句子背后深刻的含义居然也不露痕迹、轻轻松松地水落石出了！

词语的独特感悟

1. 一系列动词。于老师在引导学生学习"救助车夫"那一段时，课文中对伯父和父亲的动作描写得相当细致，于老师没有简单地处理，也没有直截了当地让学生画画词语体会它的好处。他采用了比较巧妙的方法，给学生留下了深刻的印象，他说："老师想在黑板上板书一些词语，不知道该写哪些，你能帮老师出出主意吗？"这一训练方式，激发了学生的表现欲，而且通过请学生到黑板前板书，让学生体验到了帮助老师的乐趣，对这些动词的写法感悟得也就更深了！

2. "爱抚"与"爱戴"。于老师善于通过对比的手法来理解词语的不同意思，如这篇课文中有"爱抚"与"爱戴"这一对近义词，于老师问学生这里两个"爱"有什么不一样，通过联系课文中的句子，学生很快地理解了"爱抚"是一种疼爱，是长辈对晚辈的爱；而"爱戴"是一种"敬爱"，是晚辈对长辈的爱。

3. 饱经风霜。一般老师对"饱经风霜"这一词的教学，往往会只停留在对词语的理解层面上，不可能也不会让学生通过写一段话这样的方式教学生学习这一个词。但于老师就是这样巧妙设计的。在他的引导下，学生对这个词语诠释得多好啊："头发乱哄哄的""脸色蜡黄""皮肤像树皮一样""眼睛布满了血丝"，这些词语多么形象多么有血有肉啊，远比什么"经历生活的艰难"这样空洞的理解要丰富生动百倍。于老师就是不一样，他还透过词语的表面引导学生深入地感悟了课文内容，巧妙地穿针引线，为学生理解课文内容、感受人物的内心思想搭了一块让人拍手叫好的跳板！

（江苏省苏州市吴江区梅堰实验小学　孙惠芳）

来自现场的幽默

——贾志敏等四位特级教师的教学艺术赏析

苏联教育家斯维特洛夫说:"教育最主要的也是第一位的助手是幽默。"走进名师们的课堂,常常能够听到情不自禁的开怀大笑。名师用幽默营造了一种轻松愉悦的氛围,让学生的精神获得自由,智慧在高峰体验中开出绚烂的花朵。聆听名师的教学,不啻为一种高雅的艺术享受。他们如珠的妙语,都是根据现场即兴生成的,而且体现了极大的教育性,使人由衷地佩服名师们的教育机智。

贾志敏,保护孩子的自尊

贾志敏老师运用自己巧妙、机智的语言来纠正、鼓励学生的回答,注意情绪导向,做到引而不发。有个学生给"姆"组词时说:"养母"的"母"。学生哗然。可贾老师微笑着示意学生安静下来:"你们别急,他没说错,只是没说完!"接着又转向那位学生,"你说得对的,是'养母'的'母'——"学生在贾老师的点拨下顿悟了,连忙说:"是'养母'的'母'加上一个女字旁,就是'保姆'的'姆'了。"在贾老师的巧妙引导下,学生避免了出洋相,这样的老师任何一个学生都会打心眼里敬佩他。

保护孩子的自尊,给他们留下成长和学习的空间,这也许才是幽默的真谛。

支玉恒,机智迭出,诙谐幽默

师:今天这么多老师来听课,你们紧张吗?

生:不紧张。

师:不紧张?好,那谁敢到黑板上写几个字?

(学生无人举手)

师:你们不是说不紧张吗?

(有一个学生举起手)

师：好，你过来。我就喜欢勇敢的孩子！（学生走上来）请你把今天要学的课题写在黑板上。（学生板书，但"晏子使楚"四个字写得大小不一，台下学生哄堂大笑）

师：你们别笑，也许他这样写是有所考虑的。我们今天学的这一课里主人公是谁？（生答：晏子）所以嘛，他把"晏子"两个字写得很大！（众笑）你讨厌不讨厌楚王这个人？（生答：讨厌）所以他把"楚"字写得最小！（众笑）

这一段对话，不可能是备课时预设的，而其中的精妙实在令人难忘。首先，别出心裁地运用"形象书写法"，既抚平了哄堂大笑给这个写字的学生带来的心理压力，又鼓励了学生积极参与、表现自我的勇敢精神；其次，把写字与情感联系起来，并渗透对课文人物的认识。而所有这些都是教师的临场发挥，这就让人不得不惊叹于名师卓越的教育机智了。语出难料，机智迭出，诙谐幽默，笑中感悟，这恐怕就是于老师的教学充满着诱人魅力的原因了。

于永正，"派往儿童精神世界的天使"

于永正执教童话课文《小稻秧脱险记》，文中的杂草被喷雾器大夫用化学除草剂喷洒过后有气无力地说："完了，我们都喘不过气来了。"可是，一位小朋友读杂草说的这句话时，声音很大，既有"力"又有"气"。于老师开玩笑说："要么你的抗药性强，要么这化学除草剂是假冒伪劣产品。我再给你喷洒一点。"说完，朝他做了个喷洒的动作，全班小朋友哈哈大笑。这位小朋友再读时，耷拉着脑袋，真的有气无力了。于老师表扬说："你读懂了。"于是笑声又起。

于老师的幽默带有强烈的喜剧色彩，他不仅仅用口头语言，而且用眼神、动作等身体语言，来制造诙谐有趣的情境，让孩子在快乐中学习。有人说他是"老顽童"，这正说明他童心不泯，爱心透明，确实是"派往儿童精神世界的天使"。

薛法根，让人拍案叫绝

师：（指着"一阵风沙铺天盖地刮过来"）请你再读一次。

（生仍然读成"一阵风沙铺天盖地地刮过来"）

师：看仔细，再读一次。

（生终于读对了，但很不流利。不习惯少一个"地"字的读法）

师：哪个读法更顺一些？

生：有个"地"字更顺一些。

师：是吗？

（生七嘴八舌地议论）

师：自己读读看？在这里，多一个"地"字也可以。你觉得怎么读顺就怎么读吧。

（生自由、快乐地朗读）

……

师：仔细听老师读。（范读课文第五自然段，故意漏掉"在沙漠里"三个字）

生：（纷纷举手）老师错了，错了！

师：（故意装糊涂）没错吧！

生：漏掉了"在沙漠里"。

师：刚才我允许你们多加一个"地"字，现在也宽容一下，行吗？

生：不行。因为漏掉了这几个字，意思就不一样了。

师：怎么不一样？

生：骆驼的驼峰、脚掌、眼毛在沙漠里才起作用，到了其他地方，比如草原上，就没有作用了。

生：离开了沙漠，骆驼的这些优点都变成缺点了。

师：看来这几个字真的很重要！我们一起来读一读，注意这几个字。

（生齐读）

学生读书时多加一个"地"字，开始显然是一种疏忽，后来经过辨析觉得加字"更顺一些"，薛老师认可了学生的"误读"，体现了教学的民主。同时，能理解学生独特的体验，也是教师机智的表现。令人忍俊不禁的是，薛老师巧妙地利用了这个"错误"资源，有意识地步学生后尘，也来一个"误读"，并煞有介事地要求学生"宽容"。好胜心强的孩子当然不依不饶，指出老师"误读"性质的严重。教师的"难得糊涂"，正好把学生创造的潜能激发出来。其实，正是老师对学生的信任使得孩子"坚持原则、捍卫真理"，而不屈从于教师的权威，才会引出这样的神来之笔。

名师以各有特色的风趣与幽默，书写着自己在课堂上的风采。我们学习名师，就要看到幽默背后的意蕴。幽默固然有赖于知识的丰富、思维的敏捷、口语的畅达，但更重要的是要有融融的爱心、博大的胸怀、乐观的情绪、爽朗的性格。只有人格与学识的共同修炼，才会有炉火纯青的幽默艺术。

（江苏省苏州工业园区胜浦金光小学　龚永兴）

"花儿为什么这样红"

——对名师魅力的感悟

近年来,我有幸数次参加语文特级教师的观摩课,领略了于永正、贾志敏、蔡俊、徐鹄、武琼、张伟等名师的风采。他们对学生、对生活、对教育的深情,如一股春风荡涤着我的心。我将感受写下来,与大家交流。

感悟一:没有爱就没有教育

特级教师们最大的特点是爱心教育。亲切的交谈,如朋友般毫无障碍;深入的评价,给每个学生以鼓舞和激励;一个微笑,一次抚摸,让孩子们小脸通红、小眼发光、小手直举、小口常开。孩子们如同一个个打足了气的皮球,伴着智慧的火花,在课堂上跳跃,浓浓的爱在课堂上激荡。如果老师们没有一颗爱心,能创设这种氛围吗?我想,只有那些能潜心钻研,用自己的一生去备课的人才是真正的爱教育、爱祖国,以天下为己任的高尚之人。

只有真的爱,并且深知爱的意义,才会不懈地去努力追求完美,才能不在意生活中的坎坷、工作中的宠辱成败。教育是培养人的工作,是关系国家兴衰存亡的千秋大业,如果我们从内心真的爱着这份平凡而伟大的事业,相信有一天我们也能如那些名师一样创造辉煌。

感悟二:学高为师,身正为范

特级教师们身上透露出来的知识力量、教育艺术魅力是无法用三言两语来形容的,他们对学生认识、思维、身心发展以及对语文教育等一系列规律的了解之广、钻研之深是不言而喻的,他们驾驭课堂、处理教材如庖丁解牛,游刃有余、别具匠心,他们对教育艺术娴熟于心。一句话,有境界则自成高格。

于老师在他的《教海漫记》中这样说:"我是一个普通的小学教师。一个肯思考、肯记、肯写的小学教师。"对呀,生活在于实践,学问在于积累,我们年轻老师急需立足于自己的课堂，勤实践、勤学习、勤思考，感悟我们的生活，改革、创新，不断积累、升华，突破自我，只有这样，我们才能让自己的一桶水变成一条河，变成源头活水，只有这样，我们才能适应当今瞬息万变的社会大课堂，才能变教书匠为教育家。

感悟三：为学生的一生负责

真正影响学生一生命运的是"素质"。虽然素质教育喊了许多年，但落实到了何种程度，真正对学校、对学生有多大影响，还是个大问号。从名师们的课中我看到，学生最幸运的不一定是上了一所外观宏伟的好学校，而是遇到一个爱学生、有现代先进教育理念的好教师！好教师的人格魅力与教育思想会影响学生一生。正如徐鹄老师所说："今天让学生走下课堂，明天让学生走向世界。"我们讲台下的学生明天是要能走入社会、走向世界的。

从名师们的身上，我们至少可以看到为学生的一生负责的四大理念：

1. 以人为本，真正尊重学生，尊重他们的人格和已有的知识与学习经验。强调了解学生、研究学生，按照学生的成长规律培育学生。

2. 以学生为主体。真正地相信学生，恰如其分地相信学生的学习能力，充分发挥学生的自主性、积极性和创造性，启动学生自主学习的内部机制，使学生作为发展的主体积极参与到教育教学活动中来。学生能学习的东西让他自己学，学生能做的事让他自己做。

3. 充分发展学生的个性。正如世界上找不到完全相同的两片树叶一样，我们的课堂上也找不到完全相同的两个学生。学生之间的差异是正常现象，是课堂中的资源，值得去开发。我们要像名师那样，让教师的角色退到幕后，当个节目主持人，把学生推到舞台前去，戏让他们演，老师要做的是创设适合学生发展的教育时空，而不是让学生来迎合老师。

4. 注重学生潜能的开发。每个学生都是天才，都是生动活泼的"艺术品"，"超常儿童才是正常儿童"，教师要做的是永远给学生鼓励、引导，让他一天比一天更自信，让他找到求知带给自己的乐趣。"没有欢欣鼓舞的心情，没有学习兴趣，学习将成为沉重的负担。"教师要相信学生付出努力一定能学好，并帮助他学会学习，只有"不会教的老师，而没有教不会的学生"。

感悟四：语文教学源于生活，高于生活

名师的课堂还有一个特点，即很善于联系学生的生活实际去教学，拉近师生之间的距离，缩短教材与学生认知之间的距离，想尽各种巧妙办法在学生生活与心灵之间架起一座桥梁，让学生不知不觉就学会了某个问题，理解了某层含义。的确，我们早就听说要有大语文大教育观，只是我们做得一直很肤浅。如何在模仿大师们的基础上创新，贵在用心去探索。

台上一分钟，台下十年功，于老师说他到50岁才知道怎样教语文，"成名主要靠自己，靠超出别人十倍、百倍的付出"。名师们背后的艰辛是可想而知的。我们每一位老师，都应该从现在起，从今天的第一堂课起，教好每一个学生。扎实地学习，大胆地实践，深入地思考，记着名师的教诲，伴着学生的成长，自己也逐渐进步、成长、发展，让生命在课堂上、在与学生的心灵交流中闪光。

（江苏省常州市新北区吕墅小学　洪敏亚）

课堂教学语言"十式"

——特级教师薛法根语言教学艺术赏析

笔者最近看到了著名特级教师薛法根执教的《雪儿》的课堂实录,强烈地感受到薛老师为我们充分地展示了新课标所倡导的教师、学生、文本三者之间生动活泼的对话过程,更为薛老师那充满激情、充满睿智、充满艺术性的课堂教学语言散发出的独特魅力深深吸引。

热情赞美式

- 一个悦耳的名字!
- 多么响亮的名字!
- (惊喜地)感觉真好!
- 这样概括,听起来又明白又舒服!
- 你也有一颗善良的心!
- 情真意切!
- 你能注意省略号中蕴涵的内容,了不起!
- 真是诗一样的语言、诗人一样的心灵!
- 你真会看,看到心底去了。三个"看到了",充满深情、语句优美!

真情交流式

- 每个人都有一个名字。我的名字叫"薛法根"(书写在黑板上)。念念老师的名字,有什么感觉?
- 看起来,大家都不太喜欢我的名字。但我却感到很自豪,因为这个名字寄寓了我父母对我的殷切期望。请问,你叫什么名字?
- 在与同学们相依相伴的两堂课里,你们也给了老师一段美好的生活,给老师留下了一个美好的回忆。谢谢同学们!

巧妙设问式

· 这是一只鸟的名字，是"我"为一只信鸽取的名字。"雪儿"是在"我"什么样的情况下来到了"我"的身边、进入了"我"的生活？请你打开书，认真读读课文的第一自然段。

· 在文中，作者并没有写自己内心的这些感受，而是通过哪些词、哪些句子表达出来的？

· 同学们体会得很好！你们再留意一下，作者不写去看蓝天、白云，而要写成"去看蓝天，去看蓝天上那飘飘悠悠的白云……"。这里面又包含作者什么样的感情呢？

· 是啊，正是因为作者和雪儿在一起时的心情是美丽的，那蓝天上飘飘悠悠的白云才显得那么美丽、舒服！是心情改变了蓝天白云，而又是谁改变了我的心情？

画龙点睛式

· 其实，每个名字后面都饱含着父母、亲人对你们殷切的期望、美好的祝福、无限的关爱。再来念念这个名字，你又有什么样的感受？（板书：雪儿）

· 一个"只剩下"，一个"多么向往"，用得多么贴切、传情啊！我们一起来读一读，把这种心情表达出来。

· 这样一体会，再读课文，感觉就不一样了。

· （高兴地）同学们有没有听出来，他这次的回答与刚才有什么不同？

请求商量式

· 同学们读得非常专心！谁愿意回答刚才的问题？
· 谁愿意和大家交流？
· 选择自己感受最深的段落，读给大家听听，好吗？
· 这样说，就更加具体、明白了。谁还能这样概括下面的内容？
· 老师想读最后一个自然段。（很有感情地朗读）你听得出我的心情吗？

委婉含蓄式

· 听得出来，你很努力，读得很流畅。但对"蓝天信使"的理解可能还不够，想一想：雪儿是怎样一只信鸽？

- 这一点大家都能看出来。能看到别人没有看到的地方吗?
- 发呆?建议改为"产生无限的遐想"或者"露出甜蜜的微笑"。

幽默风趣式

- (晏阳天)"艳阳天"?充满诗意的名字!你的生活天天都是"艳阳天"!
- 对啊!我们从这句话中能读到那颗善良的心,简称良心(众又笑),那才算真正的阅读。

情感渲染式

- 当"我"伤好之后,漫步在明媚的春光里,望着蓝天上那飘飘悠悠的白云,"我"是否又会想起与雪儿相依相伴的日子?是否又会勾起"我"对雪儿、对那段美好日子的回忆呢?假如是你,你会对雪儿说些什么?请用你的笔,把想对雪儿说的话写下来,让春风带给雪儿,好吗?
- 其实,雪儿也会从心底感谢你,感谢你对它的悉心照料、感谢你对它的关心爱护、感谢你给它留下的美好的回忆!
- 善待生命、珍爱生命的人,才会热爱生活,他的生活才会有意义、才会有价值、才会有真正的快乐和幸福!祝愿我们每个同学都拥有美好的生活、拥有美好的回忆!

引领感悟式

- 有人说:一句话一颗心。我们读书,还要从那些含情脉脉的句子里读到作者那颗跳动的心!比如这个句子:"雪儿,这儿就是你的家,你安心养伤吧!"你联系上下文读一读,能体会到那颗心吗?
- 还有人说:一件事一片情。我们更要从"我"为雪儿所做的每一件事情中感受到"我"对雪儿的一片深情。比如这样一件事:(出示句子,学生朗读)"从此,我天天和雪儿一起到阳台上去看蓝天,去看蓝天上那飘飘悠悠的白云……"你会一个人去看蓝天白云吗?会天天去看吗?而作者却和雪儿天天去看蓝天白云,他又有什么样的独特的感受呢?读一读,感受一下!
- 一句话一颗心,一件事一片情。我们就这样去读课文,就能读出课文中丰富的情感,就会发现别人读不到的东西。自己用心读读下面的几段话,看看自己有没有这样的体会?

承前启后式

·在与"我"相依相伴的日子里,"我"是怎样对待雪儿的?请你往下读课文。读一读、想一想、画一画。

·同学们概括得很准确,说明同学们已经初步读懂了课文的内容。现在,谁能将这些内容连起来,完整地概括一下?

·读到这里,我们一起回顾一下课文,雪儿的到来,使我原本寂寞、孤独、忧伤、无聊的生活发生了怎样的变化?

（江苏省常熟市实验小学　黄忠平）

充分利用资源　准确把握"生成"
——特级教师支玉恒"生成"教学艺术赏析

案例一:《古井》教学片段

生：老师，我想问，如果这个村子里没有这个古井，乡亲们的品质会怎么样？（众笑）

师：这个问题很有意思。我问你，雷锋家里有古井吗？

生：不知道。（大笑）

师：是啊！我也不知道。但雷锋的品质不是很优秀吗？没有古井，在生活中还有许多事物能够让人得到启发、受到教育。不过这个村子里正好有这么一口古井，它正好给乡亲们提供了受启发、受陶冶的机会，创造了这么一个条件。作者也深受触动，就写了这篇文章。比如你们去刘公岛参观，看到邓世昌为抗击日本侵略者为国捐躯的事迹，深受感动，受到了爱国主义的教育，也就是受到了品格陶冶。如果没有刘公岛，不是还有别的教育途径吗？青岛、济南就没有刘公岛，那里的孩子们不是也能受到爱国主义的陶冶吗？明白了吗？

支老师在这一片段的教学中，合理地处理了"如果这个村子里没有这个古井，乡亲们的品质会怎么样？"这一棘手的问题。他巧妙地建构了学生们都很熟悉的刘公岛、邓世昌（此课为威海公开课）这一地区资源与教学之间的联系，引进了有益的素材性课程资源，解决了学生在学习过程中生成的问题。教学中，师生关系不再是传统的讲授与听讲、主动与被动的关系，学生将自己在学习中遇到的问题与老师进行互动交流，而教师根据学生学习的具体情况及时调整教学，师生之间的信息交流、思维碰撞生成了课堂教学的亮点。

案例二:《柯里亚的木匣》教学片段

师：演得很好，大家有什么评价和意见？

生：他们演得最好的我认为是"妈妈",她说话就是很像妈妈。

生：他们组没有选好演员。柯里亚应该是主角,他老是不严肃,记不住说话的内容,他一笑就不恨敌人了。

师：怎么一笑就不恨敌人了?

生：法西斯抢了他家的东西,他应该恨法西斯,但他笑了,就什么也没有了。

师：他说的很有道理。(问"柯里亚":你那时为什么要笑?)

生：我看见他俩又摇头又叹气的样子就笑了。

师：其实他笑的原因是他没有进入角色。他总是想着这是演剧,是"假"的,没有真的把自己当成柯里亚,也没有把他俩当成奶奶和妈妈,所以看见人家摇头叹气就笑——他心里在想：瞧! 她俩在发神经! (笑声)所以,读书也好,看剧也好,应该和书中的人物、剧中的人物同喜怒共哀乐,才能受到作品的感染。明白了吧?(生答明白)由于时间的关系,我们不能请更多的小组来表演。但不要灰心,没表演的小组可以说一说你们准备怎样表演。但要和刚才他们的演法不一样,有自己的创意,差不多的就不说了,行吗? 有没有创造性的?

新课程理念认为,课堂教学不是简单的知识学习的过程,它是师生共同成长的生命历程,它五彩斑斓、生机勃勃、活力无限。教学活动本来就是丰富多彩的,学生的表演也应该是多层次的,这一片段的教学,给人的感受是真实的,敢于让学生进行自主评价,教师在教学过程中根据动态生成的学习资源,指导学生进行表演,课堂再现的是师生"原汁原味"的学习情景,符合动态生成的教学观对课堂教学提出的求真、求善、求美的要求。

案例三:《登山》教学片段

(课间对话)

师：随便说说,想什么就说什么。

生：我觉得应该有几个朗读课文,有几个来表演。

师：好的,接受你的意见,还有吗?

……

师：不错,刚才是谁提意见说让几个同学读,再让其他同学表演? (一生答应)过来,现在就让你表演。(众笑)你想想教室里哪儿像峭壁? (生指黑板下)小路有多宽?

根据动态生成的观点，课堂不再完全是预设"计划"的课堂，它应依据学生学习中的实际情况，根据学生心理的、情感的、知识的需要随时作出富有创意的调整。支老师在教学中，尊重学生的主体性，尊重学生的人格，将自己在课间与学生之间的对话转换为学习资源，调整教学策略，改善和优化教学流程，使课程进展充溢创造性的生机和活力。

（江苏省翔宇教育集团宝应县实验小学　王久洪）

语言孕蓄思想，对话提升灵魂
——特级教师靳家彦教学语言艺术赏析

前不久，有幸聆听了著名特级教师靳家彦上的阅读教学课和作文指导课。靳老师的课给人一种发自心底的愉悦的享受。以学生为本，尊重学生主体地位，把三个维度有机地融为一体：知识和能力作长，过程与方法是宽，情感态度价值观是高。

时间在不知不觉中就过去了，给我印象最深的首先是靳老师那具有磁性的声音，吸引着每一个学生，更吸引着包括我在内的一千多名听课的老师。从课前谈话到上课结束，靳老师的教学语言给人一种余音未绝、绕梁三日的感觉，令人回味无穷。细细品味靳老师的教学语言，有着真挚的艺术生命力，具有情感性、激励性、示范性、导向性、批判性、启发性等特点，激励学生发自内心的学习劲头，达到了"不愤不启，不悱不发"的教学境界。

表扬型语言

靳老师对学生的表扬型语言非常丰富，不是单纯使用"好""很好"这样的词汇，而更多的是发自内心的感受，是对学生学习行为给予肯定的肺腑之言。一个学生朗读完课文之后，靳老师请大家评价。一个学生说："他读得很流利，也很有感情，挺感人的，就是语速稍快。"靳老师说："真好，你首先赞美别人，看别人的长处，这是一个人的好品质。"靳老师这样真诚的话语，不但肯定了学生评价的正确性，避免了学生只看别人缺点的片面性，又使学生从情感态度价值观方面得到了提升，也引导了全班同学在互相评价时要一分为二，使生生评价更客观、更全面。

训练型语言

靳老师的阅读教学，始终围绕着一个基点，即学生基点。从学生基点出发,引出一条线,就是基础知识和基本能力。这节课紧紧抓住双基,丝毫没有放松,对字词句段篇、听说读写,不失时机地进行训练。如对"处"字读音的纠正,老师直截了当地指出:"'处'读三声时是动词,组词(处理);'处'读四声时是名词,组词(教导处)。"让学生连读三遍。又如,在理解"清新"一词时,老师首先板书"清新",然后让学生接读,"清新的——,空气很——",让学生连读三遍。这种训练清楚、简洁、高效,知识点抓得准、讲得细、记得牢。类似这种训练型语言还很多,看似信手拈来,实则来源于教师深厚的教学基本功和知识储备。

引导型语言

在课堂中靳老师总是积极引导学生主动学习。如在作文课的开始,老师是这样引导的:"大家刚刚见面,请大家清晰大声地介绍你是哪个学校的,哪个班级的,叫什么,多大了。"学生介绍完之后,靳老师说:"我也介绍四个方面,看看谁能迅速概括。我叫靳家彦,今年60岁,我是天津市南开小学的语文老师,我见到你们很高兴,相信大家一定能上好这节课!"学生回答完之后,靳老师说:"对,第四句是我的感受。"板书"感受",让学生读三遍。"感受就是感之于外,受之于心。现在请大家谈谈你关于作文的感受,要实话实说,用你六年的体会谈感受。"这样的破题,这样的引入,如此自然,一下打开了学生的话匣子,有的学生说"我不喜欢作文,因为没话可说";有的说"我喜欢作文,想给别人看我的作品";有的说"我爱写想象作文";有的说"如果我有美好的经历就想写出来";有的说"我看了一篇文章,就想说点感想什么的"……学生的心灵之窗被打开了,学生的真情被引发了。

指导型语言

靳老师的阅读教学中,很多的学法指导都是在不知不觉中完成的,如看似轻松的师生对话,实质上是学法的指导,感觉是那么自然流畅,没有丝毫让人生塞硬灌的感觉。如在引导学生对课文题目提出问题之后,靳老师说:"这些问题是大家提出的,是师生共同生成的,我们怎么解决这些问题?"学生说:"读一读,读懂为止。""对,读懂为止,下面请大家高声诵读。"在学生读完后,靳老师出示了生字词,并指导学生学习,扫除了生字词障碍。接着又指名读,并由大家评一评。在肯定了一个学生的优点后,靳老师说:"你自己读的,你觉得有不足吗?不足自己说。"学生说完后,靳老师又进一步肯定了学生的自我评价,说:"对,要读得慢些,要字字入耳,老师和同学们帮助你期待你,再读读。"之后,又请两名同学读。靳老师说:"读书如品茶,边喝边品,大家再试试。"学生有感情地细细地读着。"小村庄美不美呀?谁能在黑板上画出来?"在靳老师的鼓励启发之下,学生根据对课文的理解、想象,在黑板上画出了房子、小河、小鱼、小鸟、花草、蓝天、白云……根据画出的意境,靳老师又请学生认真地读课文,这时靳老师说:"请大家站起来,老师和你们一起背诵课文。"教室里立刻充满了琅琅的背书声。对这部分课文的理解是一个循序渐进的过程,抓住生字词,画出山村美,由初读到品读,到背诵,一气呵成,学生在不知不觉中学会了方法,在想象中陶冶了情操。

情感型语言

纵观靳老师的语文示范课,从上课到下课,始终情绪饱满,激情飞扬,感染激发学生精神愉悦,精力集中主动思考。教师的每一句话都能激起学生情感的涟漪,高兴处发出会心的微笑,动情处留下激动的泪花,那种浓浓的真情在课堂中流淌,师生不断碰撞出充满智慧的火花。例如,在课前的谈话中,有这样一段对话:

师:同学们紧张吗?

生:有点。

师:我紧张吗?

生:有点。(笑)

生:您的脸白了。(笑)

生:您的心在跳。(笑)

师:我的心不跳就坏了!(笑)你能鼓励我吗?

生:老师别紧张,放松!

师:谢谢,来,握握手。(笑)谁还鼓励我?

生:老师别紧张,下课我请您吃满汉全席!(笑)

师:我们都别紧张,我们上课好吗?

生:(大声地)好!

这一段对话，使初次见面的师生一下子放松了，拉近了师生的距离，使教学有了良好的开端，同时又进行了口语交际训练。

又例如，在作文课中有这样一段对话：

师：谁再谈谈你感受最深的一件事？

生：（表情凝重）去年秋天，天下起了小雨，外面很冷。我外公冒雨到学校给我送毛衣。

师：这是人间最美的舐犊之情。我的小孙子六岁了，我愿意把我的一切美好的东西都送给他！

生：我有一次发高烧，（哽咽地）我妈妈——怕我咬舌头，把她的手伸进我的嘴里，我——把她的手都——咬破了！（难受得落泪了）

师：真感人！（抚摸着她的头）母爱是最伟大的！有这么深的感受，你一定能写好这篇作文！同学们，情动而辞发，我觉得你们都很重情义。我始终没教大家方法，但始终在调动真情，现在大家都已成竹在胸，请大家快速写下来。

只有用真情才能打动真情。这种心灵的对话，让人的心灵得以净化，可以唤起学生真实的感受，千言万语在胸中涌动，在笔尖流淌。这样的作文何愁词句贫乏，何愁没有真情实感！

格言型语言

靳老师在启发诱导学生积极思考、踊跃发言之后，善于提炼师生对话的本质内容，那凝练简洁、含义深刻的话语，就是一条条格言警句。如在上文提到的对"感受"一词的引导，靳老师根据师生共同生成的对话，提炼出这样的结论：感受是作文的开端，感受是抒情的动力，感受是行文的动力。针对学生提出的写作文缺少词句，他以自己的真情引发学生的真情实感，使学生有话可说，学生以自己的真切的体验叙述了一个个感人的真实故事，仅半个小时就写出了一篇篇成功的作文。老师没有教方法，也没有提供优美词句，用靳老师的话就是：情动而辞发！感情到了一定程度，心里有话不得不说，不吐不快。这样写出来的作品怎么会空洞无物、没有真情实感？在指导学生朗读时，靳老师提出要求并示范读书要字字响亮、声声入耳、字字入心，小组讨论要细声入耳。这些格言型语言，字字珠玑，像珍珠一样熠熠闪光，闪耀着思想的光芒！

总结型语言

在学生充分理解体验课文之后，靳老师善于抓住学生的思想火花，点拨、提炼、升华。从学生中来，到学生中去。如上文提到的背诵，靳老师说："没让你们背怎么就背下来了？"学生纷纷发言："我们读熟了""我们想象了""我们画了小村庄""我们理解了""我们掌握了条理"……靳老师说："说得真好，刚才大家把阅读的方法都说出来了！即感受、理解、欣赏、评价。"这一总结适时、适度、适当，既肯定了学生内心真实的感受，又加深了学法的指导，为学生所用。这种总结性教学语言，学生怎能不受益终身呢？

细细咀嚼靳老师的教学语言艺术，真是博大精深，其实还有很多种类，如：

奖励型语言：你这段读得真好，再奖励读一段。

装傻故错型语言：我这里有错吗，错在哪里？

激将法型语言：她读得好，你敢吗？

……

如果认真总结，还有各式各样的教学语言，有的互相交织，不能单独择出。这些凝练、幽默、丰富的教学语言，体现了靳老师深厚的文化底蕴和扎实的教学基本功，值得我们认真借鉴吸收。

（河北省唐山机车车辆厂小学　尚文宇）